图表的力量
信息高效传达之术

[英]艾伦·史密斯（Alan Smith） 著

吴士宝 译

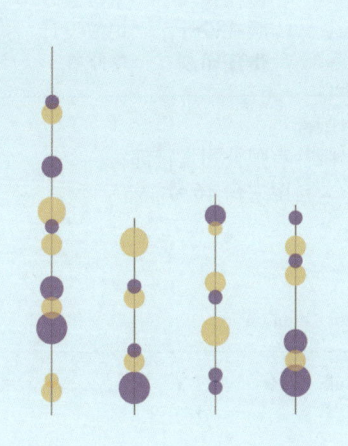

中国科学技术出版社
·北京·

Authorized translation from the English language edition, entitled How Chat works: Understand and explain data with confidence, ISBN 9781292342795 by Alan Smith, published by Pearson Education, Inc, Copyright © Alan Smith 2022 (print and electronic). This edition is authorized for sale and distribution in the People's Republic of China(excluding Hong Kong SAR, Macao SAR and Taiwan).
All rights reserved. No part of this book may be reproduced or transmitted in any form or by any means, electronic or mechanical, including photocopying, recording or by any information storage retrieval system, without permission from Pearson Education, Inc.
CHINESE SIMPLIFIED language edition published by China Science and Technology Press Co., Ltd. copyright © 2024.

本书中文简体字版由培生集团授权中国科学技术出版社有限公司出版。未经出版者书面许可，不得以任何方式复制或抄袭本书内容。本书经授权在中华人民共和国境内（不包括香港特别行政区、澳门特别行政区和台湾地区）销售和发行。

本书封面贴有 Pearson Education 激光防伪标签，无标签者不得销售。

版权所有，侵权必究。

北京市版权局著作权合同登记　图字：01-2023-4231。

图书在版编目（CIP）数据

图表的力量：信息高效传达之术 /（英）艾伦·史密斯（Alan Smith）著；吴士宝译 . — 北京：中国科学技术出版社，2024.3

书名原文：How Charts Work：Understand and explain data with confidence

ISBN 978-7-5236-0516-5

Ⅰ.①图… Ⅱ.①艾… ②吴… Ⅲ.①统计图 Ⅳ.① C815

中国国家版本馆 CIP 数据核字（2024）第 042433 号

策划编辑	杜凡如　王秀艳	责任编辑	童媛媛
封面设计	仙境设计	版式设计	蚂蚁设计
责任校对	张晓莉	责任印制	李晓霖

出　　版	中国科学技术出版社
发　　行	中国科学技术出版社有限公司发行部
地　　址	北京市海淀区中关村南大街 16 号
邮　　编	100081
发行电话	010-62173865
传　　真	010-62173081
网　　址	http://www.cspbooks.com.cn
开　　本	710mm×1000mm　1/16
字　　数	245 千字
印　　张	18.5
版　　次	2024 年 3 月第 1 版
印　　次	2024 年 3 月第 1 次印刷
印　　刷	大厂回族自治县彩虹印刷有限公司
书　　号	ISBN 978-7-5236-0516-5 / C・255
定　　价	108.00 元

（凡购买本社图书，如有缺页、倒页、脱页者，本社发行部负责调换）

序　言

"里面有不少图片，她肯定会看上一眼的。"这是弗洛伦斯·南丁格尔（Florence Nightingale）在向维多利亚女王提交公共卫生改革报告时发出的刻薄评论。虽然南丁格尔对女王的评价不高，曾说过"她（女王）是我所认识的人中最没主见的"，但她清楚地了解自己的读者：如果你想在繁忙的世界里引起人们的注意，那就印上一张图片。

报纸编辑早就意识到了这一点，但他们刊登的数据图表往往是为了好看。在我的书中我将这些图表称为"炫目粉饰"。它们用让人难以理解的形状、线条和图案来分散注意力，迷惑读者。

数据可视化的作用远不止通过好看来博取眼球。一张精心设计的图表在价值上远远超过上千个词语，它能让读者拨开迷雾，快速理解事情的真相。

因此，在这方面，我们可以做得更好。世界上没有哪个记者，能比艾伦·史密斯和他在《金融时报》的杰出团队，更了解这一点。

为了说明数据可视化的重要作用，我们不妨了解一下南丁格尔的经历。南丁格尔希望将自己的重要观点呈现出来。在19世纪50年代的克里米亚战争期间，她曾在伊斯坦布尔的一家医院工作，并因这段经历而名声大噪。在从她口中的"地狱王国"返回英国之后，她肩负起了卫生改革的使命。

她任职的那家医院就像地狱一般。被送到医院的伤员腹部受伤，流血不止，身上爬满了寄生虫。不久后，这些伤兵会被毯子包裹起来，抬到集体墓地。

仅在1855年1月，克里米亚的英国军人就有十分之一死于痢疾和霍乱等疾病。当传染性疾病在英国军营里肆虐的时候，南丁格尔试图阻止这场人道主义灾难，但一开始她并没有成功。

后来，南丁格尔发现，在卫生条件得到改善之后，医院的死亡人数大幅减少。改善措施包括粉刷医院墙壁和清理医院供水系统。

她认为，公共卫生领域的类似措施也可以显著改善英国的公共卫生状况，在伊斯坦布尔能够奏效的方法，同样也适用于其他地方。她指出，"大自然在任何地方都是一样的，它绝不允许人们无视它的规则而不受任何惩罚"。

这一见解促使她回到英国后，积极开展公共卫生运动。尽管她是克里米亚战争中少有的声誉完好无损的人物，尽管她声名显赫，但她还是很难说服医疗机构。当时，细菌理论还处于萌芽阶段，在很多医生看来，南丁格尔想法过于激进，根本不值得相信。1858年，首席医疗保健官约翰·西蒙（John Simon）认为，虽然传染病是导致人们过早死亡的原因之一，但它"不可避免"。

南丁格尔不仅是一名护士，还是一名统计学家，也是皇家统计学会的第一位女性会员。她利用自己对数据的理解，追踪了卫生状况的改善与伊斯坦布尔医院死亡率下降之间的联系。

要将这种见解转化为行动，就需要具有统计学上的说服力。在威廉·法尔（William Farr）和约翰·萨瑟兰（John Sutherland）等专家的支持下，南丁格尔开始倡导采用更好的公共卫生措施。而这场运动的关键武器是南丁格尔对数据的可视化处理，其中最著名的当数她制作的"玫瑰图"。正如本书后文提到的，在南丁格尔之前，也有过不少出色的数据可视化专家，但从来没有一张图表能在如此关键的辩论中，发挥如此重要的作用。

读者可以在第5章的"知识点"中阅读到南丁格尔的"玫瑰图"。虽然

序言

它很容易被人们误解为一种装饰性图案，但却真真切切地改变了世界。作为一种统计技巧，玫瑰图是一张令人拍案叫绝的图表，它有力反映了这样一个事实：卫生条件改善前，医疗状况很糟糕，而在改善后，大量伤员得到了救助。两个灰白色的圆形直方图形成了鲜明的对比，约翰·西蒙和他的支持者深受触动。

这个图表的确引人注目，而同样令人印象深刻的是南丁格尔对数据可视化的格外重视。要知道，英国那个时代的其他统计学家只看重数据表格，忽视数据可视化。

1857年的圣诞节，南丁格尔草拟了一个计划，希望通过可视化的数据来推动社会变革。她向外界宣称自己会找人将这个图表蒙上玻璃，装裱起来，挂在陆军医疗委员会、皇家骑兵卫队和陆军部的墙上，并表示，"这是他们应该知道却不知道的东西"。

她还打算将图表分发给其他合适的读者，"只有科学家才会去阅读报告的附录，这些图是给普通老百姓看的……现在，谁是普通老百姓？谁能理解它？女王、阿尔伯特王子、欧洲所有的君主、每个国家的大使或部长、军队里所有的指挥官、军营里所有的外科医生和医官、议会两院的首席卫生专家都能通过报纸、评论和杂志看到这张图"。

面对这场猛烈的攻势，约翰·西蒙和他的支持者束手无策。事实证明，南丁格尔和她的支持者，以及她的数据可视化方法，是不可抗拒的。随着公共卫生实践的不断进步，新的卫生法最终得以通过。约翰·西蒙也悄悄修正了传染病必然会导致死亡的观点。在加强版饼图的帮助下，弗洛伦斯·南丁格尔改变了世界。

对南丁格尔的图表，现代的每个数据可视化专家都有自己的看法。有些人觉得这些图表非常精彩，有些人对此感到困惑，甚至觉得受到了误导。但在我看来，无论是她决定参与的这场论战，还是她利用数据可视化作为论战武器的方式，都充满了现代气息，出乎我们的意料。

我们比以往任何时候都需要了解数据可视化背后的原理。作为消费者，我们需要理解这些原理，因为我们有可能会在自身图表素养，以及图表制作者的影响下，受到图表的启发或者误导。

作为生产者，我们同样也需要理解数据可视化。因为图形和图表是强大的工具，它们通过随时可得的数据和多功能软件的支持，发挥出更大的作用。但同任何工具一样，有的人能熟练使用图表，有的人却完全不得要领。它们既能用来创造奇妙的东西，也可能服务于险恶的目的。

这本书正是人们对数据可视化需求的完美解答。我很自豪能够拥有像艾伦·史密斯这样的同事。亲爱的读者，我相信你一定会喜欢上这本书的。

蒂姆·哈福德（Tim Harford），《金融时报》专栏作家，著有《拼凑真相——认清纷繁世界的十大数据法则》（*How to Make the World Add Up: Ten Rules for Thinking Differently About Numbers*）

2022 年 2 月写于牛津

目　录　CONTENTS

1. 本书对读者的意义　001
2. 图表的重要性　007

第一部分
了解图表

3. 《金融时报》图表术语库　021
4. 幅度图　029
5. 时演图　057
6. 相关图　089
7. 分布图　111
8. 流向图　133
9. 排序图　153
10. 离差图　165
11. 整体与部分关系图　175
12. 地理空间图　191

高效图表工作法
充分理解数据并有效解释数据

2

第二部分

优化图表

- ⑬ 好图表背后的科学　　　　　　　　　203
- ⑭ 合理使用数轴与刻度　　　　　　　　213
- ⑮ 好图配好文　　　　　　　　　　　　231
- ⑯ 图表的设计　　　　　　　　　　　　245
- ⑰ 案例研究：不确定性的可视化　　　　271
- ⑱ 在职场中使用《金融时报》图表术语库　277

致谢　　　　　　　　　　285

1 本书对读者的意义

一直以来，我都十分喜欢图表。早在十几岁的时候，我就用图表记录了我的自行车骑行经历。至今我还能清晰地回想起，我曾经利用车子的机械计程表记录下前轮的每次转动，最终绘制出反映行程季节变化趋势的手绘图（图1-1）。

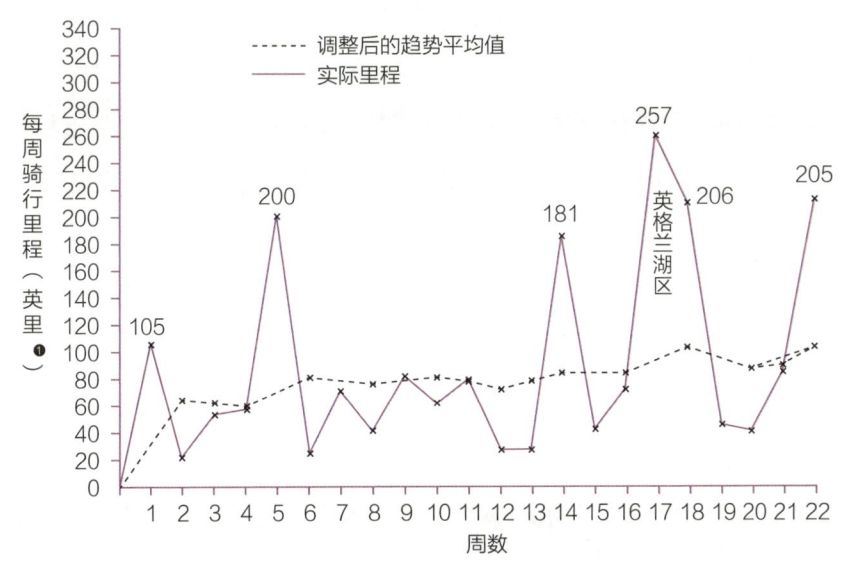

图 1-1　十几岁时绘制的骑行数据手绘图

---

❶　1英里约等于1.60934千米。

图表的力量
信息高效传达之术

在就读地理专业本科时，相较于"写论文"之类的作业，我更喜欢的是"绘制地图"这样的绘图作业。不过，我从没想过数据可视化最终会成为我的职业。因为在当时，很少有人把它当作一个全职职业。

相比之下，现在有很多人都要面对数据可视化难题，他们需要在各自工作中获取数据，并与其他人交流这些数据。但是，很多从事这类工作的人却从未专门学习过如何呈现数据，而这正是学术教育体系的一个漏洞。

这就是我撰写本书的原因——分享我的经历，或者说部分经历。本书中出现的大部分图表一部分是废弃不用的图表，另一部分是我入职《金融时报》七年以来发布的图表。我之所以选择这两类图表，是出于一个非常特别的原因。

尽管有很多精彩的图书都在探讨数据可视化问题，但是，本书的独特之处在于，它以一个机构内部的数据可视化工作为核心，将重点放在了如何制定条理清晰、能够很好地服务于《金融时报》的数据可视化策略上。我在《金融时报》网站上开辟了一个名为"图表博士"（Chart Doctor）的栏目，用来整理我对数据可视化策略的见解，但本书的内容更为详细。

一直以来，数据可视化都是新闻叙事的重要组成部分。而最近发生的大事，尤其是新冠疫情❶，更突显了数据对新闻议程的重要性。因此，我希望本书能够提供一些切实可行的见解，向人们介绍《金融时报》是如何系统地运用图表的。我希望我们的见解能够有助于人们更好地理解和优化我们所居住的世界。

首先，我将讨论图表的重要性，阐述图表素养概念，介绍人们理解信息的社会需求。

其次，我将解释《金融时报》图表术语库，这些术语是新闻编辑部为

---

❶ 国家卫健委 2022 年 12 月 26 日发布公告，将新型冠状病毒肺炎更名为新型冠状病毒感染。——编者注

1 本书对读者的意义

提高图表素养而总结的专业词语。我还会介绍不同类型的图表，以及这些图表所强调的数据关系。

接下来的九章将依次介绍这些数据关系，展现不同类型的图表，以及它们的作用和用途。本书第二部分的后续章节旨在提高人们的图表设计技能，教人们从认知学、标题撰写和色彩理论等角度优化图表。

过去，我只能徒手绘制图表，现如今大多数人都利用计算机来绘制图表。尽管计算机绘图软件的作用至关重要，但我坚信，软件绝不能取代人们的思考能力。因此，虽然我介绍了一些工具，来帮助人们创建图表术语库中的图表，但本书并不是一本专注于图表软件的书。考虑到数据可视化技术的发展速度，我认为这个理念会使这本书在很长一段时间都不会过时。

我个人的家族数据与爱尔兰的文盲问题

和许多人一样，我也花了一点时间研究自己的家族谱系。1911 年爱尔兰斯莱戈郡（Sligo）坦普尔街（Temple Street）的一份人口普查申报表显示（图 1–2），我的祖父约翰·加拉格尔（John Gallagher）两岁时与他的父母和兄弟姐妹住在一起。

人口普查表是记录社会历史的神奇时间胶囊，也是更具私人属性的数据。我对这个表格第四列"教育"项下的信息很感兴趣。我们知道，像约翰这样的学龄前儿童没有识字能力，而年龄大一点的孩子，以及他们的母亲安妮，就具备读写能力。但真正令人感兴趣的是这个家庭的一家之长、40 岁的牲口贩子——帕特里克·约瑟夫（Patrick Joseph）。根据这份文件，帕特里克只具备"阅读能力"。

帕特里克的情况并不少见。官方数据显示，1911 年，爱尔兰有近 10 万人只具备阅读能力而不具备书写能力。这部分人在人口中占多大比例呢？

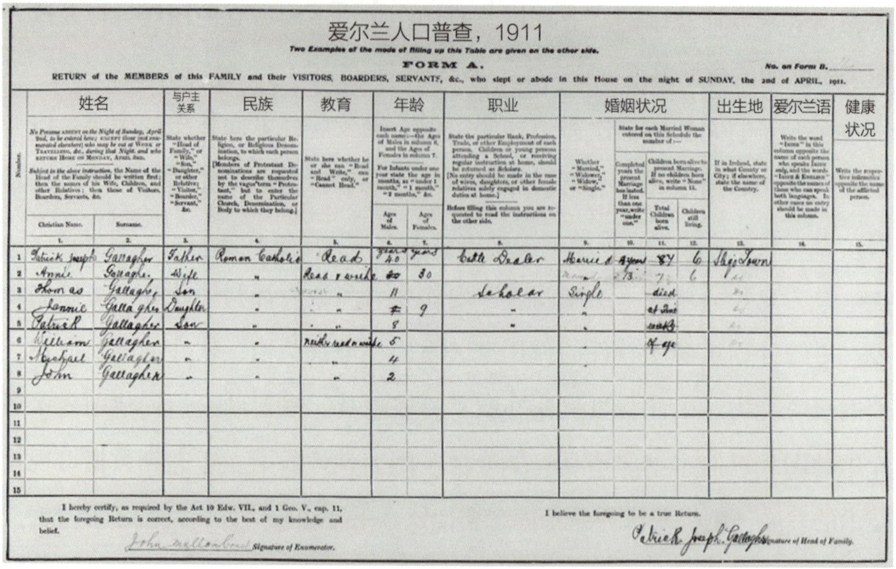
爱尔兰人口普查，1911

Two Examples of the mode of filling up this Table are given on the other side.

FORM A.

No. on Form B. ____

RETURN of the MEMBERS of this FAMILY and their VISITORS, BOARDERS, SERVANTS, &c., who slept or abode in this House on the night of SUNDAY, the 2nd of APRIL, 1911.

Number	姓名 Christian Name.	Surname.	与户主关系	民族	教育	年龄 Ages of Males.	Ages of Females.	职业	婚姻状况				出生地	爱尔兰语	健康状况
	1.	2.	3.	4.	5.	6.	7.	8.	9.	10.	11.	12.	13.	14.	15.
1	Patrick Joseph	Gallagher	Father	Roman Catholic	Read	40		Cattle Dealer	Married	4 years	8	6	Sligo Town		
2	Annie	Gallagher	Wife	"	Read & write		30			13	7	6			
3	Thomas	Gallagher	Son	"	"	11		Scholar	Single		died				
4	Jannie	Gallagher	Daughter	"	"		9	"	"		at 2nd				
5	Patrick	Gallagher	Son	"	"	8		"	"		weeks				
6	William	Gallagher	"	"	neither read nor write	5			"		of age				
7	Michael	Gallagher	"	"	"	4			"						
8	John	Gallagher	"	"	"	2									
9															
10															
11															
12															
13															
14															
15															

I hereby certify, as required by the Act 10 Edw. VII., and 1 Geo. V., cap. 11, that the foregoing Return is correct, according to the best of my knowledge and belief.

John [illegible] Signature of Enumerator.

I believe the foregoing to be a true Return.

Patrick Joseph Gallagher Signature of Head of Family.

图 1-2　1911 年爱尔兰斯莱戈郡坦普尔街的人口普查申报表

资料来源：爱尔兰中央统计局（Central Statistics Office），1911 年人口普查。

文盲在爱尔兰的分布是否均匀呢？或者说，文盲问题只在个别几个郡（如斯莱戈）比较突出？让我们从 1911 年的人口普查图表中找出答案吧（图 1–3）。

这张图表显示了两个重要信息：一是 1911 年爱尔兰每个郡的人口（用矩形条的高度表示），二是每个郡不同受教育程度的人口比重（用矩形条中每个段区的宽度表示）。通过观察这张图表，我们能发现什么呢？

首先观察一下图表中属于第一类的总人口，即深蓝色部分的总面积，我们发现，尽管文盲问题普遍存在，但绝大多数爱尔兰人具备读写能力。我们还可以发现，在人口最多的都柏林（即图表中高度最大的矩形条），识字率是最高的（或五分之四的人具备读写能力）。再看看文盲率，即红色区段的宽度，我们可以清楚地看到，戈尔韦、梅奥和多尼哥的文盲率最高。多尼哥的文盲率为 16.8%（约六分之一），是全国平均水平的两倍多。

1 本书对读者的意义

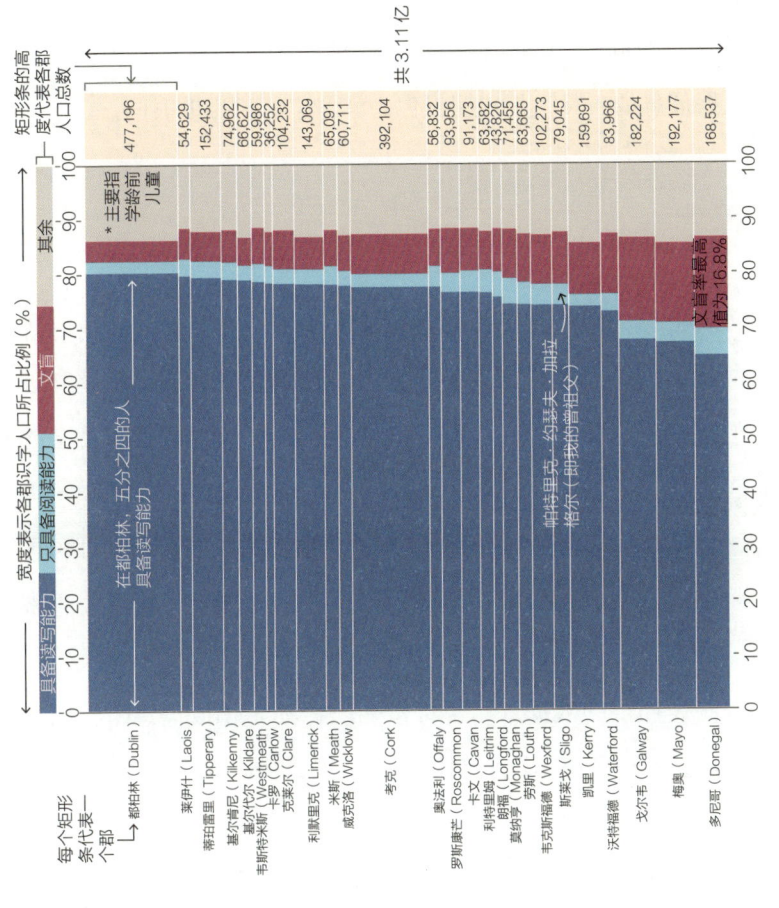

图 1-3 爱尔兰人的识字能力

资料来源：爱尔兰中央统计局，1911 年人口普查。

最后，人们可以通过图表看到自己（或者自己的远亲）所处的类别。通过观察淡蓝色的区段，我们可以发现，在全国范围内，"只具备阅读能力"的人口比重相对较小（略高于3%）。帕特里克·约瑟夫·加拉格尔（Patrick Joseph Gallagher）的情况在斯莱戈，乃至整个爱尔兰都是非常少见的。或许此前你从没有见过这种图表，又或者你知道这种表格名叫"马赛克图"，但是，一旦你花一点时间学会如何读懂它，这种图表就会成为一种能够帮助你充分反映数据信息的工具，足以回报你为学习它所付出的时间。

图表素养

这段有关我家族的案例，是爱尔兰过去的写照。在当时，文盲问题还是一个严重的社会问题。值得庆幸的是，大多数国家现在的识字率高于一个世纪前。但这并不意味着，在飞速发展的现代社会，人们参与社会的所有障碍都被消除了。

在21世纪，学校、家庭和职场中包含越来越多的数据。而处理和理解信息的能力将在决定我们能否成功驾驭周围世界的问题上，扮演着越来越重要的角色。

通过这张图表提供的数据，结合背景知识将其转化成信息，我们最终了解了爱尔兰过去的识字率情况。要做到这一点，仅靠文字是难以实现的。人们通过视觉理解信息的能力，即图表素养，长期以来一直是学术课程的薄弱环节。但当今世界比以往任何时候都更需要这种能力。

就在一百年前，人们还需要官方的人口普查表格，来区分那些只具备阅读能力和只具备书写能力的人。在现在的我们看来，这似乎有些不可思议。但这恰恰是当下人们图表素养的真实写照——具备读图能力的人远远多于具备制图能力的人。

2 图表的重要性

图表是人们了解事实的总抓手

20世纪40年代好莱坞经典犯罪电影《双倍赔偿》（*Double Indemnity*）中，讲述了这样一个故事：反派男主角沃尔特·内夫（Walter Neff）试图摆脱谋杀嫌疑，而他的同事巴顿·凯斯（Barton Keyes）则从这起看似简单的保险案件中发现了疑点，最终导致内夫功败垂成。

是什么使凯斯成了一名推理大师？凯斯在他的办公室墙上挂着一幅幅超大的图表，传递出一个重要信息：不要小看那些掌握事实真相的高管的智力。

回到21世纪，在过去几十年里，图表在商业领域的应用并不是一帆风顺的。2017年，《福布斯观察》（*Forbes Insights*）和德勤会计师事务所（Deloitte）对300多名高管进行了一项调查，旨在确定这些高管理解商业信息的偏爱形式。调查表明，最不受高管欢迎的是"信息图"——被调查者中没有一个选择这种形式。

"信息图"是一个非常有趣的术语。它最早起源于20世纪六七十年代，主要用作展示具有视觉吸引力的信息。这个出发点没有问题。事实上，这种图表之所以能够迅速流行开来，很大程度上是因为全球各地的报刊都在大量使用这种图表。

但是，福布斯和德勤的调查表明，在过去几十年里，"信息图"这个词语已经被赋予了贬义。原因很可能是，公司的图表设计师不再看重事实，反而看重那些花里胡哨、吸引眼球的东西。就连我供职的公司——久负盛名的《金融时报》也未能免俗。这种趋势在世纪之交达到顶峰，当时《金融时报》发布了大量的信息图，坚定地将"图形"置于"信息"之前。

在《金融时报》这一时期发布的文章中，我个人最感兴趣的图表是画在圣迈克尔（St. Michael）内裤上的"双饼图"（这是我对它的称呼，而非《金融时报》的称呼）（图 2-1）。该图发布于 1999 年，是这种风格的代表之作。这张图表的确令人印象深刻，但这并不基于什么正当理由。我相信，巴顿·凯斯绝对不会把这幅图挂在办公室的墙上。如果他真的这样做了，我相信沃尔特·内夫可能会侥幸脱罪。

与总体外观不同，这张图要表达的含义其实非常简单：两个饼图、一个柱形图和一个曲线图。而在吸引眼球方面，内裤的外形绝对更胜一筹。

现代信息设计的先驱爱德华·塔夫特（Edward Tufte）将这种图表称为"图表垃圾"。对于这种信息呈现方式，他毫不掩饰自己的感受：

"隐藏在图表垃圾背后的，是对信息和读者的蔑视。图表垃圾的推波助澜者觉得数字和细节无聊、沉闷而且乏味，需要增加点缀才能吸引读者……图表垃圾确实可以消除沉闷感，但它永远无法拯救原本就薄弱的数据集……它只会削弱事实的可信度。"

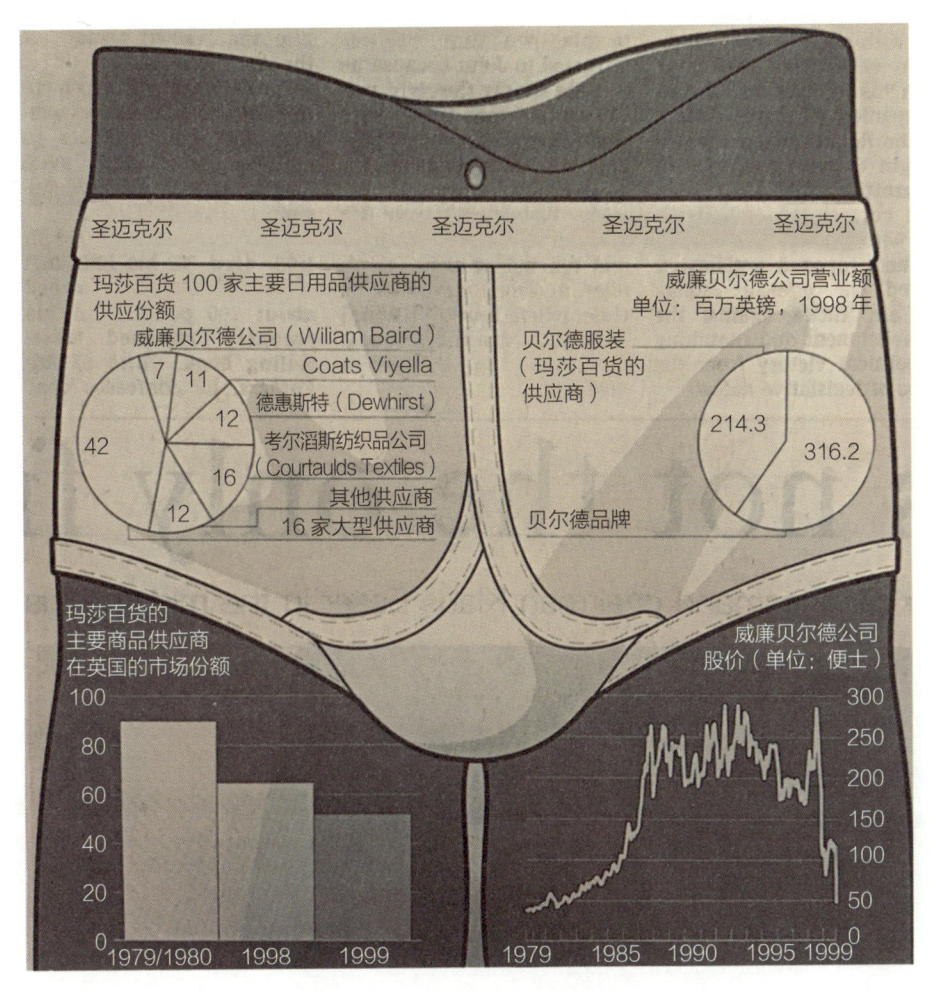

图 2-1 玛莎百货供应商情况分析

尽管随后的学术研究[1]对塔夫特教授所青睐的极简主义图表设计方法提出了质疑，但说到图表垃圾，我非常认同他的观点。

2015 年，当我第一次来到《金融时报》编辑部时，我花了不少时间研究编辑和记者是如何与制图部进行沟通并绘制图表的。

---

[1] 见贝特曼等（2010）、博尔金等（2015）。——作者注

我发现，许多工作人员对不同图表类型的了解有限。这导致许多图表最终看起来都非常相似，以至于人们觉得这些图表千篇一律、无聊透顶。于是，制图部门不得不增加一些点缀，让图表看起来更加"有趣"。

让图表更能吸引人们的注意力，并没有错，事实上图表确实应该尽可能吸引读者。但是，这种做法不应该以牺牲信息的可信度为代价。而且，那些将注意力转移过来的读者，理应获得相应的回报。

图表素养的差距

下面的这类图表叫作散点图。这张图表是我在《金融时报》的同事约翰·伯恩-默多克在 2016 年 6 月英国脱欧公投后立即制作出的（图 2-2）。

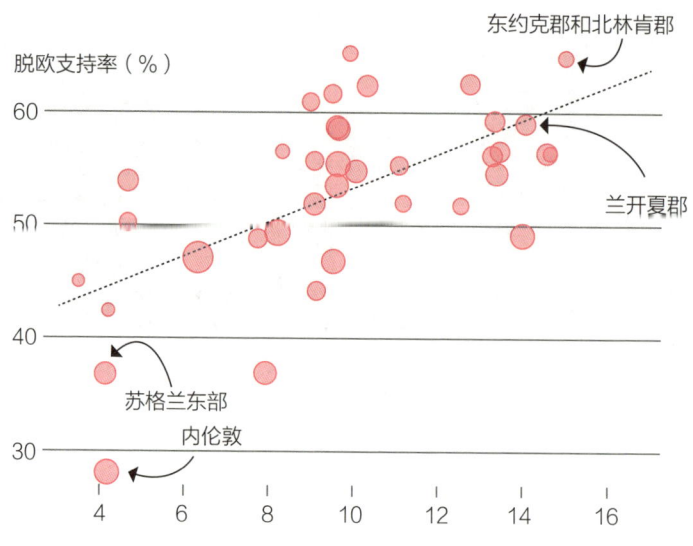

图 2-2　2016 年《金融时报》在推特上发布的脱欧公投

脱欧支持率最高的地区往往也是与欧盟在经济上联系最密切的地区。东约克郡（East Yorkshire）和北林肯郡（Northern Lincolnshire）对欧盟出口额占经济产出的比例，高于英国任何其他地区，但该地区 65% 的选民投票支持脱欧。

散点图呈现的是两个变量之间的关系，一个变量位于横轴（即 x 轴），另一个变量位于纵轴（即 y 轴）。因此，图表上的每个点代表了其相对于两个坐标轴的两种信息。在本例中，兰开夏郡（Lancashire）有着很高的脱欧支持率，同时其欧盟出口额占 GDP 的比重也比较高。而内伦敦地区（Inner London）则恰恰相反。

几十年来，科学家们一直使用这种图表来可视化"相关性"，即两个变量之间的关联程度。在本例中，约翰的研究反映了一个违反直觉的事实——英国脱欧支持率最高的地区通常也是与欧盟贸易较密切的地区。

该图呈现出了一个明显的趋势：图表中的点沿着从左下方（即两个坐标值都很低的区域）到右上方（即两个坐标值都很高的区域）的斜线排列。假如这些点在图表上的排列是随机的，那么这两个变量之间就没有任何关系。

散点图是非常有用的工具，它使我们不需要逐个研究单个的点，就能从成千上万个数据点中发现总体趋势。但这种信息呈现方式是否也有弊端？换句话说，人们能否轻松理解散点图？

皮尤研究中心（Pew Research Center）2015 年的调查显示，总体而言，约 63% 的美国成年人可以正确解读散点图。在大学毕业生中间，这个比例更高，达到 79%。但是，只有一半的高中及以下学历的人能正确理解这类图表。

了解了这些数据后，我们可能会忍不住将散点图这类图表从报纸、商业报告和演讲中剔除出去。毕竟，我们不太可能频繁使用一个只有三分之二人口能够理解的词语。

事实上，这类图表可以说明非常复杂的问题，而单靠文字，或者你熟悉的其他简单图表，是无法做到这一点的。2016 年《金融时报》在推特（Twitter，现自己改名为 X）上发布的 2.4 万条推文中，有关脱欧公投的这张散点图是阅读量最高的一篇。

而皮尤研究中心的这项研究表明，教育是确保人们能够理解图表的重要因素。在大多数国家，虽然经济学、数学或物理等学科的学生可能会花更多时间，培养更高级的图表制作和图表阅读技能，以提高自己的分析能力，但没有一项教育对策能够确保每个人都能具备这些技能。

相反，与我共事过的大多数专业统计学家和经济学家，从未接受过如何向非专业读者呈现复杂信息的正式学术培训。整个机构都可能遭受这种双向技能差距造成的影响。研究人员和政策分析师也经常发现，即使迫切需要领导者的支持，自己也很难与领导者进行有效的沟通。

学会阅读图表

当我讲授图表设计的入门课程时，我经常会要求学生说出他们所知道的图表名称。无一例外，以下三类图表是最常见的答案：

①折线图；

②饼图；

③条形或柱形图。

请注意，这三种图表也曾在前面"双饼图"例子中出现过。这三种图表为何如此常见？是因为它们比其他类型的图表更加直观吗？事实上，根本不存在绝对直观的图表。即使是这三种统计图表的发明者也明白，在读懂这些图表之前，首先需要学习它们。

"我只要求那些不懂得如何阅读图表的人，首先仔细阅读一下第一张图表的几行说明文字。然后他们就会发现读图困难一下子全部消失了。通过这些图表，人们在五分钟内获取的信息量，抵得上他们花几天时间通过阅

2 图表的重要性

读数据表才能永久记忆下的信息量。"

威廉·普莱费尔（William Playfair），《商业与政治图解集介绍》（*Introduction to the Commercial and Political Atlas*），1801

普莱费尔在 18 世纪晚期发明的现代统计图表是科学交流史上的一个里程碑。事实上，在此之后，图表开始变得无处不在，以至于我们很难想象图表发明前的时代。但在那个时期，图表毕竟是种新鲜事物，因此普莱费尔的第一批读者必须通过自学掌握如何阅读这些图表。

当然，一旦你学会了如何阅读图表，它们就变得非常直观了。而且，没有人需要重新学习如何阅读图表，就像骑自行车一样，一旦你克服了最初的挑战，你就永远不会忘记。

普莱费尔的三种基本图表类型继续主导着公众对图表概念的潜意识，这在很大程度上是因为，它们是每个人在义务教育阶段学习过的仅有的三种图表。大多数学生在小学阶段就学会了如何制作和阅读这些图表。但在这个阶段之后，很多人便不再学习新的图表类型，直至步入学术研究阶段。

因此，我们面临的挑战，不是为了确保每个人都能读懂图表、能使用人们 6 岁时就掌握的图表。相反，我们的挑战是填补差距，扩展人们的图表知识，以便人们能够更加流畅、更加清晰地呈现和交流信息。

如果数据本身饶有趣味、切中主题，而且以清晰的图表加以呈现，没有人会为此感到无聊，我们就完全没有必要在图表背景上加上一条内裤。

图表重点呈现的不是数据，而是数据间的关系

"给我看看数据！"这句商务领域的口头禅暗示了人们对数据价值的重视。但事实上，好的图表往往不会向人们呈现所有的数字。图表的作用远比

图表的力量
信息高效传达之术

单纯呈现数据更重要,它们重点在于呈现重要数据蕴含的模式或者"关系"。

这里的"关系"指的是什么意思?它与我们所重视的数据背景密切相关。

比如,在获取了前文提到的1911年爱尔兰人口普查数据后,我们可能只对生活在每个郡的人口数量,以及数量之间的比较感兴趣。

一张简单的条形图可以让我们了解每个郡的人口规模或人口幅度(图2-3)。用肉眼比较横条的长度,我们可以发现都柏林的人口是韦克斯福德的4倍多(x轴的每个刻度代表10万人口,注意到这一点可以方便我们进行估计)。

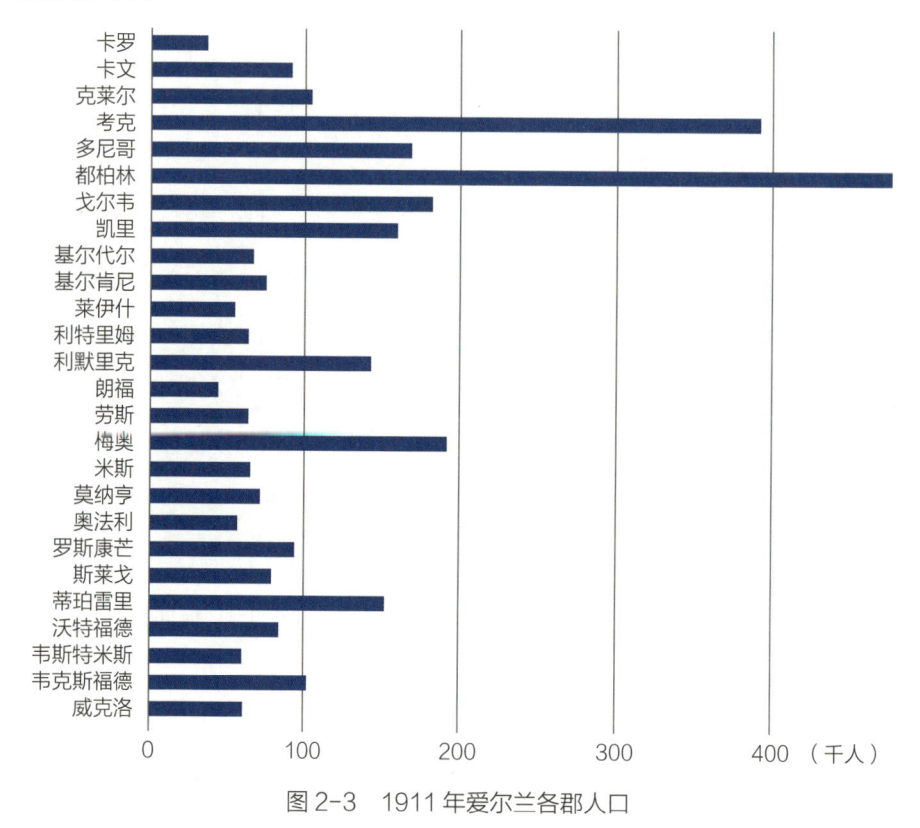

图2-3 1911年爱尔兰各郡人口

资料来源:爱尔兰中央统计局,1911年人口普查。

但这张图表并没有呈现其他背景。比如,我们很难确定哪个郡的人口规模排在第五位，或者倒数第二位。这是因为横条是按照字母顺序排列的（因此，卡罗郡位于最上方，而威克洛郡位于最下方）。如果我们把这些数据按照人口数量的多少重新排序，我们就能更清楚地了解到这些信息（图2-4）。这样做就增加了另一个数据背景，或者说数据之间的关系——排名。

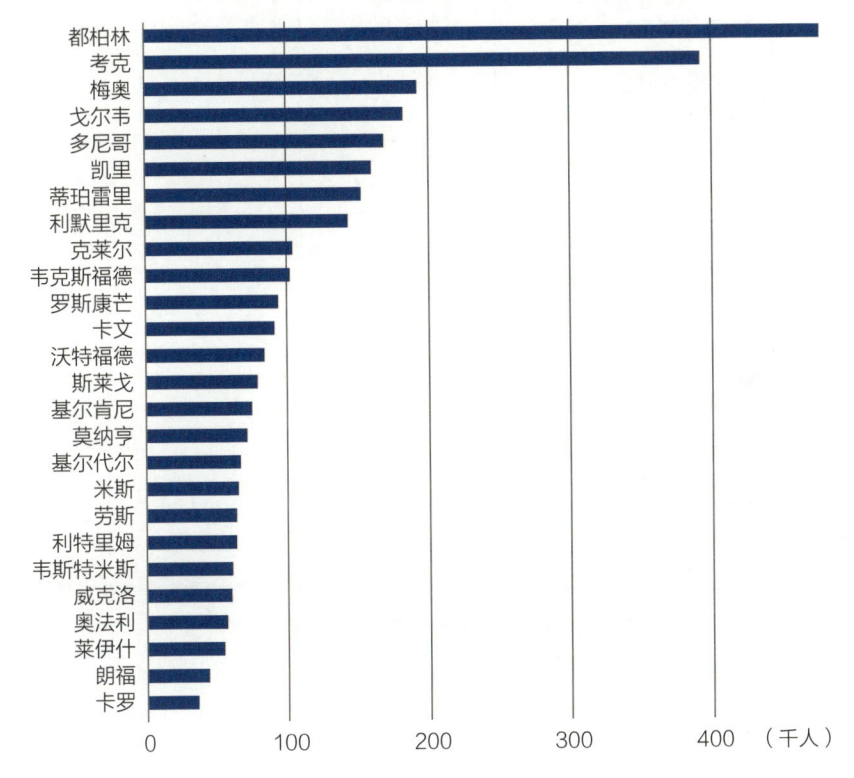

图 2-4　排序后的 1911 年爱尔兰各郡人口

资料来源：爱尔兰中央统计局，1911 年人口普查。

另外，我们可能也想知道，1911 年每个郡的人口是大于还是小于所有郡的平均人口。为了做到这一点，我们只需要以 26 个郡的平均人口为参照，绘制出每郡相对于平均人口的离差。

由于爱尔兰的总人口主要集中在几个人口稠密的郡，因此，我们可以发现大多数郡的人口规模都小于"平均人口"。而图 2-5 向我们展示了另一种关系——各郡人口与平均人口的离差。

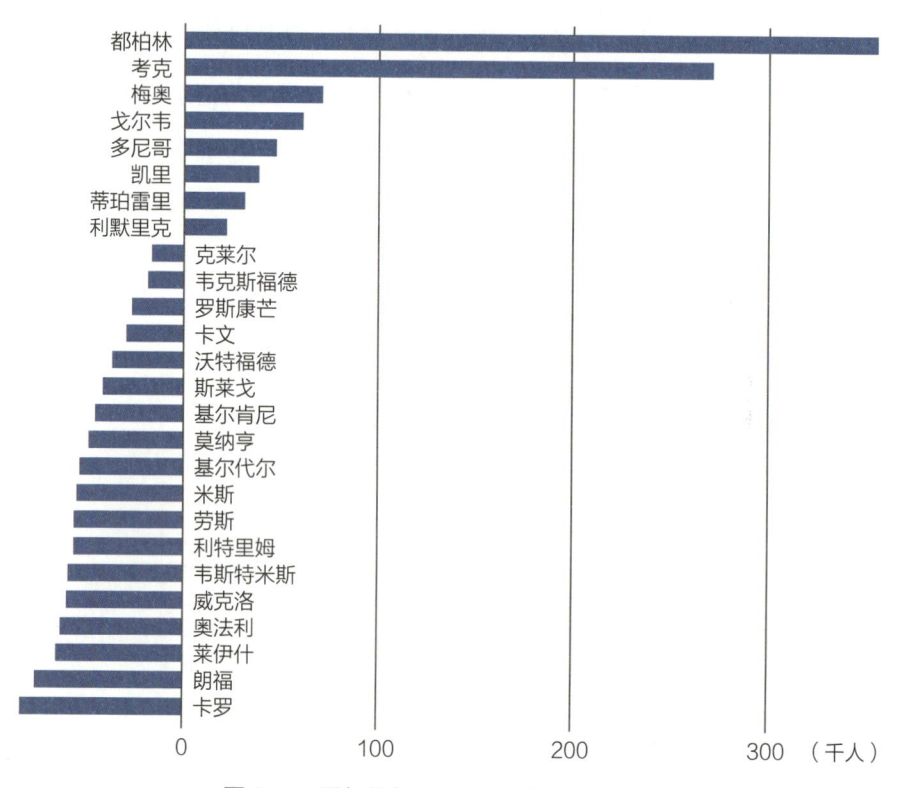

图 2-5　爱尔兰各郡人口于平均人口的离差

资料来源：爱尔兰中央统计局，1911 年人口普查。

从图 2-5 中，我们可以清晰地观察到哪些郡高于平均水平、哪些低于平均水平。但值得注意的是，由于现在我们将关注的重点放在了相对于平均值的离差上，因此我们无法再像最初那样，对幅度进行比较了。

此外，如果我们对各郡在爱尔兰的位置更感兴趣，那就必须纳入另外一个背景——空间方位。而在条形图的限制下，做到这一点是相当困难的，甚至是完全不可能的。

这个非常简单的例子告诉我们，世界上没有完美的图表。每张图表都是一种折中方案，旨在强调一组数据中最重要的关系，而忽略不那么重要的关系。

在这本书中，我们将重点介绍数据中的 9 种关键关系，而图表往往都是为了呈现这些关系：

①幅度关系；

②时演关系；

③离差关系；

④相关关系；

⑤分布关系；

⑥整体与部分关系；

⑦排序关系；

⑧地理空间关系；

⑨流向关系。

我们并没有穷举出数据的所有关系，但这毕竟是一个很好的开端。以此为开端，我们掌握的图表知识，最终将超越 200 年前威廉·普莱费尔开创的起点。

第一部分
了解图表

PART 1

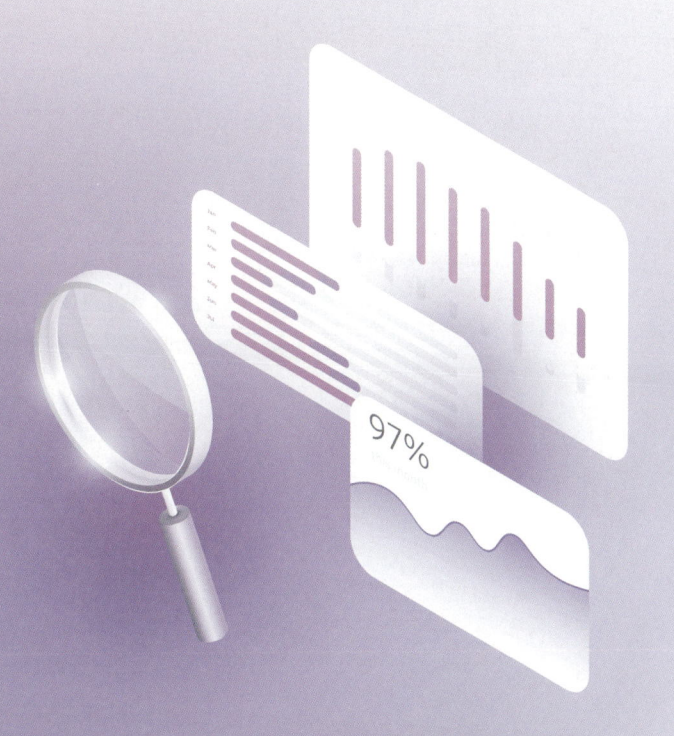

第一部分
了解图表

3 《金融时报》图表术语库

图表库

2016年，我开始着手扩大《金融时报》常用图表的范围。因此，我需要向新闻编辑室的每个人，而不仅仅是我所在的视觉与数据新闻部，介绍大家不熟悉的图表形式。我该怎么做呢？是发布一份内部电邮简报，建立一个网站，还是开发一个手机应用程序？我考虑了很多方案，又放弃了这些方案。似乎没有一个方案能满足我的目标。

我真正需要的是一些非常务实的东西，一些令新闻编辑室里每个人都无法忽视的东西。它必须既能吸引人的注意力，又能向人们提供有用的信息。最重要的是，它的格式需要采用一种适合开放式新闻编辑室环境的格式，能够方便合作团队使用。因此，我们需要的是一张大幅的图表类型汇总图。但对于一个先进的数字化新闻编辑室来说，这多少有点不合时宜。

在视觉与数据新闻部其他同事的协助下，我与同事克里斯·坎贝尔合作，很快便完成了这份汇总表的初稿。

在最终的版本中，这份汇总表（表3-1）将70多种图表类型分为9个

表 3-1　图表术语库

离差图

离差图强调的数据相对于一个固定参考值的偏差（或正或负）。一般来说，这个参考值为零，但也可能是某个目标值或长期平均值。离差图也可用来表明人们的立场（如赞同、中立或反对）。

《金融时报》的使用场合：贸易顺差或逆差、气候变化等。

分向条形图

分向堆叠条形图

脊柱图

盈亏填充线图

相关图

相关图呈现的是两个或多个变量的关系。需要注意的是，除非特别说明，读者会默认变量间存在因果关系（即一件事导致了另一件事）。

《金融时报》的使用场合：通货膨胀与失业率、收入与预期寿命等。

散点图

柱形图叠加折线图

散点连接图

气泡图

XY 热图

排序图

当某个对象的排名比其绝对数值或相对数值的大小更重要时，可以使用这类图表。它可以用来突出显示人们所关注的数据。

《金融时报》的使用场合：财富或贫穷问题、比赛名次、选区选举结果。

有序条形图

有序柱形图

有序比例符号图

点状条纹图

坡度图

棒棒糖图

凹凸图

分布图

分布图主要呈现数据的数值及其出现的频率。分布的形状（或偏斜性）能够体现出数据分布的不一致或不均一性，从而给人们留下深刻的印象。

《金融时报》的使用场合：收入分布、人口（年龄或性别）分布等。

直方图

点状图

点状条纹图

条码图

箱线图

小提琴图

人口金字塔图

累积曲线图

频率多边形图

蜂群图

图表术语库

以数据为依据制作图表。

数据可视化的方法繁多，我们该选择哪一种呢？读者可以根据自己所要强调的数据关系，选择本汇总图顶部所列举的图表大类，然后参考本大类下的不同类型图表，找出最适合呈现自己想法的图表。本汇总图并没有囊括所有类型的图表，也不是一份包罗万象的使用指南。它是一个实用的入门工具，可以帮助你制作信息丰富、易于理解的图表。

本汇总图的设计受到了乔恩·施瓦比什（Jon Schwabish）和塞维里诺·丽贝卡（Severino Ribecca）编制的"图表系列集"的启发（见 2021 年 3 月 8 日发表于《金融时报》上的《有效图表：金融时报图表术语指南》）。读者可访问以下网址：https://www.ft.com/content/c7bb24c9-964d-479f-ba24-03a2b2df6e85。

图片使用已获得《金融时报》公司授权。

读者可访问 ft.com/vocabulary，获取完整打印版。

时演图

时演图重点呈现变量随时间的变化趋势。它既可以反映短期（如一天内）波动，也可以反映数十年甚至数百年的变化。为了向读者呈现出适当的统计关系，我们应选取正确的时间段。

《金融时报》的使用场合：股价波动、经济变量时间序列、不同市场的变化等。

折线图

柱形图

折线图叠加柱形图

坡度图

面积图

K 线图

扇形图（预测图）

散点连接图

日历热图

普里斯特利时间线

气泡时间线

垂直时间线

震波图

河流图

幅度图

幅度图用来比较数据的幅度。这里的幅度有可能是相对幅度（以显示较大者或较小者），也有可能是绝对幅度（呈现数据间的差异）。幅度图通常用来比较数量（例如桶、人、美元），而不是经过计算后的比率或百分比。

《金融时报》的使用场合：产量、市场总值、总额等。

柱形图

条形图

成对柱形图

成对条形图

马赛克图

比例符号图

象形统计图

棒棒糖图

雷达图

平行坐标图

子弹图

分组符号图

整体与部分关系图

整体与部分关系图用以呈现总体与各组成部分的关系。如果只是想了解个别组成部分的规模，可以考虑将其改为幅度图。

《金融时报》的使用场合：财政预算、公司架构、全国选举结果等。

堆叠条形图或柱形图

马赛克图

饼图

圆环图

矩形树图

沃罗诺伊图

拱形图

网格图

文氏图

瀑布图

地理空间图

地理空间图着重强调数据中的精确位置和地理分布规律。

《金融时报》的使用场合：人口密度、自然资源分布、自然灾害风险或影响、汇水面积、选举结果差异。

分级统计图（比例或比率）

比例符号地图（数量或幅度）

流向地图

等值线图

均等化示意地图

变形地图（各区域按数值大小发生变形）

点状密度地图

热图

流向图

流向图用以展示两个或两个以上的状态、环境之间的流动量或流动强度。这里的状态、环境可以是某种逻辑关系或地理位置。

《金融时报》的使用场合：资金、贸易、移民、信息的流向、诉讼关系、关系图。

桑基图

瀑布图

弦图

网络图

023

大类，每个大类被用特定的统计关系命名，其下涵盖的图表类型旨在重点呈现这一关系。我们还概括说明了每大类图表所要呈现的统计关系，简要介绍了每种图表类型，并列举了它们的优缺点。

由于有些图表能够呈现不止一种统计关系，因此它们同时被归入了不同的大类。也有一些图表并不属于其中的任何一个大类，原因是这张汇总图的目的并不是列举出所有图表类型。相反，它的功能类似于一本字典，或者确切地说，一本类属词典，目的是帮助《金融时报》的编辑和记者撰写报道。

我们在设计这张汇总图时，也考虑到了《金融时报》的读者。对于那些时常阅读《金融时报》的读者来说，这是一份图表索引。

为了给这幅汇总图起个好名字，我们费尽了心思。最后，《金融时报》的数据编辑马丁·斯塔比一锤定音，将其命名为"图表术语库"。这个称谓很有道理，因为它表明每个人都需要学习图表的设计和使用方式。这种方式就像遣词造句的语法一样，或者就像音乐领域的音阶一样。每个作曲家都知道，要想创作好的音乐，我们必须熟练掌握音阶技巧。而图表术语就像音阶一样，是我们学会理解、应用图表的起点。图表术语库详见表3-1。

图表术语库对《金融时报》新闻编辑室的影响

整理好图表术语库后，我们首先把它挂在了位于萨瑟克（Southwark）的《金融时报》前总部编辑部的墙上。从那一刻起，大家便对他产生了强烈兴趣。

总的来看，大家喜欢驻足在这幅汇总图前面，讨论图表制作问题。《金融时报》其他记者与制图部同事之间的对话内容也悄然发生了变化，双方交流的问题从"你想要什么"这样的事务性、一站式问题，变成了"你想要呈现什么"这样更具协作性的问题，将讨论的重点集中在汇总图各列出现的图表，以及问题核心所涉及数据间关系上。

第一部分
了解图表

在开展编辑培训、介绍视觉新闻新方法时，我们将这份汇总图当作培训课程的核心，并产生了其他不太大但很重要的变化。在讨论新闻编辑问题时，掌握了新图表类型名称的记者也变得与以往有所不同。比如，一次讨论会上，国际部的一名编辑提出了"能否将德国最新选举结果做成桑基图"的问题。

在将这份汇总图翻译成其他语言时，我们也意识到，图表的名称并不是全世界通用的，比如，法国人将饼图叫作"Camembert"，即"卡芒贝尔奶酪图"。

图表术语库是一个开放共享的资源

起初，图表术语库只是为《金融时报》编辑部设计的，以便帮助编辑和记者更好地在新闻报道中使用图表。但后来我们清楚地意识到，这是一个更多受众都会感兴趣的资源，所以我们决定通过"知识共享·署名与相同方式共享许可"（Creative Commons Attribution–ShareAlike licence）的方式将其共享，允许人们免费使用和重复使用。

读者可免费下载图表术语库[1]，获取英语、西班牙语、法语、日语和中文版本的高分辨率 pdf 格式汇总图。

图表术语库的灵感来源——"图表系列集"

《金融时报》图表术语库的灵感来自华盛顿市经济学家乔恩·施瓦比什所构想的一个项目（图 3–1）。

2010 年，这位不得志的经济学家正任职于美国国会预算办公室

---

[1] ft.com/vocabulary。——作者注

图表系列集

图表系列集介绍了如何使用单个图表或综合运用图表，来呈现数据关系的若干方法。

使用不同的图形、图表类型和颜色，可以帮助我们识别数据模式、了解问题，揭示出不同数据集和不同类型数据之间的关系。比如，条形图或直方图可以用来分析说明不同时间的数据分布，同时也能展现分类差异或地理差异。散点图可以显示单个问题的截面数据，或者一段时间的时间序列，也可以用来显示数据围绕均值的分布趋势。

本图表集并没有囊括所有类型的图表，也没有一一罗列出反映数据规律的所有可能方法。相反，图表系列集仅仅列举了若干种数据呈现方法，并介绍了不同数据呈现方法之间若干联系。图表集中的六大类图表并没有涵盖所有可能的方法，因此，人们也可以使用其他有用和相似的数据可视化方法，来呈现不同类型的数据。

虽然本图表集提供了图表类型选择方面的指导建议，但读者也可以利用自己的想象力探索其他有效的数据呈现方法。

直方图使用矩形柱来表示数据的分布

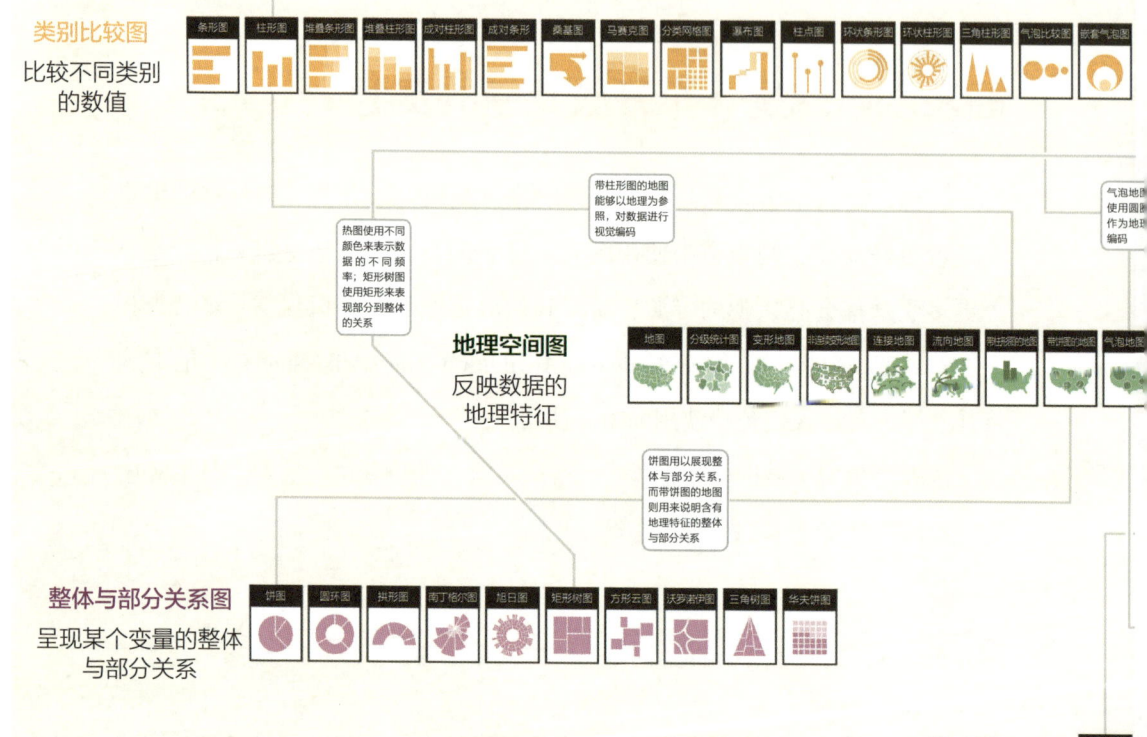

类别比较图
比较不同类别的数值

热图使用不同颜色来表示数据的不同频率；矩形树图使用矩形来表现部分到整体的关系

带柱形图的地图能够以地理为参照，对数据进行视觉编码

气泡地图使用圆圈作为地理编码

地理空间图
反映数据的地理特征

饼图用以展现整体与部分关系，而带饼图的地图则用来说明含有地理特征的整体与部分关系

整体与部分关系图
呈现某个变量的整体与部分关系

关系图
用以说明变量之间的相关性或关系

图 3-1　图表系列集

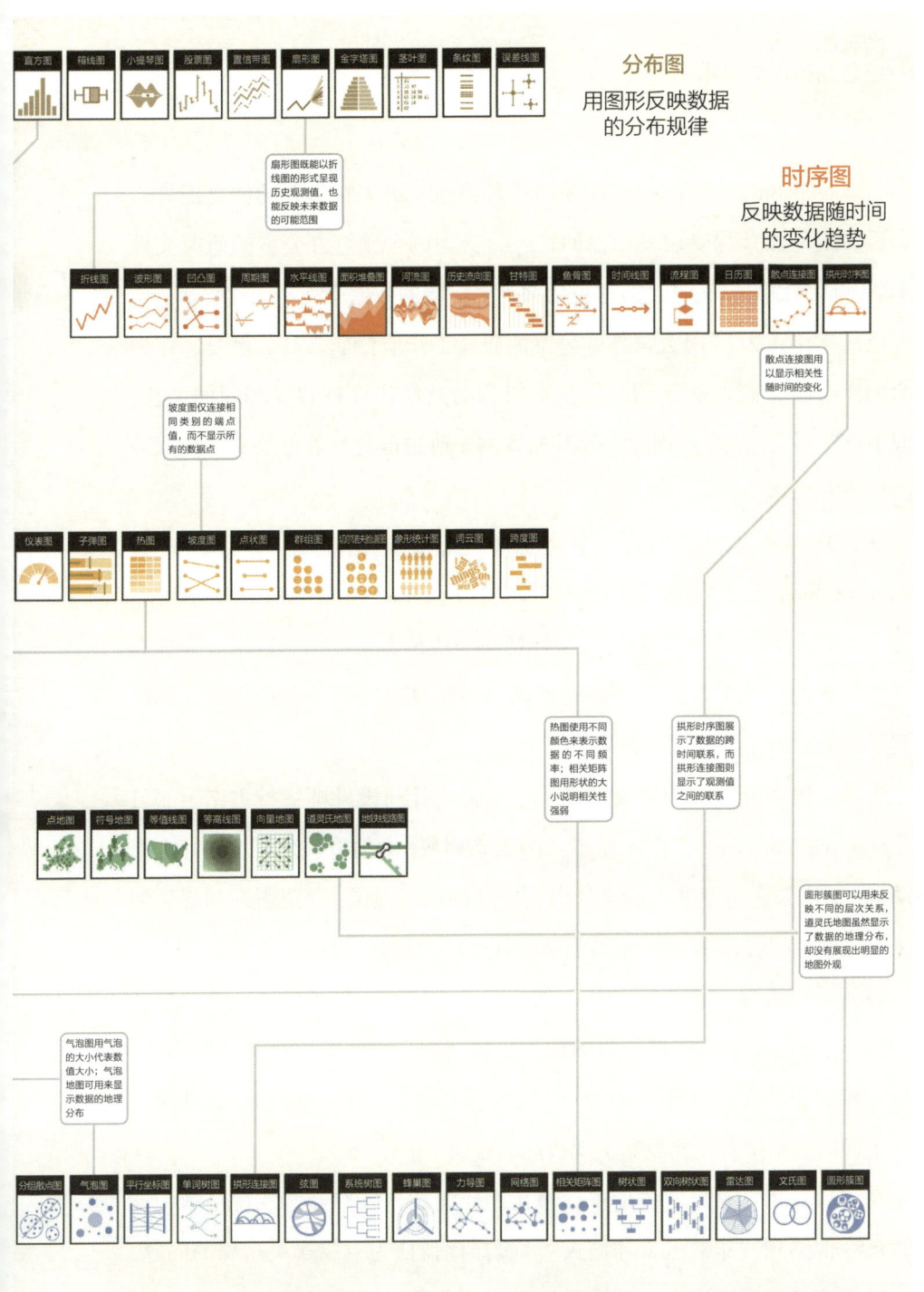

分布图
用图形反映数据的分布规律

时序图
反映数据随时间的变化趋势

图表类型：

- 直方图、箱线图、小提琴图、股票图、置信带图、扇形图、金字塔图、茎叶图、条纹图、误差线图
- 折线图、波形图、凹凸图、周期图、水平线图、面积堆叠图、河流图、历史渔向图、甘特图、鱼骨图、时间线图、流程图、日历图、散点连接图、拱形时序图
- 仪表图、子弹图、热图、坡度图、点状图、群组图、切尔诺夫脸谱图、象形统计图、词云图、跨度图
- 点地图、符号地图、等高线图、等值线图、向量地图、道灵氏地图、地块规划图
- 分组散点图、气泡图、平行坐标图、单词树图、拱形连接图、弦图、系统树图、蜂巢图、力导图、网络图、相关矩阵图、树状图、双向拱状图、雷达图、文氏图、圆形簇图

注释说明：

- 扇形图既能以折线图的形式呈现历史观测值，也能反映未来数据的可能范围
- 坡度图仅连接相同类别的端点值，而不显示所有的数据点
- 散点连接图用以显示相关性随时间的变化
- 热图使用不同颜色来表示数据的不同频率；相关矩阵图用形状的大小说明相关性强弱
- 拱形时序图展示了数据的跨时间联系，而拱形连接图则显示了观测值之间的联系
- 圆形簇图可以用来反映不同的层次关系，道灵氏地图虽然显示了数据的地理分布，却没有展现出明显的地图外观
- 气泡图用气泡的大小代表数值大小；气泡地图可用来显示数据的地理分布

乔纳森·施瓦比什，塞维里诺·丽贝卡

@jschwabish @dataviz_catalog

（Congressional Budget Office）。在参加了爱德华·塔夫特举办的信息设计研讨会后，施瓦比什深受启发。他回忆道，身为国会预算办公室的研究文件技术审查员，他可以将自己的角色延伸到更广阔的数据呈现和沟通领域。

施瓦比什认为，"国会预算办公室的研究工作质量非常高。但是，作为国会的审查员，我们的这项工作没有得到与其他华盛顿智库相同的关注，这似乎有些不合常理"。因此，他开始致力于改进国会预算办公室的数据分析的呈现方式。

施瓦比什称，时任国会预算办公室主任的道格拉斯·埃尔门多夫（Douglas Elmendorf）"非常支持自己"，对这项工作的开展起到了推动作用。施瓦比什等人最终将70页的技术文件精简为一份重点突出、以图表为导向的文件。它的作用非常显著，甚至连国会在就预算问题进行讨论时，都使用到了该文件中提到的"信息图"。

为了解决图表教育中缺失的环节，施瓦比什与设计师塞维里诺·丽贝卡（Severino Ribecca）合作制作了"图表系列集"。他将其形容为"好主意启动器"，认为它能帮助人们设计出更好的图表。他说："'图表系列集'回答了一个常见问题，'我应该用数据制作什么样的图表？'"

施瓦比什认为，"图表系列集"的成功，为研究人员提供了一个"逻辑轴心"，使他们能够掌握更一般的数据呈现技能。离开国会预算办公室后，他现在就职于非营利性研究机构——城市研究所（Urban Institute），并成立了一个面向数据可视化和数据呈现技能的公司 PolicyViz。

在"后真相"时代的讨论中，施瓦比什注意到人们经常忽视科学和证据，这令他感到"非常沮丧和恼火"。施瓦比什认为，要解决这样的问题，或许人们应该重新审视学校的课程体系，"人们真的需要学习微积分吗？也许并不需要。但是，每个人都需要阅读报纸，并理解什么是误差范围"。图表系列集详见图3-1。

第一部分 了解图表

4 幅度图

幅度图主要用来比较数据的大小。它既可以比较相对大小（以显示较大者或较小者），也可以进行绝对比较（呈现数据间的差异）。幅度图既能用来呈现数量大小（例如桶、人、美元），也可以用于比较其他各种类型的数据。

最常见的幅度图或许是条形图，原因很简单，它为最简单的肉眼比较提供了最好的解决方法。

图 4-1 显示了美国长期以来的财富差距。典型白人家庭的财富大约是普通黑人家庭的 8 倍，是拉美裔家庭的 5 倍。当一组重要数据存在显著差异时，柱形图更能简洁地比较幅度大小的问题。

> **知识点**
>
> **缺失数据**
>
> 人们可能会质疑这样一张简单的图表漏掉了某些信息。比如，我们无法通过图表了解亚裔美国家庭的净资产中位数，因为这些数据在调查中没有作为一个单独的类别公布，而是被笼统地归入了"其他族裔"这个类别下。

单位：千美元

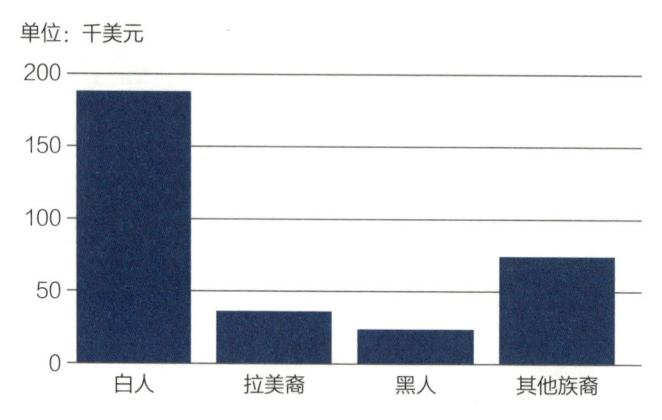

图 4-1　2019 年不同族裔家庭的净资产中位数

资料来源：美联储（US Federal Reserve）消费者财务调查。

简单起见，在本章中，我将使用术语"条形图"来统一指代图表术语库中的两种图表类型：柱形图和条形图。因为除了排列方向不同外，它们是没有差别的。

①柱形图：以水平线为基线垂直条形图。垂直排列方向利用了视觉上的重力感。越小的数据越矮，越大的数据越高（图 4-2）。

②条形图：以垂直线为基线的条形图。若图表中的数据都是正数，基线将位于左侧，矩形条将水平向右延伸。与柱形图相比，条形图有一个实际优势，它能处理较长的文字标签，而无须将文字标签旋转一定角度，因此视觉上更加美观（图 4-3）。

条形图适用于各种类型的数据。虽然它的典型用途是呈现客观存在的数量，但也可以用来比较几乎任何类型的数值，包括比率、比重和百分比。

图 4-4 这张反映世界最高峰攀登死亡率的条形图，能够充分说明乔戈里峰（K2）这座著名山峰的危险性，同时也给人们提了一个醒：还是放弃攀登它的想法吧。

第一部分 了解图表

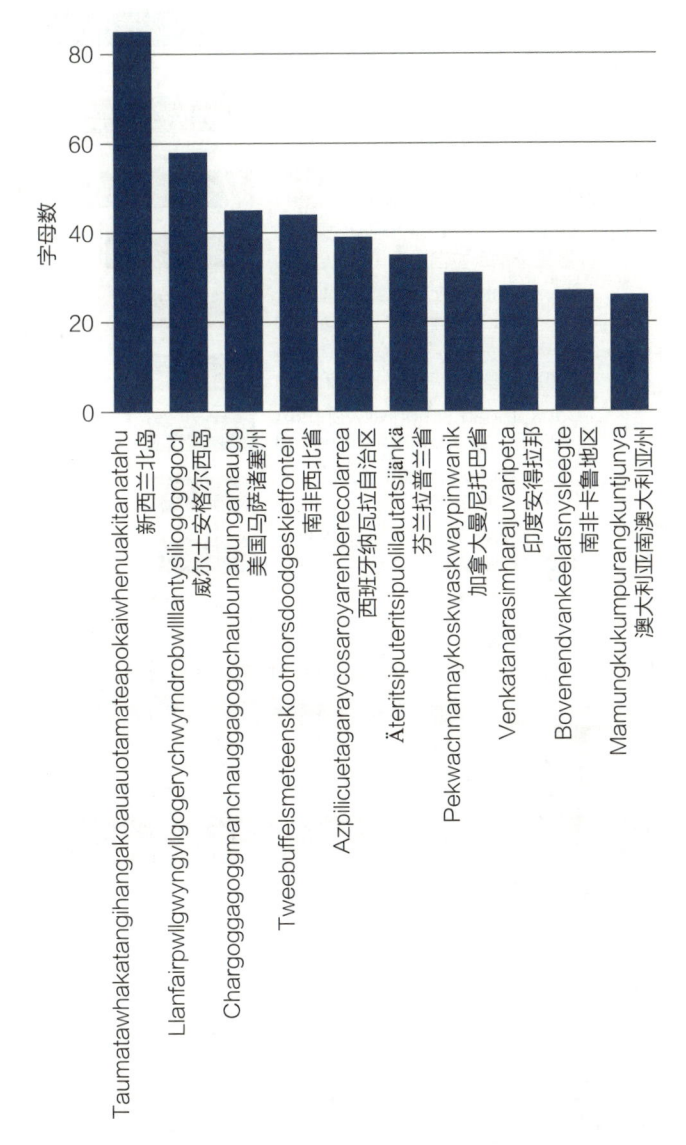

图 4-2　全世界最长的十个单词（柱形图）

资料来源：worlddatlas.com。经艾伦·史密斯授权使用。

图表的力量
信息高效传达之术

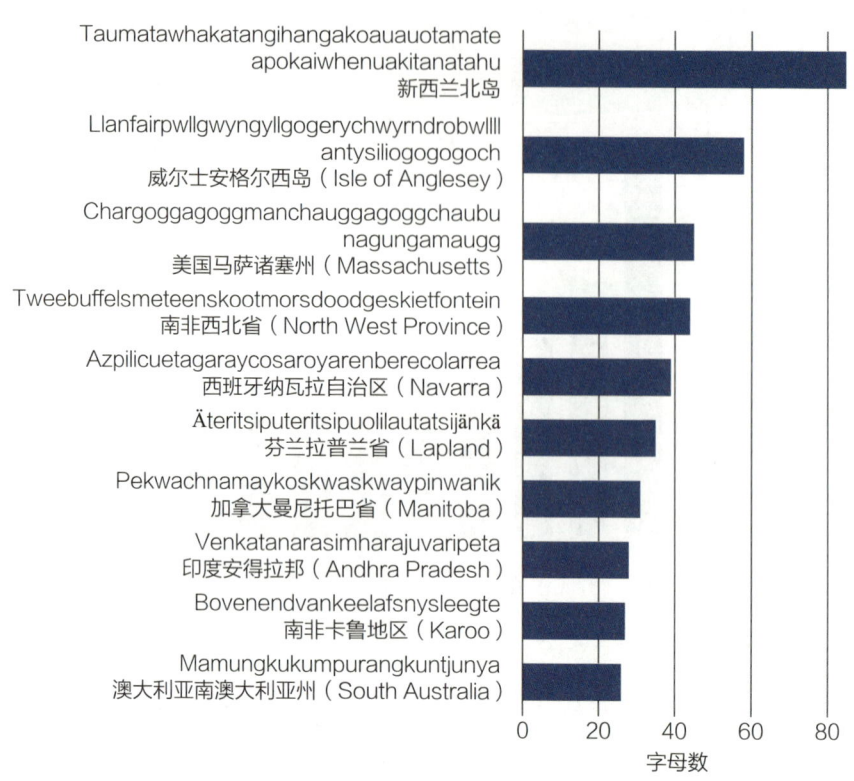

图 4-3　全世界最长的十个单词（条形图）

资料来源：worlddatlas.com。经艾伦·史密斯授权使用。

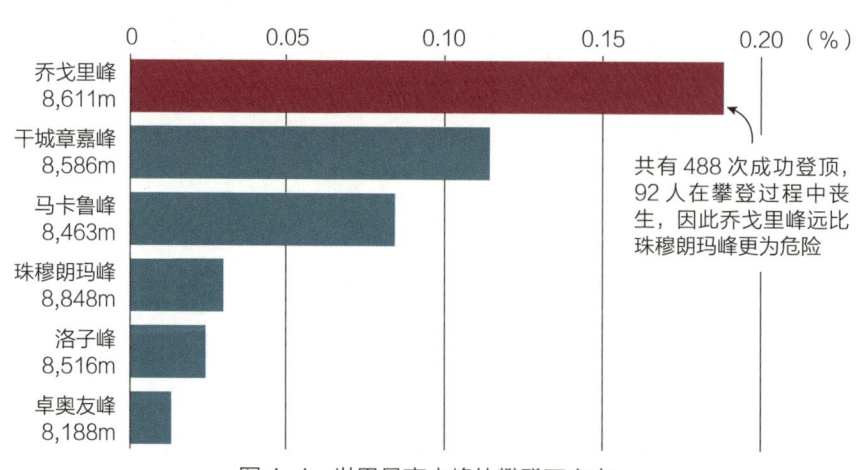

图 4-4　世界最高山峰的攀登死亡率

共有 488 次成功登顶，92 人在攀登过程中丧生，因此乔戈里峰远比珠穆朗玛峰更为危险

资料来源：Himalayandatabase.com，节选自《攀登乔戈里峰的荣耀与悲剧》，经《金融时报》有限公司授权使用。

堆叠条形图

条形图往往显示的是汇总数据，即某种度量的总量。但有时我们也希望进一步详细了解这些总量是如何构成的。而堆叠条形图允许我们将总量细分为各个部分，从而了解整体与部分的关系。

该图表呈现的重点依然是总体幅度（由矩形条的总长度代表）。在整个图表中，只有一层矩形条可以真正用来进行精确比较，即从基线延伸出的那一层横条。而由于另一层横条起始位置并不相同，因此比较起来有点困难。可见，堆叠条形图存在一定的缺陷，但这并不影响其整体作用（图4-5）。

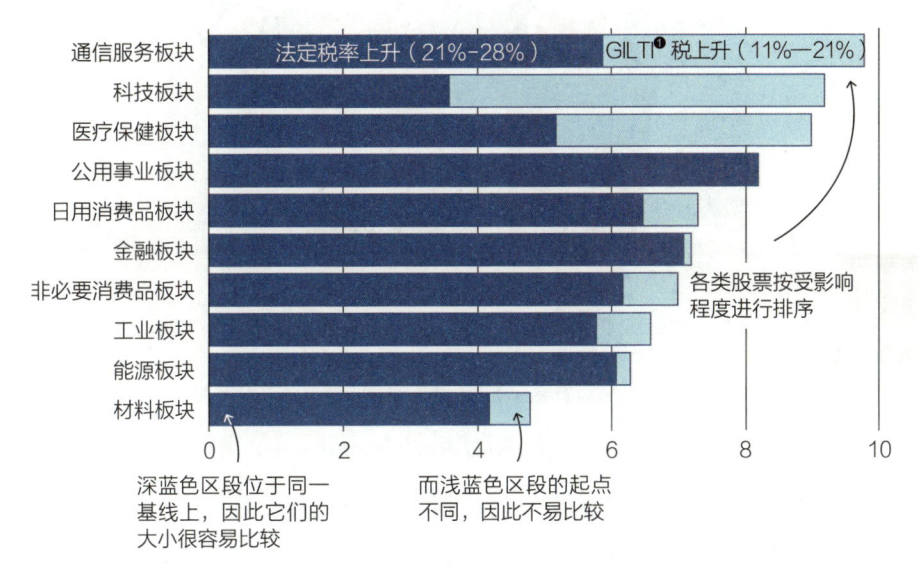

❶ GILTI 为全球无形资产低税所得，指的是美国控制的公司在国外赚取的收入。

图 4-5　加税对每股收益的预期影响

资料来源：高盛公司，选自《华尔街正在为拜登政府新刺激方案造成的税率增加做好准备》，阿齐扎·卡西莫夫（Aziza Kasumov）。

条形图有些单调

尽管条形图的灵活性毋庸置疑,但令人遗憾的是,人们往往觉得它有些沉闷。因此,在人们眼里,条形图是一种有用但又无聊的图表。可视化专家哈昆·维拉·冈萨雷斯(Xaquín Veira González)曾经用下面这幅有名的"分心男友"表情包,来形容条形图的这个特点(图4-6)。

图4-6 "分心男友"表情包

资料来源:哈昆·维拉·冈萨雷斯。

《纽约时报》(*New York Times*)图表编辑阿曼达·考克斯(Amanda Cox)曾在接受《哈佛商业评论》(*Harvard Business Review*)采访时解释说:"数据可视化领域的一些人认为,一切数据都可以用条形图来呈现。这或许没错,但这样的话,也就没有了什么乐趣。"

没有人想要无趣的东西,但我们也不应该对自己,或者对条形图,太过苛刻。我们需要简单了解一下条形图遭到过度使用的两个主要原因。

第一部分 了解图表

原因之一：有些幅度比较其实根本没有必要可视化

"中国两年的钢铁产量超过了英国自工业革命以来的总产量"，任职于《泰晤士报》（*The Times*）的艾德·康韦（Ed Conway）计算出的这个重要数据，不仅令人印象深刻，而且发人深省。那么，这个事实是否需要可视化呢？让我们来试一下吧（图4-7）。

图4-7 中国两年的钢铁产量超过了英国自工业革命以来的总产量

资料来源：艾德·康韦根据世界钢铁协会（World Steel Association）及史蒂文森库克公司（Stevenson & Cook）数据所作的分析。

从图4-7上的几何图形中，你能否得到标题所无法提供的信息？即使有，也非常少。数字的单位几乎已经超出了普通人所能直观理解的范围。而且，由于两国的数值相差极小，我们也很难直接看出，代表中国的那一个矩形条比英国的稍高。

某个有趣的事实是由数据组成，并不意味着我们必须通过图表加以呈现。如果我们能够意识到一些数据比较能够通过简洁的文字解释清楚，我们就没有必要花费大量的时间和精力，对枯燥的图表进行美化和修饰。

原因之二：条形图有时并不是可视化幅度比较的最佳选择

在进行幅度比较时，条形图确实非常有用。因为它只需要读者用肉眼在一个维度上理解数据，这个维度就是矩形条的长度（或高度）。通常情况下，这是它的一个优点。人们可以结合完整的刻度，轻松而又快速地理解数据，比较数据的大小。

但是，如果将所要比较数据之间的所有差异浓缩到一个维度上，而所呈现的数据又存在较大差异时（数据涉及多个数量级），条形图就会给读者理解数据带来困惑。

在《金融时报》的编辑部，我有时会把这个幅度差距过大的问题称为"木星/冥王星问题"，不过，将其称为"太阳/冥王星问题"或许更为恰当。

图 4-8 这张条形图对太阳系各天体的平均半径进行了比较。此前，天

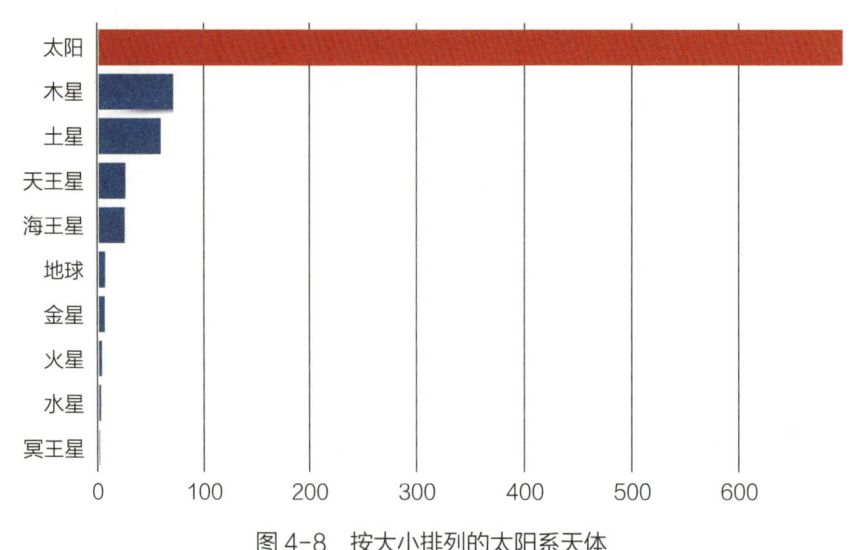

平均半径（单位：千公里）

图 4-8　按大小排列的太阳系天体

资料来源：尼莫等（2017 年）、埃米利奥等（2012）、塞德曼等（2007）的研究，以及维基百科。经艾伦·史密斯授权使用。

文学家将冥王星划为矮行星之列,引起了人们的争议。这次,我们将其重新列为九大行星之一,并与太阳进行比较。

从图 4-8 可以看出,太阳的半径非常之大,以至于木星根本不能与之相提并论。而事实上,木星并不小,甚至比地球大得多,而地球又比冥王星大很多。

图 4-8 带来的视觉问题是,为了适应太阳的半径,我们把坐标轴做了极大程度的拉伸,但这也让我们很难理解和比较比太阳小得多的行星。因此,如果你只是想理解太阳的半径有多大,这张图没有什么问题,但如果你感兴趣的是比较所有天体的大小,那么它就做不到这一点了。

对数刻度点状图

解决图表中数据差异过大的一个方法是,在图表中使用对数刻度。需要注意的是,对数刻度不是从零开始的(如果此前你没有见过对数刻度,请不要担心,后文"合理使用数轴与刻度"将详细探讨这个问题)。这次,我们不采用以零为基线的条形图,而是采用点状图来呈现数据。

图 4-9 能够帮助我们对图表上从太阳到冥王星的所有天体进行比较,但需要注意的是,上面一个刻度是下面一个的 10 倍。

使用对数刻度意味着我们需要考虑图表的受众。对于一般的读者来说,理解这张图表可能稍稍有些困难。而对于经常跟科学打交道的读者来说,对数刻度图非常常见,没什么新鲜劲。在《金融时报》内部,我们当然也使用对数刻度,但很少将其用于纯粹的幅度比较。因此,这只是一种解决方法,并不是唯一的方案。

平均半径（单位：千公里）

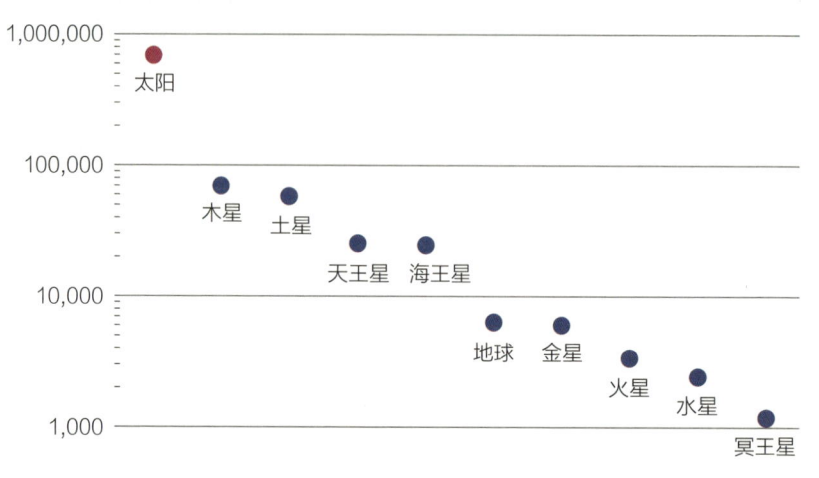

图 4-9　按大小排列的太阳系天体（点状图）

资料来源：尼莫等人（2017 年）、埃米利奥等人（2012）、塞德曼等人（2007）的研究，以及维基百科。经艾伦·史密斯授权使用。

从过去案例中汲取灵感

在图表中处理幅度极端差异的问题，并不是什么新问题。在数据可视化的历史中，人们设计出了一些很有创意的解决方案。

美国社会学家 W.E.B. 杜波依斯（W.E.B.Du Bois）就曾制作了一系列非常出色的图表，为 1900 年巴黎博览会作出了开创性贡献。为了吸引人们关注并重视非裔美国人对美国的贡献，杜波依斯制作了很多图表。其中第 11 幅图表值得特别关注。

图 4-10 显示了生活在城市和农村的美国黑人数量。这张你或许闻所未闻的图表仅有 4 个数据点。事实上，它更像是一件现代艺术作品，而不是一张图表。

图 4-10 中，可能首先引起你注意的是占绝对优势的红色螺旋线，它代

第一部分 了解图表

图 4-10　1890 年佐治亚州城市与农村黑人或非裔美国人（单位：千人）

资料来源：国会图书馆（Library of Congress）。

表的是那些生活在"农村中"的黑人数量。但它可能不会立即让你将其与代表城市黑人人口的直线部分进行比较。与理解这张美观的图表相比，数量比较反而成了次要的。

下面我们将杜波依斯的图表转化成条形图。

相比图 4-10，图 4-11 从几何学上看更为精确，也更容易理解。但你会花同样的时间研究这张图，或者考虑将其装裱起来，挂在展馆里吗？我想应该不会。第 11 幅图表的与众不同是其独具吸引力的一个原因。它的设计初衷并不是要取代所有过度拉伸、过度使用的条形图。

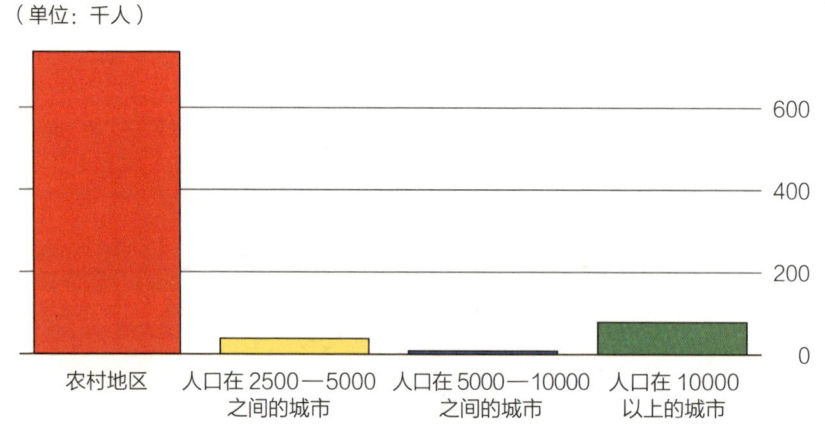

（单位：千人）

图 4-11　1890 年佐治亚州城市与农村黑人与非裔美国人人口（条形图）

蛇形图

1912 年出版的一本英语词典提供了另外一种更为常规的实用方案。字典中用一系列图表展现了不同国家的全球贸易和产量数据。由于有些国家的数值太大，超出了数轴的呈现范围，于是编者将其用多行横条表示。比如在"咖啡产量"图表中，巴西的产量用六排横条表示，而代表夏威夷产量的横条仅仅稍稍超出了起点基线（图 4-12）。

这是一个简单而又巧妙的方法，我们也在《金融时报》上使用过这个方法。为了直观展示自动驾驶车辆的无手动干预行驶距离，我们用横条完美地模拟了所要呈现的数据，即车辆的行驶里程）。

第一部分 了解图表

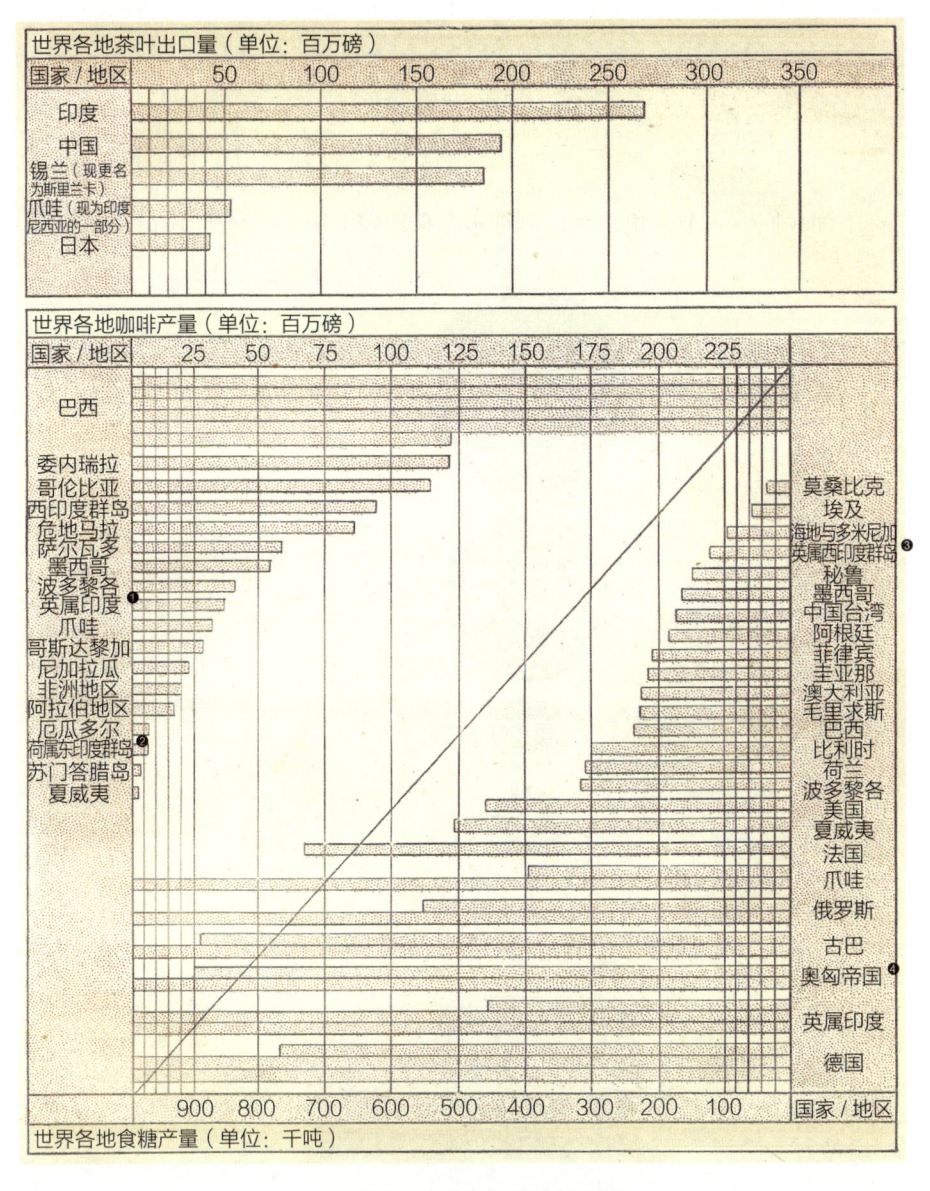

世界各地茶叶出口量（单位：百万磅）

国家/地区	50	100	150	200	250	300	350
印度							
中国							
锡兰（现更名为斯里兰卡）							
爪哇（现为印度尼西亚的一部分）							
日本							

世界各地咖啡产量（单位：百万磅）

国家/地区	25	50	75	100	125	150	175	200	225

巴西
委内瑞拉
哥伦比亚
西印度群岛
危地马拉
萨尔瓦多
墨西哥
波多黎各
英属印度
爪哇
哥斯达黎加
尼加拉瓜
非洲地区
阿拉伯地区
厄瓜多尔
荷属东印度群岛
苏门答腊岛
夏威夷

莫桑比克
埃及
海地与多米尼加
英属西印度群岛
秘鲁
墨西哥
中国台湾
阿根廷
菲律宾
圭亚那
澳大利亚
毛里求斯
巴西
比利时
荷兰
波多黎各
美国
夏威夷
法国
爪哇
俄罗斯
古巴
奥匈帝国
英属印度
德国

| 900 | 800 | 700 | 600 | 500 | 400 | 300 | 200 | 100 | 国家/地区 |

世界各地食糖产量（单位：千吨）

图 4-12　全球贸易和产量数据

尽管这个解决方案非常巧妙，但它本质上仍然是一个条形图，只不过经过了一番修改。在呈现幅度的极端差异时，还有其他类型的图表可供选择吗？

比例符号图

下面我们换一个视角，用比例符号图来比较太阳系天体大小（图4-13）。

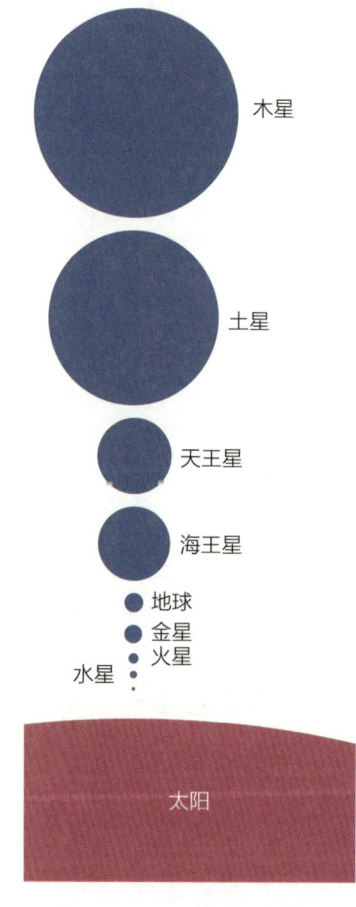

图 4-13　按大小顺序排列的八大行星（比例符号图）

资料来源：尼莫等（2017年）、埃米利奥等（2012）、塞德曼等（2007）的研究，以及维基百科。经艾伦·史密斯授权使用。

比例符号图使用面积（二维属性）来表示数量。虽然两个维度很难让我们发现数据的细微差异，但它有着空间效率上的巨大优势，同时又能呈现出数据间的相对差异。更重要的是，在太阳系这个例子中，我们既可以比较冥王星、火星和水星的大小，还能理解它们相对于木星有多小，这是比条形图更显著的一个优势。

这幅图的另一个巧妙之处在于，它并没有呈现出代表太阳的整个圆圈，而是仅仅呈现这个圆的一部分。但这个不完整的圆足以使读者想象出代表太阳大小的完整圆圈。这个巧妙之处是无法通过条形图来实现的。而我们在条形图方法中找不到与之类似的方式，使读者清楚我们展示的是一个节略图。简单地截断条形图数轴，使其不以零为起点，是行不通的。因为这样做会额外要求读者阅读图表上的标签文字，才能在大脑中建立直观印象。

总的来说，比例符号图形比条形图更有吸引力，便于读者在整个数据值范围内进行比较。这说明，并不是每一个幅度比较都必须使用条形图。

有些人可能会认为，在这个例子中，比例符号图之所以有效，是因为它模拟了天体的实际大小。尽管行星是三维球体，但我们习惯于用二维的圆（如书上或电视屏幕上出现的圆）来表示。因此，这或许给了这个例子一个不公平的优势。

事实上，这种方法适用于一系列数量比较。下面我们用这种方法呈现不同流行病的致死人数。

图 4-14 中，西班牙流感类似于前例中的太阳，它的致死人数大到无法用完整的圆圈来表示。注意，相比于其他关系，如地理空间关系（这张图并没有显示）和时演关系（尽管圆圈是按照时间顺序排列的，但这并不是真正意义的时间轴），数据间的大小关系更为重要。

而下面这个例子比较了通过调整不同的个人生活方式所节省的碳排

图表的力量
信息高效传达之术

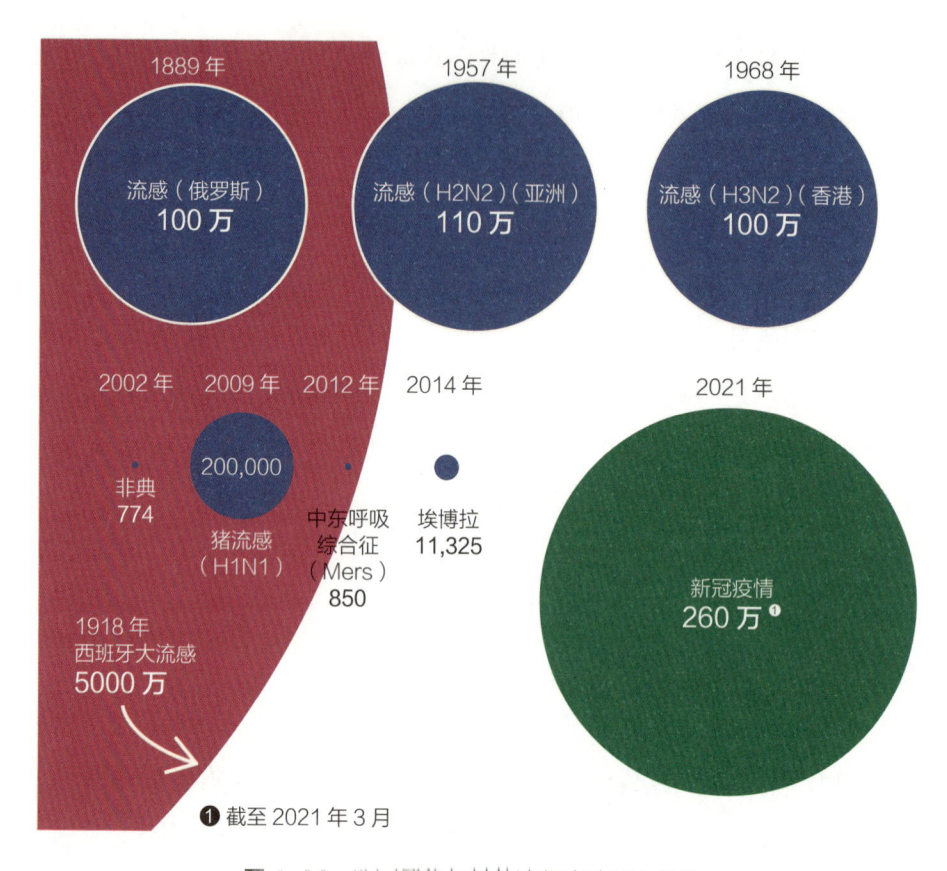

1889 年 流感（俄罗斯）100 万

1957 年 流感（H2N2）（亚洲）110 万

1968 年 流感（H3N2）（香港）100 万

2002 年 非典 774

2009 年 猪流感（H1N1）200,000

2012 年 中东呼吸综合征（Mers）850

2014 年 埃博拉 11,325

2021 年 新冠疫情 260 万❶

1918 年 西班牙大流感 5000 万

❶ 截至 2021 年 3 月

图 4-14　新冠感染与其他流行病致死亡总数

制图：莉兹·方斯。

资料来源：美国马里兰大学（University of Maryland）、美国疾控中心（CDC）、世卫组织、约翰霍普金斯大学的研究，节选自《从鼠疫到脊髓灰质炎：流行病以何种方式结束》。

放量。如果采用条形图，我们将很难对 119 吨和 0.1 吨二氧化碳进行直观比较。

　　上述所有比例符号图示例基本上都按照一定的顺序（如大小或时间顺序）排列相应的信息。但是，我们也可以用更复杂的方式对圆圈进行排列，从而呈现更多图表术语库中的数据关系（图 4-15）。

第一部分 了解图表

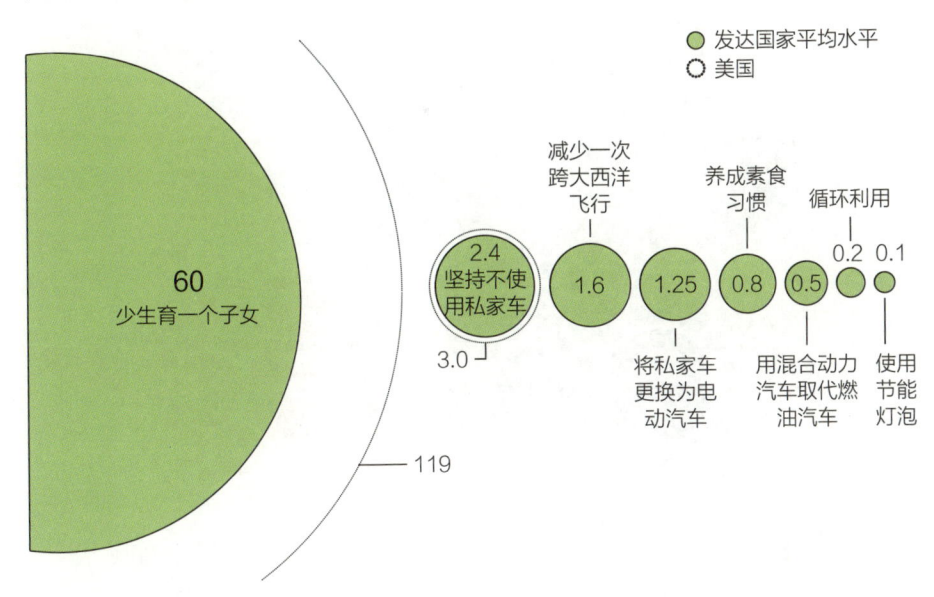

（每年减少的二氧化碳当量，单位：吨）

● 发达国家平均水平
○ 美国

60 少生育一个子女

2.4 坚持不使用私家车
3.0

减少一次跨大西洋飞行 1.6

将私家车更换为电动汽车 1.25

养成素食习惯 0.8

用混合动力汽车取代燃油汽车 0.5

循环利用 0.2

使用节能灯泡 0.1

119

图 4-15　不同的生活方式的碳排放减少量

资料来源：《环境研究通讯》（*Environmental Research Letters*），节选自《成为素食者 vs 不用燃油车，不同程度的"绿色"生活方式》，2018 年 11 月 16 日，《金融时报》。

图 4-16 则展示了新冠疫情初期股票市场的最大赢家。在 2020 年上半年股票市值增长超过 10 亿美元的公司中，科技类和医疗保健类公司表现异常突出。

该图表使用了所谓的"圆形簇"布局，每组圆圈代表着某一类市场板块。这种分级的排列方式能够方便我们理解整体与部分的关系，而对每个版块的公司数量和规模的显示便于我们在板块内部以及板块之间的公司进行比较。

注意，为了便于比较，每个板块圈内的公司是按规模大小顺序排列的，每个板块也同样如此（即最大的位于中央，较小的则位于外围）。这种相对宽松的排序方式能帮助读者理解数据的大小。

与条形图相比，这类图表还有另外一个优点。图中显示了 800 多家公

图表的力量
信息高效传达之术

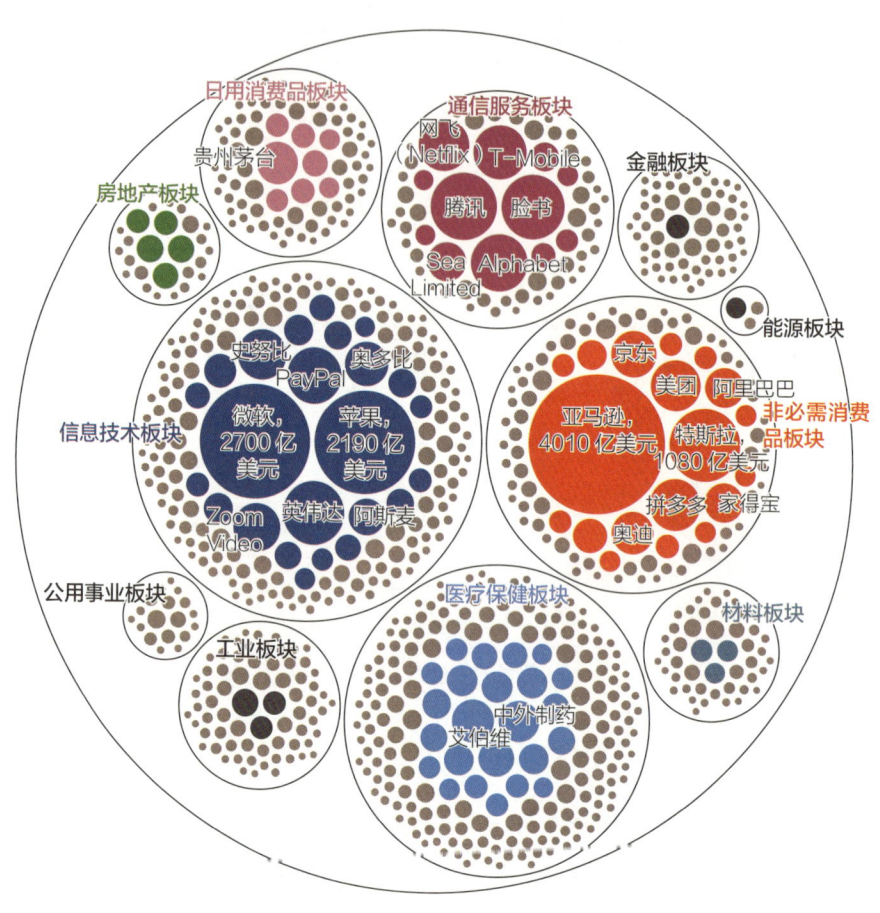

圆圈大小代表到目前为止的市值增加值，彩色圆圈代表排名在前 100 名的公司，标记了名称的圆圈代表排名在前 25 名的公司。
截至 6 月 17 日。

图 4-16　2020 年不同行业板块净市值增长超过 10 亿美元的公司

资料来源：Capital IQ 数据库（标普公司旗下重要数据平台），节选自《科技公司在疫情中异军突起》，克里斯·纳托尔（Chris Nuttall），《金融时报》，2020 年 6 月 19 日。

司，而只有 25 家公司贴上了名称标签。因此，这种圆形簇的布局能够提高图表的面积利用效率，使我们能够在相同的区域内，容纳下比传统的条形图所能容纳的更多信息。

046

第一部分 了解图表

分组符号图

另一个使用圆圈的图表（更确切地说，使用点的图表）示例，则向读者展示了比尔·克林顿（Bill Clinton）和希拉里·克林顿（Hillary Clinton）夫妇离开公职后收入大幅增长的情况（图4-17）。

（单位，百万美元），每个圆点代表25万美元

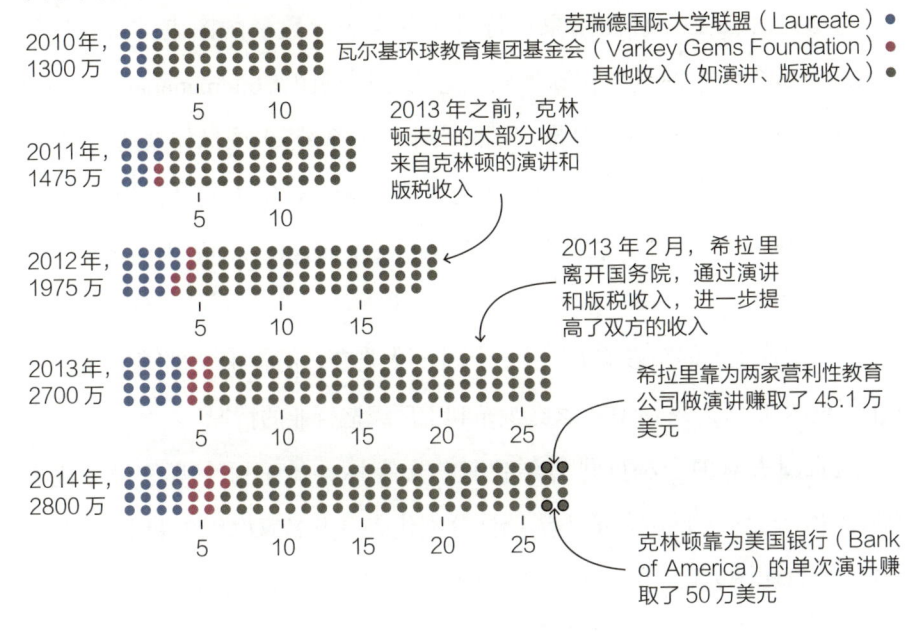

- 劳瑞德国际大学联盟（Laureate）
- 瓦尔基环球教育集团基金会（Varkey Gems Foundation）
- 其他收入（如演讲、版税收入）

2010年，1300万

2011年，1475万

2012年，1975万

2013年，2700万

2014年，2800万

2013年之前，克林顿夫妇的大部分收入来自克林顿的演讲和版税收入

2013年2月，希拉里离开国务院，通过演讲和版税收入，进一步提高了双方的收入

希拉里靠为两家营利性教育公司做演讲赚取了45.1万美元

克林顿靠为美国银行（Bank of America）的单次演讲赚取了50万美元

图 4-17 克林顿夫妇离任后的总收入

资料来源：《金融时报》相关研究，taxhistory.org，上述数字是以25万美元为单位四舍五入后得到的结果，选自《克林顿夫妇：赢利性合伙人》，加里·西尔弗曼（Gary Silverman），《金融时报》，2016年7月21日。

在汇总他们的收入信息时，我们发现了一个有趣的信息：克林顿夫妇靠个人演讲赚取了大量收入。分组符号图的原理类似于普通条形图，但这张图同时又能让我们理解并注意到个人演讲在克林顿夫妇总收入中的比重。

请注意，除了传统的刻度轴（即在每行中出现的）外，注释中一则重

要的信息，"每个圆点代表 25 万美元"，可以帮助我们理解实际数额。

图中每个"横条"上各有 4 行圆点，因此每一列圆点代表 100 万美元。圆点列逐年增长，有效地表明克林顿夫妇的收入逐年增长。

象形统计图（同型图）

象形统计图是一种使用象形符号序列来表示数量的图表，而分组符号图是象形统计图的一种特殊形式。它们是同型图（International system of typographic picture education，即"国际文字图像系统"）图标体系的一部分。这个体系是 20 世纪 20 年代由奥图·纽拉特（Otto Neurath）、格尔德·阿恩茨（Gerd Arntz）和玛丽·德迈斯特（Marie Reidemeister，即后来的玛丽·纽拉特）开发的。

这些象形图标体系影响力巨大，但并不太复杂。图 4-18 这张象形统计图显示了英国在 1820—1880 年家庭织布和工厂织造行业的情况。

这张图表对多个幅度进行了比较，文字标签显示每个蓝色符号代表 5000 万磅产量，不同颜色的人形图标分别代表一万名家庭织工和工厂织工。仔细观察这幅图表后，你很快会发现图表术语库中的其他数据关系。

除了幅度关系外，该图表通过对比家庭织造业和工厂织造业的不同比重，描绘了整体与部分关系。它还展示了这一比重随时间的变化，以及总产量从 1820 年的不到 1 亿磅增加到 1880 年的 10 亿磅的过程。

象形统计图的内在力量在于，图标本身的设计可以对读者产生情感影响，这是大多数其他图表类型不可能做到的。注意，图中红色工人图标被框在了冒着烟的工厂内，能够使人们联想到威廉·布雷克（William Blake）笔下"黑暗的魔鬼工厂"。

尽管象形统计图是一种比较古老的数据可视化方法，但直到现在，有

（年份）

1820

1830

1845

1860

1880

每个蓝色符号代表 5000 万磅产量
每个黑色人形图标代表一万名家庭织工
每个红色人形图标代表一万名工厂织工

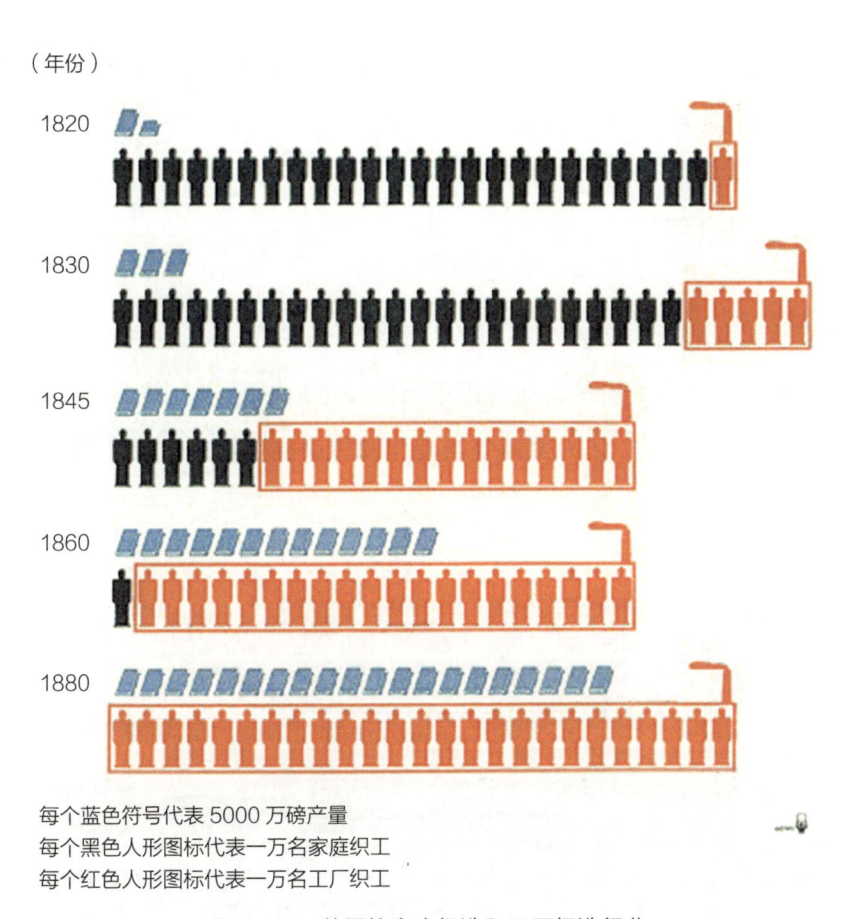

图 4-18　英国的家庭织造和工厂织造行业

关这种图表有效性的学术研究依然较少。人们甚至认为，这类图表中的象形图标与一般意义上的装饰性"图表垃圾"（如第 2 章提到的"内裤"图）并无不同。

不过，2015 年，数据可视化研究人员史蒂夫·哈罗兹（Steve Haroz）、罗伯特·科萨拉（Robert Kosara）和史蒂文·弗兰科内里（Steven Franconeri）测试了象形统计图（同型图风格的象形图标）的表现，以及人们对它的工作记忆和认知参与度。他们的结论是，"尽管多余的图像会分散读者的注意力，但我们发现当人们使用象形图表来呈现数据时，不仅不会造成这类问题，反而会激发人们的兴趣"。最新的研究表明，纽拉特夫妇和阿恩茨的发明领先了时代 100 多年。

成对条形图

扩展到容纳两个或多个序列的条形图，叫作成对条形图。图中的每一个类别都包含多个横条，通常用不同的颜色加以区分。图 4-19 这个示例显示了 14 个国家中认为全球气候变化和传染病传播是人类主要威胁的人口比重。

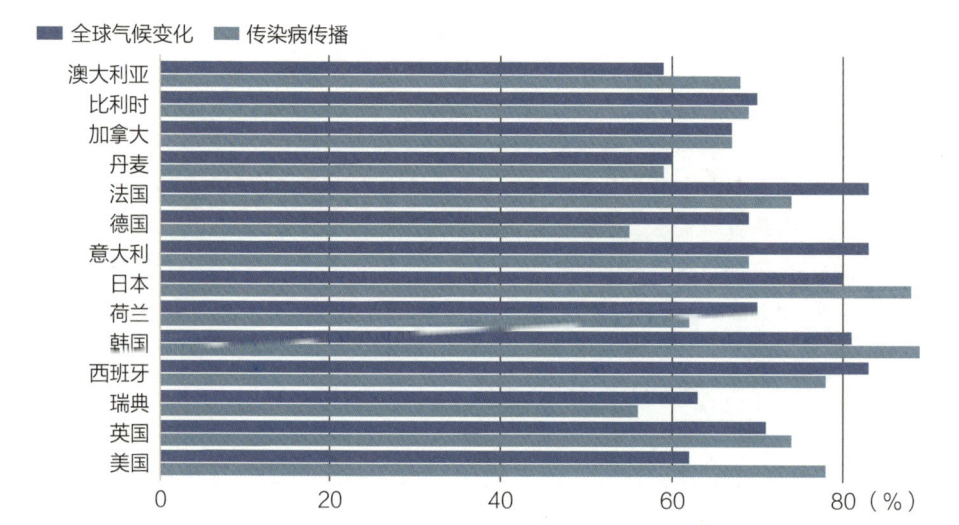

图 4-19　认为全球气候变化和传染病传播是各自国家主要威胁的人口比重

资料来源：皮尤研究中心 2020 年夏季全球态度调查（Summer 2020 Global Attitudes Survey），节选自《气候变化和传染性疾病是全世界最担心的问题》，艾伦·史密斯，2021 年 4 月 2 日。

我们都懂得如何理解基本的条形图，因此，增加一个额外的系列应该不会造成什么困惑。事实上，虽然条形图是一种被过度使用的图表类型，但它的子类——成对条形图与基本的条形图不同，它是一种很少有人能正确使用的图表。让我们来看看造成这个问题的原因。

当然，图 4-19 是按字母顺序排序的，而不是按大小顺序排序的，因此产生了一些锯齿状的峰值，使我们很难看到数据蕴含的模式。这样做对我们理解这张图表没有什么帮助。不过，它的缺点不止如此。

我们试着将注意力集中在深色横条（代表气候变化）上，上下观察图表，并比较数值大小。我们会发现自己很难做到这一点，因为我们的视觉焦点不断被夹杂的浅色横条打断。

同样，我们也很难比较相同国家的两个数值，因为我们的眼睛必须在密密麻麻的矩形条中挑选出我们感兴趣的数值。文字标签位于最左边，而最右边才是我们想要比较的横条末端，因此我们很难确定我们是否看花了眼。

最后，整体上看，左侧紧密排列的平行横条，要比横条的右侧末端更能吸引眼球，而右侧末端恰恰是我们要关注的地方。因此，数字上没有差异的东西占据了这张图表的大部分区域。

点状图的另一个实例

那么，用什么类型的图表才能更好地比较这两个序列呢？这次，我们用相同数据制作了一张点状图（图 4-20）。

这个图表看起来比前面的成对条形图更容易理解。让我们仔细分析一下其中的原因。

首先我们看符号上的差异。点状图使用较小的形状（在本例中为圆点）来表示数轴上的值。对于这两个序列，我们使用了不同颜色的圆点表示，并用直线连接起来，这提高了图表的可读性。如果两个数值相同，如加拿大，两个圆点就会重合。为此，我们将两个圆点一上一下并列排列，这样我们就能同时看到两个点了。另外，两种交替出现的浅色背景也便于我们阅读图表。

这些数据也不再按字母顺序排列，而是按照紫色点（即那些认为传染

图表的力量
信息高效传达之术

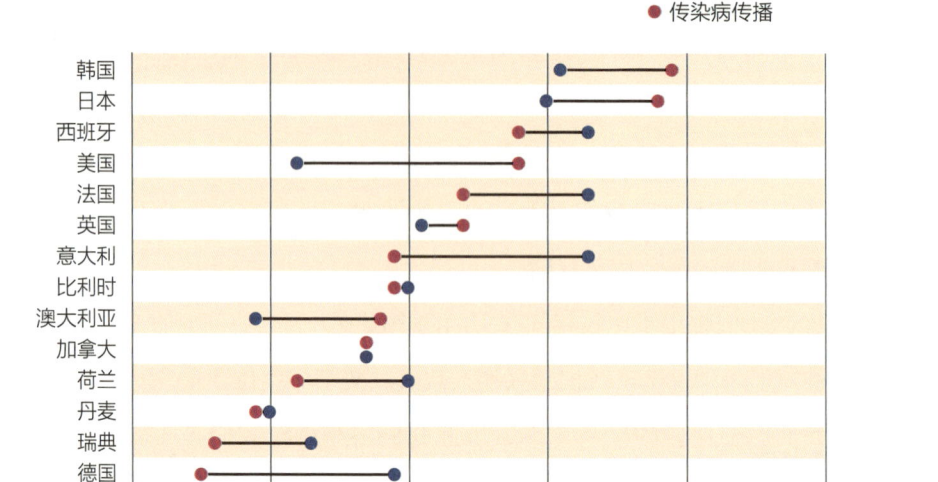

图 4-20 认为全球气候变化和传染病传播是各自国家主要威胁的人口比重（点状图）

资料来源：皮尤研究中心 2020 年夏季全球态度调查，节选自《气候变化和传染性疾病是全世界最担心问题》，艾伦·史密斯，2021 年 4 月 2 日。

病传播是主要威胁的人口比例）的位置进行排列。结合更为清晰的符号，我们就能轻松进行比较了。

我们会发现，现在美国的情况更为显著，因为美国人对气候变化的关注远远低于传染病传播，两者相差大约 16 个百分点。这是图表上最大的"关注度差异"。而在成对条形图上，我们很难发现这种差异。同样，意大利也引起了我们的注意。不过，情况恰恰相反。与传染病相比，更多的意大利人认为气候变化是主要威胁。

现在，国家间的比较也更加容易了。上下观察紫色点或者蓝色点，要比扫视成对条形图上狭长的矩形条容易得多。

最后，需要注意的是，这张图表的刻度轴并不是从零开始的，因为我们已经将刻度放大到能够容纳所有数值的范围内。图表底部的象形图标有助于我们理解所要比较的比率。这张图表刻度轴的起点是50%，即一半的人口，而刻度轴的右端代表100%，即所有人口均认为某个问题是国家的主要威胁。

数量具象化

使用具象化元素能够为大小比较增添美学吸引力，同时也能产生一些功能性效果。而且这种作用并不仅限于象形统计图。我们可以将这些元素与千篇一律、单调乏味的条形图结合在一起，为其注入新的活力（图4-21）。

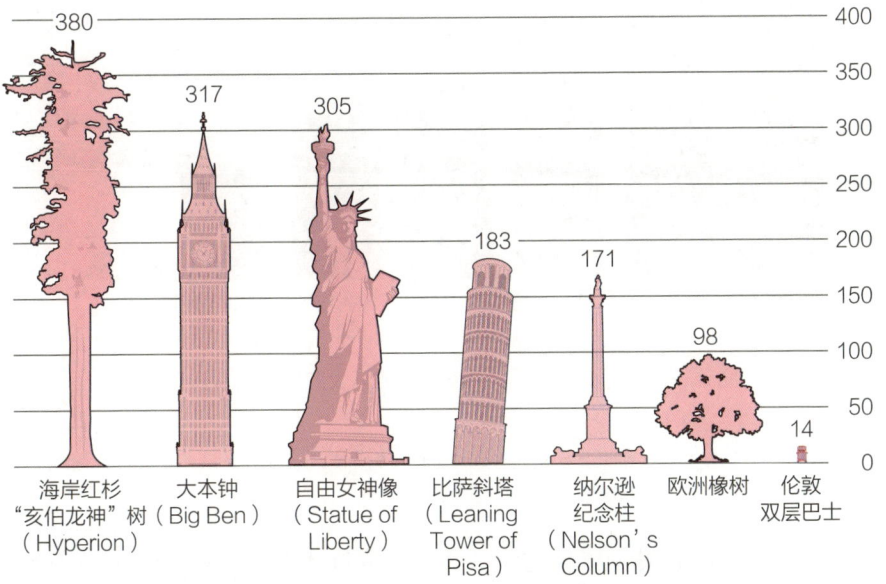

高度（单位：英尺，1英尺=30.48厘米）

海岸红杉"亥伯龙神"树（Hyperion）	大本钟（Big Ben）	自由女神像（Statue of Liberty）	比萨斜塔（Leaning Tower of Pisa）	纳尔逊纪念柱（Nelson's Column）	欧洲橡树	伦敦双层巴士
380	317	305	183	171	98	14

图4-21 雄壮的红杉树：世界上最高大的树

制图：保罗·麦卡勒姆。

资料来源：《金融时报》相关研究；Dreamstime，节选自《让我们亲眼见证加利福尼亚州红杉的伟岸》，休·卡内基（Hugh Carnegy），《金融时报》，2021年10月21日。

在这张高度比较图中，插图的使用不仅令图表更具吸引力，而且还带来了实际效果——读者不需要阅读标签就能了解所比较的对象。它之所以能带来这样的效果，部分原因是所选的标志性建筑具有令人一目了然的特性。而使用最容易识别的形状总能给图表增色不少。

与象形统计图一样，使用插图的图表并不属于图表垃圾，因为它有助于我们理解数据，而不是分散人们的注意力。而根据相同数据制作的简单条形图则缺乏审美情趣，这意味着这样的图表很容易被人遗忘（图 4-22）。

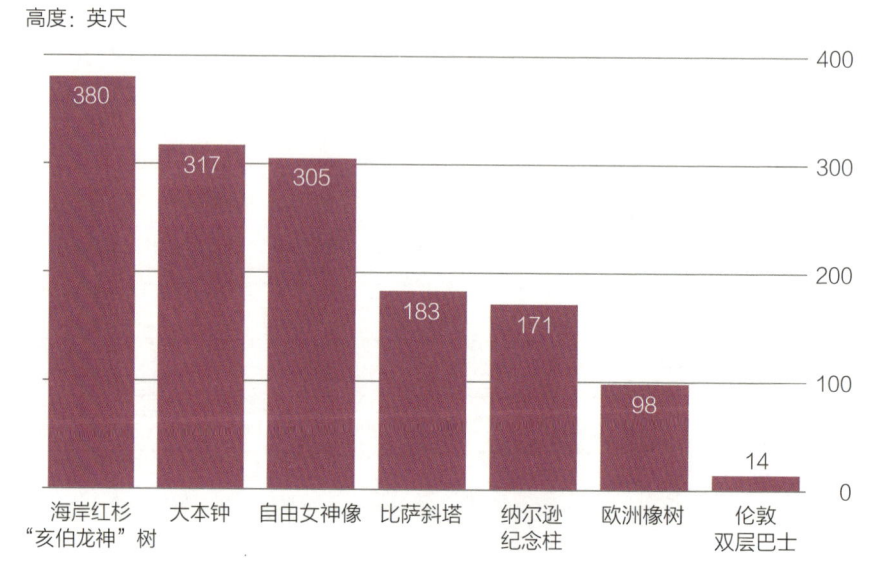

高度：英尺

对象	高度
海岸红杉"亥伯龙神"树	380
大本钟	317
自由女神像	305
比萨斜塔	183
纳尔逊纪念柱	171
欧洲橡树	98
伦敦双层巴士	14

图 4-22　雄壮的红杉树：世界上最高大的树（简单条形图）

制图：保罗·麦卡勒姆。

资料来源：《金融时报》相关研究；Dreamstime，节选自《让我们亲眼见证加利福尼亚州红杉的伟岸》，休·卡内基，《金融时报》，2021 年 10 月 21 日。

最后，我们用另一张标题为"飞沫到底能飞多远"的图表来进行幅度比较。图 4-23 在这个示例中，插图的使用同样为原本只有三个数据的简单条形图增添了不少颜色。

一个人体轮廓，加上投射出来的超大范围飞沫，令人信服地解释了为什么打喷嚏比咳嗽更令人讨厌。

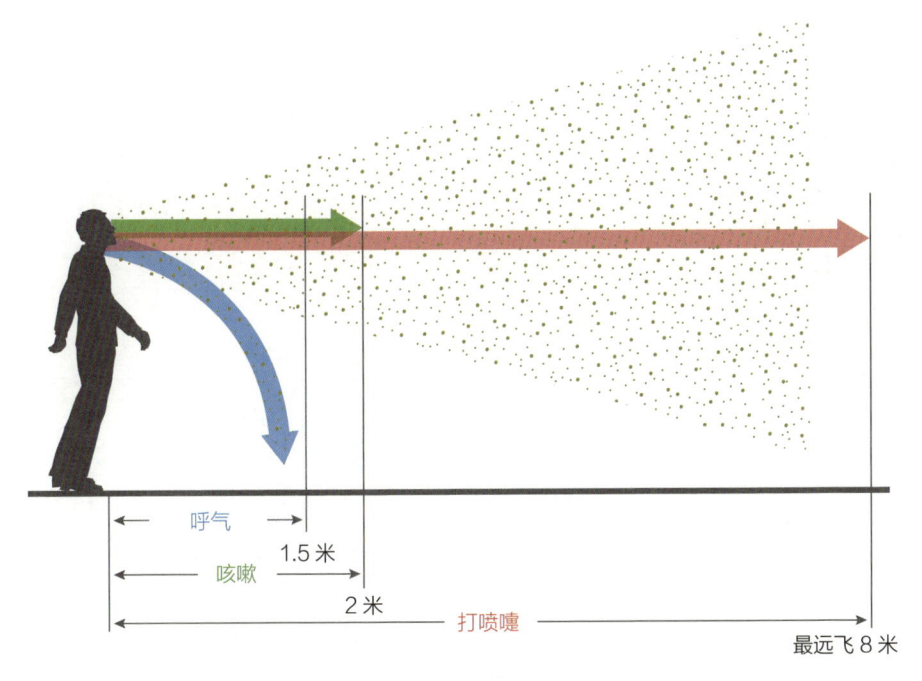

图 4-23 飞沫到底能飞多远

制图：格雷厄姆·帕里什。

资料来源：麻省理工学院（MIT），《金融时报》相关研究，节选自《拯救生命还是虚假保护：口罩是否能够阻挡新冠病毒》，迈克尔·皮尔（Michael Peel），《金融时报》，2020 年 3 月 3 日。

第一部分
了解图表

5 时演图

时演图重点呈现变量随时间的变化趋势。它既可以反映短期（如一天内）波动，也可以反映数十年甚至数百年的变化。因此，为了向读者呈现出适当的统计关系，我们应选取正确的时间段。

无论采用何种评价标准，威廉·普莱费尔的一生都是伟大的。但自1823年去世后，他的名字为大多数人所遗忘。最近，布鲁斯·伯克维茨（Bruce Berkowitz）的一本精彩传记令人们重新燃起了对这位苏格兰人的兴趣。这本传记讲述了他不平凡一生中的生活细节：他不仅是个著名的工程绘图员，还参与攻占了巴士底狱。他不仅是名政治经济学家，还是个秘密特工，曾策划过一场伪造货币的行动。此外，他还曾因债务问题身陷囹圄，并在狱中创作了折线图、条形图和饼图。

普莱费尔在《商业与政治图解集》（The Commercial and Political Atlas，1786年）中向全世界介绍了折线图。这部著作标志着现代意义上的数据可视化开端。

普莱费尔在介绍他设计的新图表优点时写道："它将比重、演变过程和数量统一在一个简单的图表上，从而加深人们的记忆。"图5-1是《商业与政治图解集》中的一个示例。这张图表美观雅致，而且清晰展示了整个18世纪英国与丹麦和挪威贸易模式的变化。这令我们很难不赞同他的上述观点。

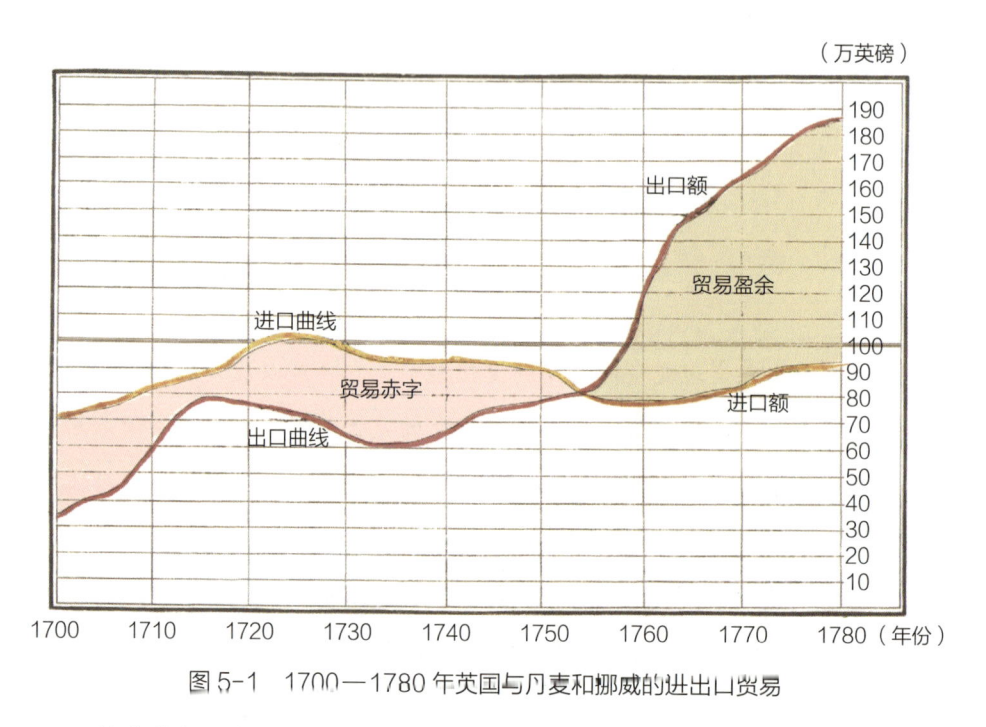

图 5-1　1700—1780 年英国与丹麦和挪威的进出口贸易

普莱费尔这部著作经久不衰，充分证明了它的伟大。现代读者依然能够读懂他的折线图，因为这种两百多年前设计出来的图表至今基本上没发生什么改变，仍然被人们广泛使用。

图 5-1 中的横轴（即 x 轴）从左到右代表时间变化，纵轴（即 y 轴）代表可量化的变量。折线图上的曲线代表数据"序列"（即不同时间收集的数据值）。

普莱费尔或许并不是最有才华的制图师。他年轻时曾被聘为詹姆斯·瓦特（James Watt）的助手，但这位备受尊重的雇主对他的评价并不高。不过，他的图表美观大方，设计考究，可以说比今天的大多数折线图都更加优雅、更具可读性。让我们分析一下其中的原因。

第一,这张图表上没有说明性文字。事实上,图中的折线上直接标注上了文字,文字紧贴着波动的曲线。因此,数值所代表的内容十分明确,从而减轻了读者的记忆负担。

第二,我们注意到,虽然图表似乎只显示了两个变量(即进口和出口),但普莱费尔在两条曲线中间,使用文字和阴影部分揭示了第三个重要变量:贸易差额,以及差额到底是有利于英国,还是有利于丹麦和挪威。

在《金融时报》编辑部,这两种技巧至今依然非常有用。在图 5-2 中,阴影部分同样表示英国政府的财政盈余和赤字,这与普莱费尔的贸易图表非常类似。另外,图中增加的几条彩色折线和阴影部分,反映了两党在 2017 年大选中的竞选承诺,这有助于我们理解和对比两党未来几年的施政计划:保守党希望通过削减支出来减少赤字,而工党则提出同时增加支出并提高收入,进而增加赤字。

图 5-2　1980—2020 年英国两党在对待紧缩政策上的分歧

资料来源:英国财政研究所(IFS),节选自《保守党主张扩大财政回旋空间,财政大臣哈蒙德则坚持紧缩政策》,吉姆·皮卡德(Jim Pickard)和乔治·帕克(George Parker),2017 年 6 月 21 日。

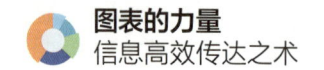

为了比较英国等七国集团（G7）成员国的经济表现，我们并没有在下面的折线图上绘制七条折线，而是参照了普莱费尔的处理手法，从而降低了图表的复杂度（图 5-3）。

图 5-3　自脱欧公投以来，英国的强劲增长已经放缓

制图：艾伦·史密斯，克里斯·贾尔斯（Chris Giles）。

资料来源：国际货币基金组织（IMF），节选自《六张图表揭示英国在脱欧公投后的经济表现》，克里斯·贾尔斯，2018 年 10 月 11 日。

图 5-3 并没有显示所有成员国的数据，而是仅显示了七国集团的最低和最高增幅，并将两者的差距用阴影部分表示。图中还添加了英国的经济表现，它在阴影部分上限内波动。在脱欧公投的前几年，英国经济表现强劲，处于或接近七国集团增幅榜首。但在脱欧公投后，这种情况迅速发生了改变。

折线图的拓展

折线图一直都是图表中的"重头角色"，这是因为，很大程度上，我们对数据的兴趣集中在数据随时间的变化趋势上，而折线图往往非常适合这项任务。

但是，在某些情况下，我们需要对折线图进行额外的处理，才能利用时间序列数据传递一定的信息。下面这几个例子展示了如何对折线图进行调整和修改，甚至如何将其替换为完全不同的图表，以便使我们更好地理解数据的演变过程。

放大部分区域，显示更多细节

有时，我们最关注的只是图表显示区域的一小部分。但是，裁剪图表使其只显示我们感兴趣的区域，会丢失有价值的背景信息。在这种情况下，更好的解决方法是插入副图来呈现完整的时间序列，同时用主图显示细节（图5-4）。

图5-4 英国公共部门净债务占GDP的百分比

资料来源：英国预算责任办公室（OBR），《金融时报》相关研究，节选自《财政大臣正掌控着英国脆弱的公共财政》，克里斯·贾尔斯，《金融时报》，2021年3月2日。

主图部分显示了金融危机以来英国政府债务的激增，同时也表明新冠疫情进一步恶化了债务问题。英国的债务总额已经超过了GDP，公共债务已飙升至55年来的最高水平，这是最近几十年来前所未有的情况。但是副图则显示，当今的债务水平距离两次世界大战期间及之后的水平仍有一段差距。

如何处理负数问题

当绘制的数据点位于零点的两侧时，折线图可能会出现一些问题。通常，我们感兴趣的是某项数据到底是增长了还是减少了。另外我们对相邻数值之间的差异也同样感兴趣。比如，图5-5就显示了英国过去70年的经济表现。2020年英国GDP降幅为国家统计局有记录以来的最高水平。

图5-5　1950—2020年英国GDP变化

资料来源：英国国家统计局（ONS）。经艾伦·史密斯授权使用。

这张英国GDP变化图本身并没有错。尽管零基准线比其他刻度线都更加明显，但这张图表没有清晰显示出我们所关心的经济萎缩。

第一部分
了解图表

盈亏填充线图

在普莱费尔的又一次启发下,我们给高于和低于零的区域填充了不同颜色,绘制成了盈亏填充线图(图 5-6)。它更加清晰地呈现出了英国 GDP 的萎缩。

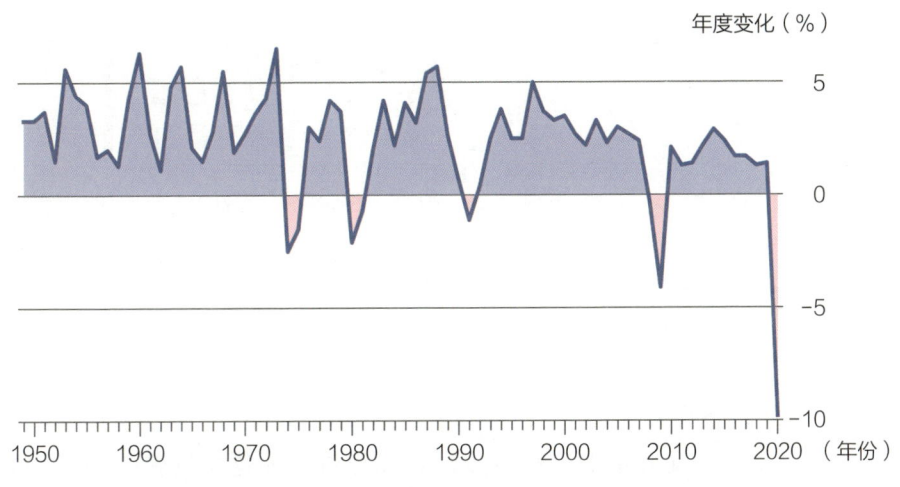

图 5-6　1950—2020 年英国 GDP 变化(盈亏填充线图)

资料来源:英国国家统计局。经艾伦·史密斯授权使用。

分向柱形图

对于本例,更好的解决方案是使用柱形图来显示数据。它会把读者的注意力集中在经济萎缩上,尤其是当我们使用更突出的颜色时。注意,与盈亏填充线相比,图 5-7 这张图更便于我们阅读和比较个别年份的数值。

但是,在处理时间序列数据时,我们应该谨慎使用柱形图。对柱形图来说,数据应该相对稀疏。假如上面的图表显示的是同一时期的季度数据而不是年度数据,矩形条就会变得过于狭窄。另外,数据序列越少越好,

图表的力量
信息高效传达之术

图 5-7　1950—2020 年英国 GDP 变化（分向柱状图）

资料来源：英国国家统计局。经艾伦·史密斯授权使用。

最好仅有一个数据序列。

图 5-8 是个反面示例。大多数读者都很难读懂这张反映欧洲制造业和服务业活动的图表。由于多个序列的矩形柱分散了读者的注意力，因此，人们很难将注意力集中在某一个序列上，从而理解它是如何随时间变化的。

如何同时呈现不同时间的时间数列

某些情况下，我们可能需要比较不同时间发生的事情。有的数据处理起来非常容易，比如，图 5-9 比较了自 20 世纪 80 年代以来的几场金融泡沫。

由于大多数金融泡沫（折线）都整齐地位于时间轴上属于自己的区域，因此我们只需要直接标记上名称，并使用几种不同的颜色加以区分，就能

第一部分
了解图表

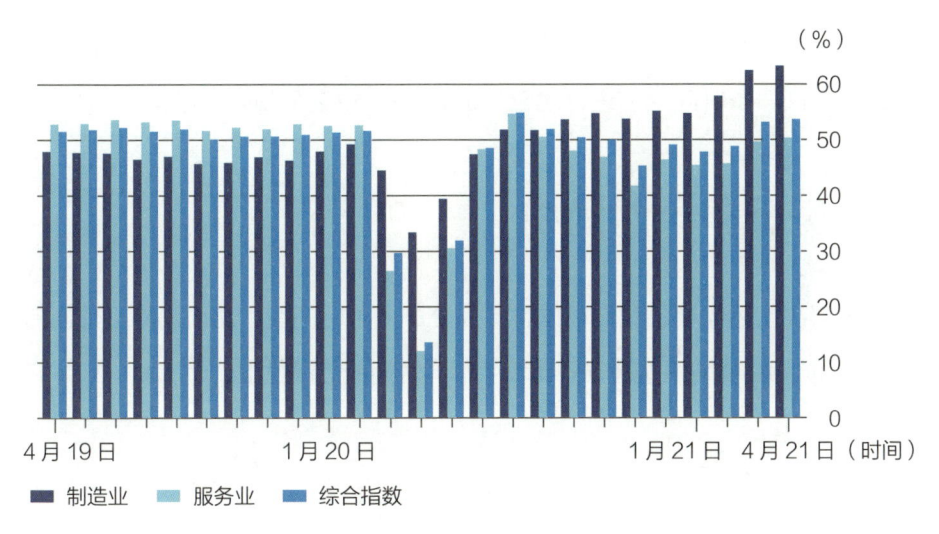

图 5-8　采购经理人指数

图例：制造业　服务业　综合指数

资料来源：IHS Markit，图表改编自《英国服务业以 6 年多来最快速度增长》，瓦伦蒂娜·罗梅（Valentina Romei）。

图 5-9　20 世纪 80 年代以来的几场金融泡沫

图中标注：
- 黄金泡沫 费城金银指数
- 日本股市泡沫 日经 225 指数
- 泰国股市泡沫 泰国 SET 指数（SET index）
- 纳斯达克科技泡沫 纳斯达克指数
- 美国房地产泡沫 标准普尔 500 住宅建筑商指数
- 中国股市泡沫 上证综合指数
- 生物科技泡沫 纳斯达克生物科技指数
- 比特币泡沫 美元/枚
- 大型科技公司泡沫 纽交所 Fang+ 指数

纵轴：相对于低谷期的变化率（%）

资料来源：美国银行全球投资策略报告（BofA Global Investment Strategy），彭博社（Bloomberg），节选自《比特币的疯狂走势让传统的基金经理深感不安》，伊娃·萨雷（Eva Szalay），《金融时报》，2021 年 1 月 13 日。

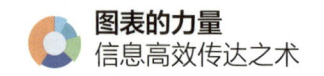

生成一张易读的图表。但是，如果我们要比较的事件相隔时间太长，以至于无法在同一条时间线上进行比较，这时候应该如何处理呢？

并列呈现多条时间线

要解决上述问题，我们可以将图表分成多条时间线，从而消除事件间的间隔。图 5-10 就采用这种方式比较了不同时期的能源供应。

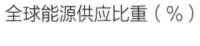

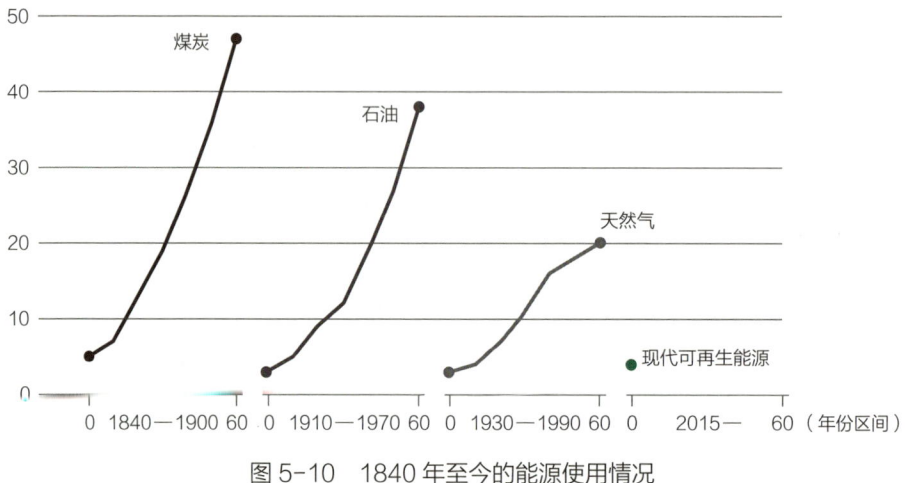

图 5-10　1840 年至今的能源使用情况

制图：史蒂文·伯纳德。

资料来源：《能源使用的变迁》，瓦茨拉夫·斯米尔（Vaclav Simil），节选自《比尔·盖茨：我的绿色宣言》（Bill Gates: My green manifesto），比尔·盖茨（Bill Gates），《金融时报》，2021 年 2 月 19 日。

为了方便比较，图 5-10 并没有将数据分类放在不同的图表上加以呈现，而是令这四个时间序列共用一个纵轴（y 轴）。这样，我们就能清楚地看到，天然气的供应份额峰值低于石油，而石油的供应份额峰值又低于煤炭。代表现代可再生能源的单个数据点位于较低的位置，这说明要获得更绿色的能源供应，我们还有很长的路要走。

预测图

事实上，预测尚未出现的数据本身就是一个独特的挑战。数据预测图能帮助我们理解不同的发展演变路径。这类图表同样可以采用普莱费尔式的底纹。图 5-11 预测了新冠疫情发生后的经济复苏路径，新冠疫情对英国经济的影响将延续到整个 20 年代。在这张图表中，阴影部分代表英国预算责任办公室最乐观估计和最悲观估计间的差距，红色线代表中央预测。该图还显示了 2020 年 3 月疫情发生前的预测路径，以及 2020 年的部分实际数据，为理解疫情可能造成的长期经济影响提供了重要的背景信息。

图 5-11　2018 年后英国实际 GDP 预测

资料来源：英国预算责任办公室，节选自《金融时报今日头条》，戈登·史密斯（Gordon Smith），詹妮弗·克里里（Jennifer Creery），艾米丽·戈德堡（Emily Goldberg），《金融时报》，2020 年 11 月 26 日。

扇形图

预测的最大特点是其固有的不确定性，通常我们需要考虑如何对这种不确定性进行可视化。扇形图就可以采用较亮和较暗的带状背景来表示较小和较大的概率。

在图 5-12 这张通胀预测图中，实际路径落在预测带之间的概率为 90%。这种方法能够帮助我们理解未来趋势的细微差别。尤其是当人们对风险和概率的感知显然存在偏差且需要考虑所有可能情形时，度量难题导致人们很难预测通货膨胀。

图 5-12 消费者价格指数以及 2021 年 2 月的预测

资料来源：英国央行，节选自《为什么很难估计英国实施封控后的通货膨胀》，戴尔芬·斯特劳斯（Delphine Strauss），《金融时报》，2021 年 3 月 15 日。

"刺猬"图

在阅读图表时，我们应该牢记，中央预测在很多情况下会失准。比如，英国预算责任办公室就曾对英国生产率进行多次过于乐观的估计，图 5-13 就反映了他们的估计值与实际值之间的差距。

图 5-13　每小时产出（非石油类）的实际值与英国预算责任办公室的预测值

资料来源：英国预算责任办公室，节选自《为什么很难估计英国实施封控后的通货膨胀》，戴尔芬·斯特劳斯，《金融时报》，2021 年 3 月 15 日。

时间轴垂直显示的折线图

人们阅读信息的方式在不断发生变化，越来越多的人通过移动设备阅读图表。在这类设备上，图表往往是纵向显示的。而在传统的折线图上，时间轴是横向显示的。如果在这类设备上采用传统的折线图，意味着整个时间序列将显示在较小的宽度方向上。而当我们希望突出显示和描述图表上的数据点时，问题就出现了——数据无法完整显示出来。

这个问题也很好解决，我们只需要将折线图旋转 90 度，令时间轴垂直显示就可以了。

图表的力量
信息高效传达之术

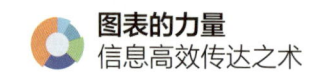

下面的示例出自我的同事蒂姆·哈福德（Tim Harford）发表于2017年的一篇文章。图5-14展示了两个时间序列：一个是有史以来全世界最好的

（年份） 鲍比·费舍尔（Bobby Fisher）

- 在国际象棋等级分排行榜中排名前20的人类棋手
- 一流的国际象棋计算机程序

诺瓦格"超级星座"（Novag Super Constellation）

人类领先于计算机

阿那托利·卡尔波夫（Anatoly Karpov）

IBM "深蓝"（战胜了加里·卡斯帕罗夫）

加里·卡斯帕罗夫（Garry Kasparov）

Rybka 1.1 64bit

瓦西里·伊万丘克（Vassily Ivanchuk）

计算机领先人类

马格努斯·卡尔森（Magnus Carlsen）

沙赫里亚尔·马梅季亚洛夫（Shakhriyar Mamedyarov）

"鳕鱼干"（Stockfish）

单位：千步

AlphaZero

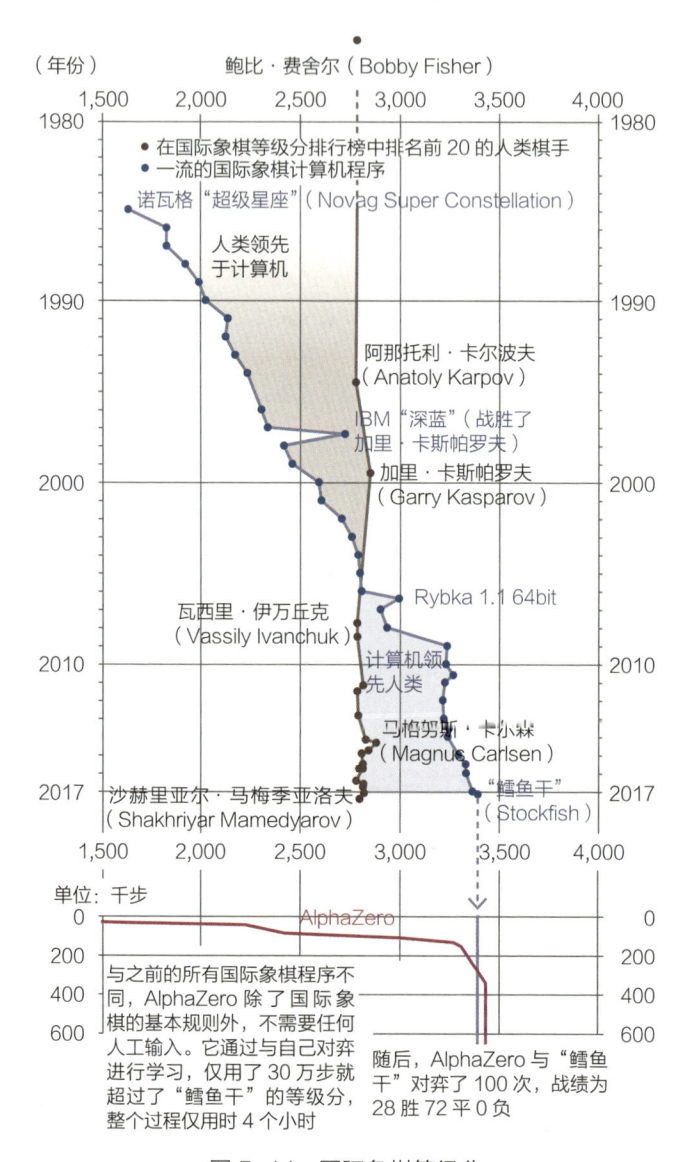

与之前的所有国际象棋程序不同，AlphaZero 除了国际象棋的基本规则外，不需要任何人工输入。它通过与自己对弈进行学习，仅用了30万步就超过了"鳕鱼干"的等级分，整个过程仅用时4个小时

随后，AlphaZero 与"鳕鱼干"对弈了100次，战绩为28胜72平0负

图 5-14 国际象棋等级分

资料来源：EFF，维基百科（Wikipedia），DeepMind 公司，节选自《年度图表：从比特币、特朗普到机器人棋手》，蒂姆·哈福德，《金融时报》，2017年12月18日。

第一部分 了解图表

国际象棋选手的国际象棋等级分,另一个是日益复杂的计算机棋手的评分。这张图表讲述了一段计算机棋手挑战人类棋手的历史。这是一段令人激动且值得探讨的历史。而在故事的最后,谷歌 DeepMind 开发的 AlphaZero 程序仅用了四个小时就走过了整个国际象棋人机对弈的历史。

制作一个更长的垂直时间轴,能够给数据呈现提供更多空间,使图表更加适合现代智能手机界面可以无限向下滚动的特点。

动画演示时间序列

在数码显示屏上显示时间序列的另一种方法,是使用动画。用时间来表示时间似乎是一种更合乎逻辑的选择。这种方法非常适用于无法适用时间轴的图表,如极具代表性的收益率曲线图,即显示不同到期期限政府债券收益率的图表(图 5-15)。分析人士利用这种曲线的形状来衡量市场预

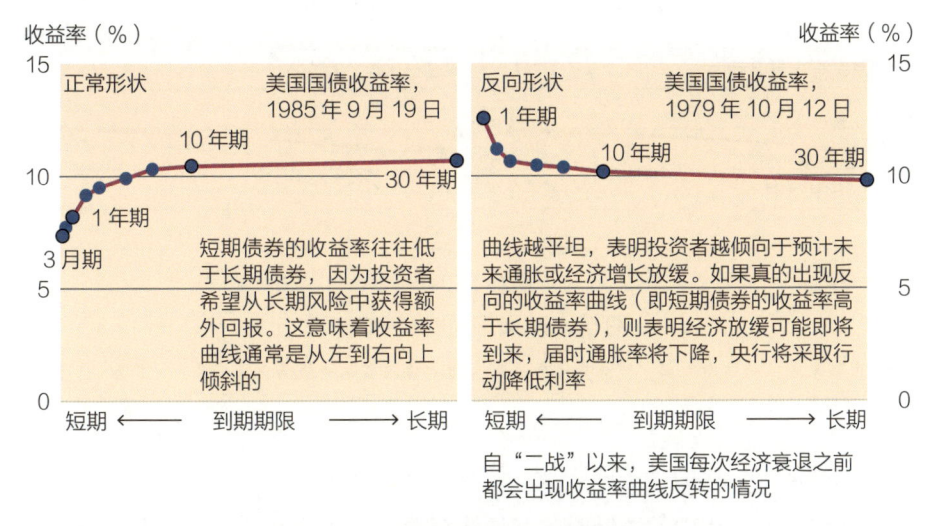

图 5-15 不同到期期限国债的收益率

资料来源:美国财政部(US Treasury),节选自《数据可听化:将收益率曲线转化为音乐》,艾伦·史密斯,《金融时报》,2019 年 3 月 15 日。

期，一些人认为它甚至可能有助于预测经济衰退。

图 5-16 的几张截图来自一段三分钟的动画，该动画展示了美国债权收益率曲线在 30 年间的每日变动。

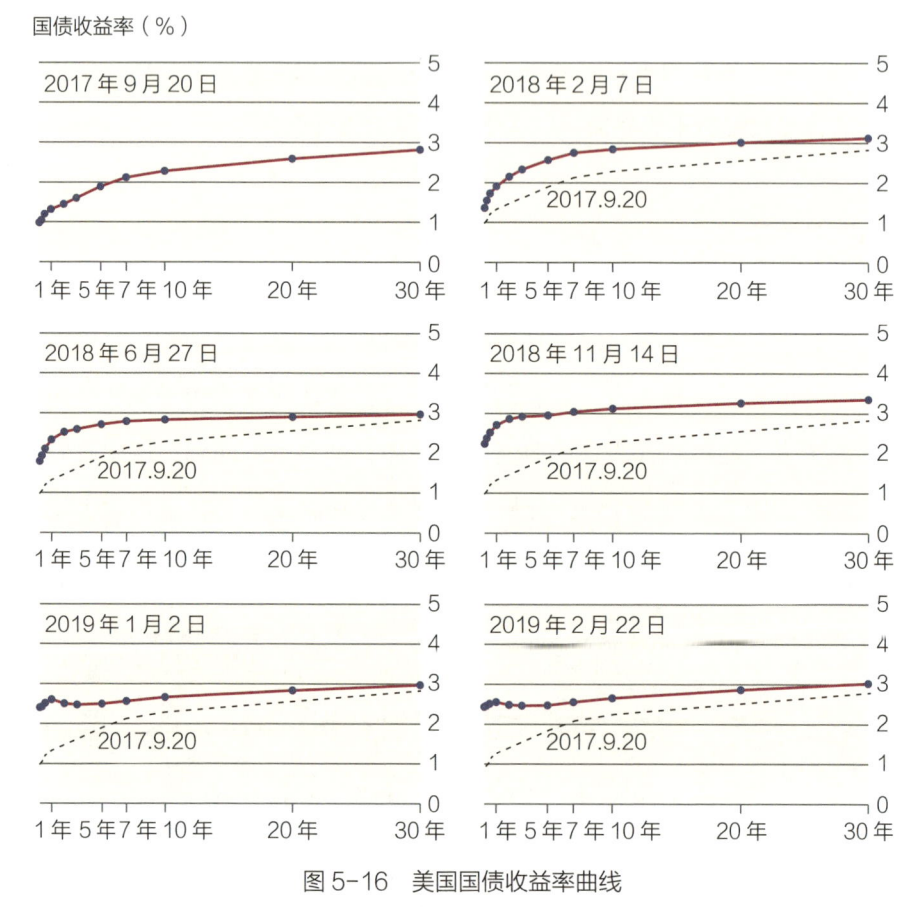

图 5-16 美国国债收益率曲线

资料来源：美国财政部，节选自《数据可听化：将收益率曲线转化为音乐》，艾伦·史密斯，《金融时报》，2019 年 3 月 15 日。

动画演示存在的一个问题是，当数据变化非常快时，读者就很难记住收益率曲线演变过程中的关键时刻。请注意第一张图表后每张图表上都会出现的灰色"记忆线"（即 2017 年 9 月 20 日的收益率曲线）。有了它，我们可以直接比较不同时间点的收益率曲线，这本身就是可视化时演关系的一种方法。

第一部分 了解图表

该动画的最终网络版上添加了另一种前卫的元素——数据的可听化元素，即通过数据为动画生成音乐伴奏。这是一项有趣的新兴技术，便于向更广泛的受众呈现数据，包括盲人，或越来越多使用无屏设备（智能扬声器）和产品（如播客）的用户。

如何避免"线条缠绕"

折线图常出现的一个问题是"线条缠绕"，这是由过多的线条重叠显示造成的。图 5-17 这个没有发布的草图展示了英超球衣赞助商类别的变化过程，英超俱乐部开始倾向于寻求博彩公司作为自己的赞助商。九条锯齿状的线条会给读者阅读该图表造成很大的困难。另外线条颜色和线型的设置也非常不合理，并不能帮助我们理解数据。虽然我们平时可能会给出类似的图表，让读者自己慢慢琢磨，但他们多半都会一头雾水。

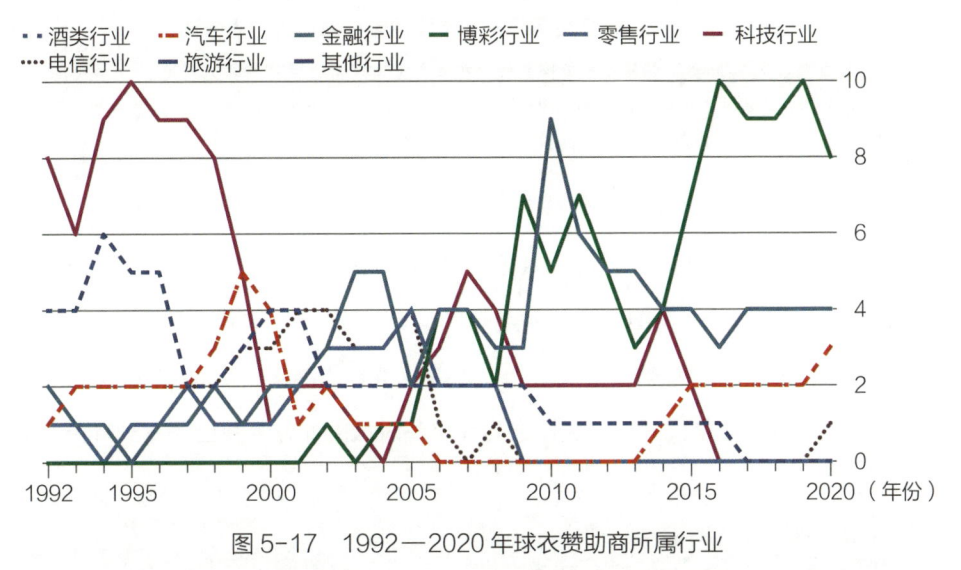

图 5-17 1992—2020 年球衣赞助商所属行业

资料来源：《金融时报》相关调查，节选自《英超球衣赞助商类别的变化趋势》，帕特里克·马图林，《金融时报》，2018 年 8 月 11 日。

图表的力量
信息高效传达之术

一个简单而有效的解决方法是在图表中设置不同的视觉层次。图 5-18 显示，2021 年 4 月印度新冠疫情死亡人数剧增。为了比较选定的国家，我们将这些国家放在图表的前景上，标记了国家名称，并用彩色线条突出显示。

图 5-18　2020 年 9 月至 2021 年 4 月全球新冠死亡人数情况

资料来源：《金融时报》新冠疫情追踪数据，节选自《印度第二波疫情异常严峻："这一次比上次严重得多"》，本杰明·帕金（Benjamin Parkin），乔苋娜·辛格（Jyotona Singh），斯蒂芬妮·芬德利（Stephanie Findlay），《金融时报》，2021 年 4 月 21 日。

同时，我们将其他大多数线条放在了背景上，而且没有标记国家名称，也没有使用彩色线条。读者可能疑惑，既然如此，为什么还要显示这些国家的折线呢？答案在于在图表上显示全球所有国家数据的意义，要大于仅显示少数几个国家。灰色线条一般代表死亡人数少得多的国家，从而突显出印度的死亡人数变化。顺便说一句，美国在当年早些时候的死亡人数已经达到峰值。

坡度图

但如果我们想知道图表上所有折线的名称呢？某些情况下，我们可以在时间序列数据中省略掉一些数据点，以便于我们标记所有名称。

采用坡度图，我们可以将时间序列数据减少为两个，即"前点"和"后点"数据，从而便于我们标记每条线条的名称。这种图表可以非常有效地突出对比不同的演变趋势，例如图 5-19 就对比了全球初等教育参与率在 10 年内的变化。

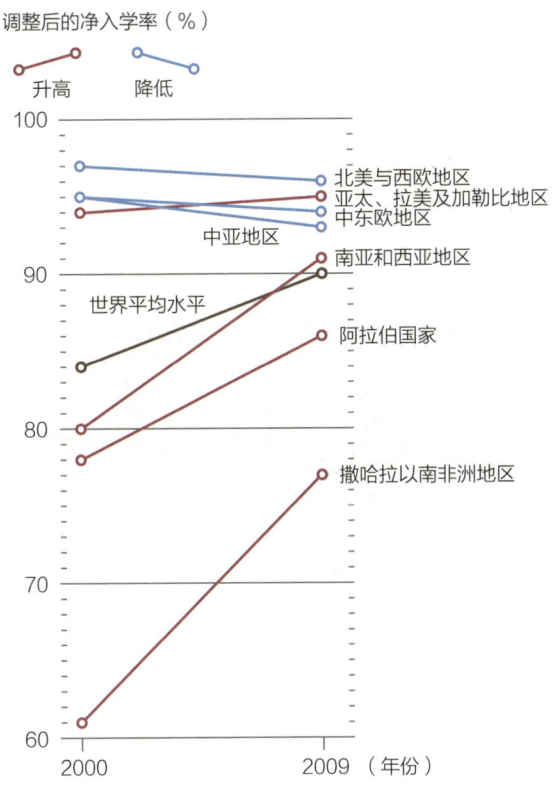

图 5-19　2000—2009 年全球初等教育参与率的变化

资料来源：2011 年联合国教科文组织统计研究所（UIS）报告统计附表。经艾伦·史密斯授权使用。

注意，表中使用不同颜色的线条来对比显示升高和下降趋势。这样我们就能够清楚地看到，西亚和南亚地区将参与率提高了至少 10 个百分点，并超过了世界平均水平，从而缩短了其与第一梯队的差距。

图表的力量
信息高效传达之术

日历热图

另一个解决"线条缠绕"问题的方法是避免使用线条。图 5-20 这张日历热图用不同颜色的矩形块，来展现苏联解体后各国的政治权利指数变化趋势。与包含 15 条线条的折线图相比，这张日历热图更容易被理解。

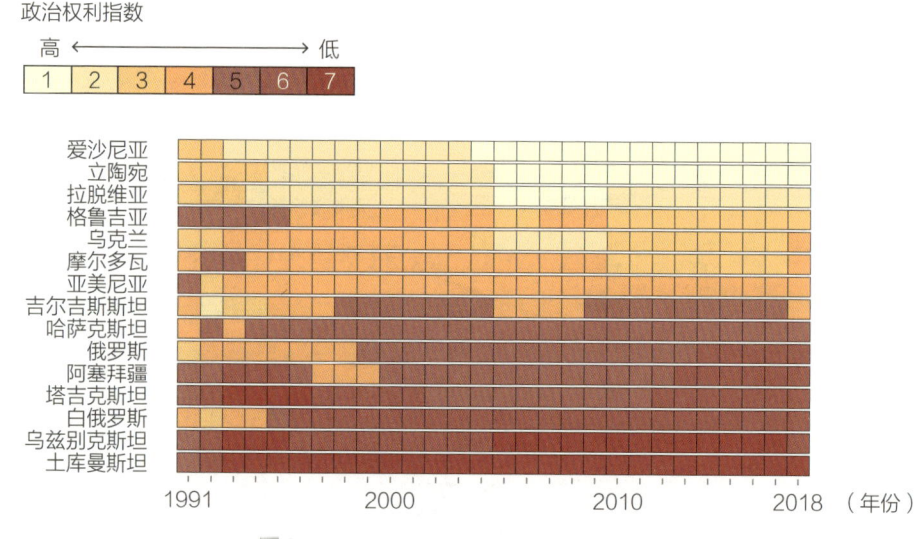

图 5-20　苏联解体后各国的民主化程度

资料来源：Gapminder（一款统计软件）。

不过，我们必须清楚这样做的代价。与折线图相比，热图很难让读者量化个体的具体数值。它最适合呈现"分组"数据（即组距较宽的分组连续数据）或简单的指数数据。后者如本例中的政治权利指数数据，其取值范围是有限个整数。

在适当的情况下，日历热图可以清晰地呈现时间序列数据。这张政治权利指数热图之所以能做到这一点，是因为我们将各国数据进行了排序，得分较高的国家排在了上面，得分较低的国家排在了下面。这样我们才能看清楚数据演变的共同模式，比如，很多国家的人民在 20 世纪 90 年代和

第一部分 了解图表

21 世纪初享受到越来越多的政治权利（表现为颜色逐渐变浅），而其他国家则呈现出相反的趋势（表现为颜色逐渐变深）。

日历热图也可用于显示随时间变化的分类差异。图 5-21 显示了电影行业的一个重要趋势——系列电影的崛起。它通过呈现过去 39 年里 1950 部排名前 50 的电影，并标记出它们是原创电影还是某部电影的续集、前传、翻

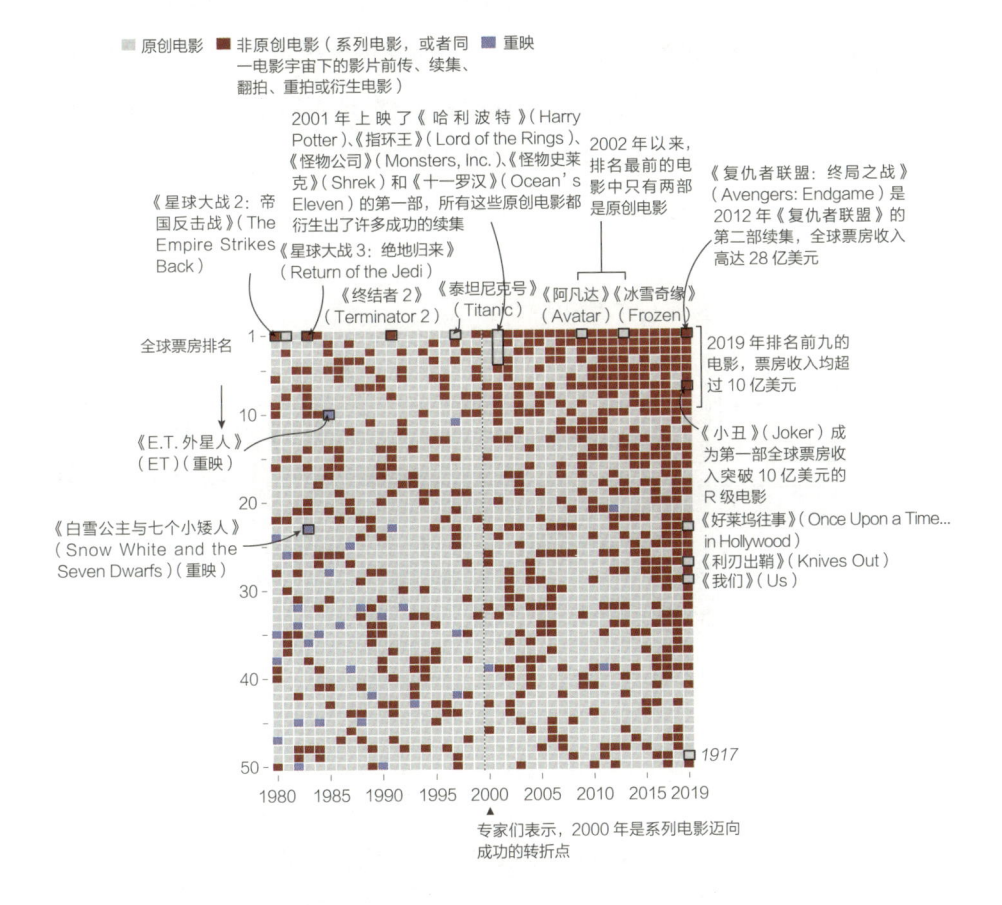

■ 原创电影　■ 非原创电影（系列电影，或者同一电影宇宙下的影片前传、续集、翻拍、重拍或衍生电影）　■ 重映

2001 年上映了《哈利波特》（Harry Potter）、《指环王》（Lord of the Rings）、《怪物公司》（Monsters, Inc.）、《怪物史莱克》（Shrek）和《十一罗汉》（Ocean's Eleven）的第一部，所有这些原创电影都衍生出了许多成功的续集

2002 年以来，排名最前的电影中只有两部是原创电影

《复仇者联盟：终局之战》（Avengers: Endgame）是 2012 年《复仇者联盟》的第二部续集，全球票房收入高达 28 亿美元

《星球大战 2：帝国反击战》（The Empire Strikes Back）

《星球大战 3：绝地归来》（Return of the Jedi）

《终结者 2》（Terminator 2）

《泰坦尼克号》（Titanic）

《阿凡达》（Avatar）

《冰雪奇缘》（Frozen）

全球票房排名

2019 年排名前九的电影，票房收入均超过 10 亿美元

《E.T. 外星人》（ET）（重映）

《小丑》（Joker）成为第一部全球票房收入突破 10 亿美元的 R 级电影

《白雪公主与七个小矮人》（Snow White and the Seven Dwarfs）（重映）

《好莱坞往事》（Once Upon a Time... in Hollywood）
《利刃出鞘》（Knives Out）
《我们》（Us）

1917

专家们表示，2000 年是系列电影迈向成功的转折点

图 5-21　每年上映的票房最高的前 50 部电影

制图：克里斯·坎贝尔，帕特里克·马图林。

资料来源：Box Office Mojo, 互联网电影数据库（IMDB），《金融时报》相关调查，节选自《投资人疯狂押注电影行业》，亚历克斯·巴克（Alex Barker），《金融时报》，2020 年 6 月 16 日。

拍或重拍，以反映这一趋势。我们可以从中清楚地看到，原创电影在排行榜中的名次正在逐渐降低。

K线图

K线图是一种非常特殊的时演图。这种古老的图常用来显示股票、货币和其他金融市场数据价值的连续变化❶。最常见的情况是，图中的每个蜡烛状图形表示某一天的交易情况，不过有时也可用来表示更长时间段内的交易（图5-22）。对金融分析师来说，这张图非常有效，因为它既可以详细描绘某天的交易细节，也能够通过盈亏数据序列，反映市场情绪。

图5-22　2017年6月至2018年2月苹果股价走势

资料来源：彭博社，《iPhone销量不如人意，苹果股价步入回调阶段》。

---

❶ 史蒂夫·尼森（Steve Nison）是现代K线图的主要推广者。据他研究，这种图表最早起源于19世纪的日本。——作者注

气泡时间线

气泡时间线是用来反映独立事件而不是连续数据的有效方法,尤其适用于一定幅度范围的数据序列。这意味着它最适合呈现地震、飓风等自然时间,但它同样适用于呈现金融和商业领域内的重要事件,如大型企业并购(图 5-23)。

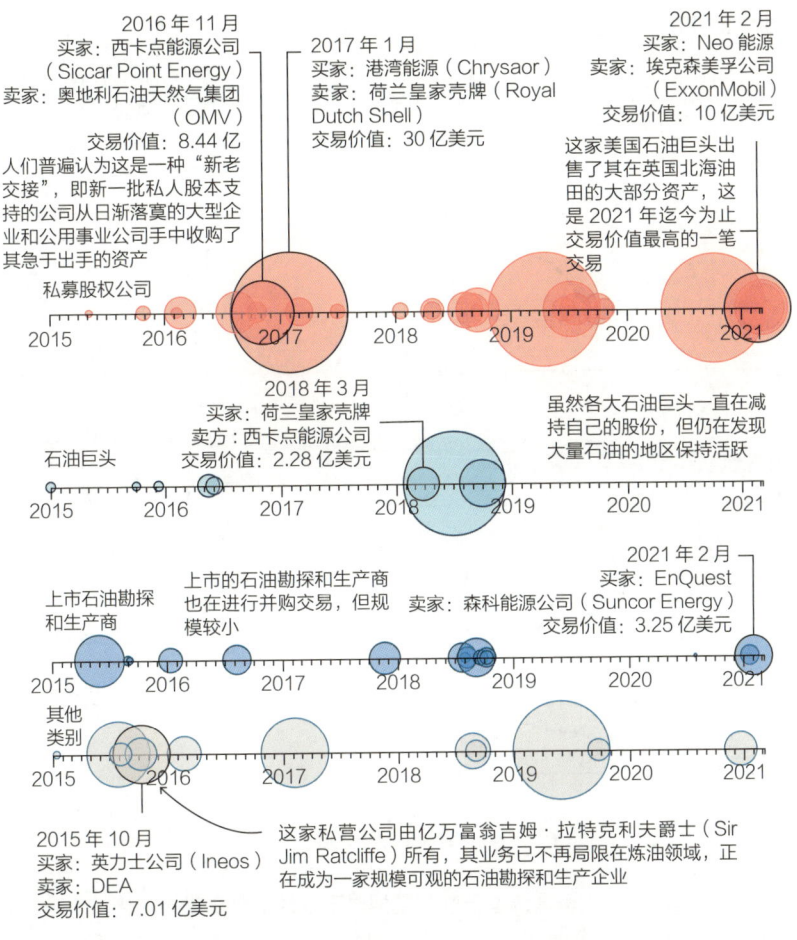

2016 年 11 月
买家:西卡点能源公司(Siccar Point Energy)
卖家:奥地利石油天然气集团(OMV)
交易价值:8.44 亿
人们普遍认为这是一种"新老交接",即新一批私人股本支持的公司从日渐落寞的大型企业和公用事业公司手中收购了其急于出手的资产

2017 年 1 月
买家:港湾能源(Chrysaor)
卖家:荷兰皇家壳牌(Royal Dutch Shell)
交易价值:30 亿美元

2021 年 2 月
买家:Neo 能源
卖家:埃克森美孚公司(ExxonMobil)
交易价值:10 亿美元
这家美国石油巨头出售了其在英国北海油田的大部分资产,这是 2021 年迄今为止交易价值最高的一笔交易

私募股权公司

2018 年 3 月
买家:荷兰皇家壳牌
卖方:西卡点能源公司
交易价值:2.28 亿美元

虽然各大石油巨头一直在减持自己的股份,但仍在发现大量石油的地区保持活跃

石油巨头

上市的石油勘探和生产商也在进行并购交易,但规模较小

2021 年 2 月
买家:EnQuest
卖家:森科能源公司(Suncor Energy)
交易价值:3.25 亿美元

上市石油勘探和生产商

其他类别

2015 年 10 月
买家:英力士公司(Ineos)
卖家:DEA
交易价值:7.01 亿美元

这家私营公司由亿万富翁吉姆·拉特克利夫爵士(Sir Jim Ratcliffe)所有,其业务已不再局限在炼油领域,正在成为一家规模可观的石油勘探和生产企业

图 5-23 英国北海油田企业并购案

资料来源:伍德麦肯兹(Wood Mackenzie),节选自《石油巨头风光不再,北海油田迎来一批新贵》。

散点连接图

散点连接图能够将时间序列的处理方法运用到相关图上。由于图表上的曲线绕来绕去，因此它也叫作"蜗牛轨迹图"。这种图表能够刻画两个具有不同测量单位的变量随时间的变化轨迹。

图 5-24 展示了美国陆上石油产量相对于钻井平台数量的变化情况。图

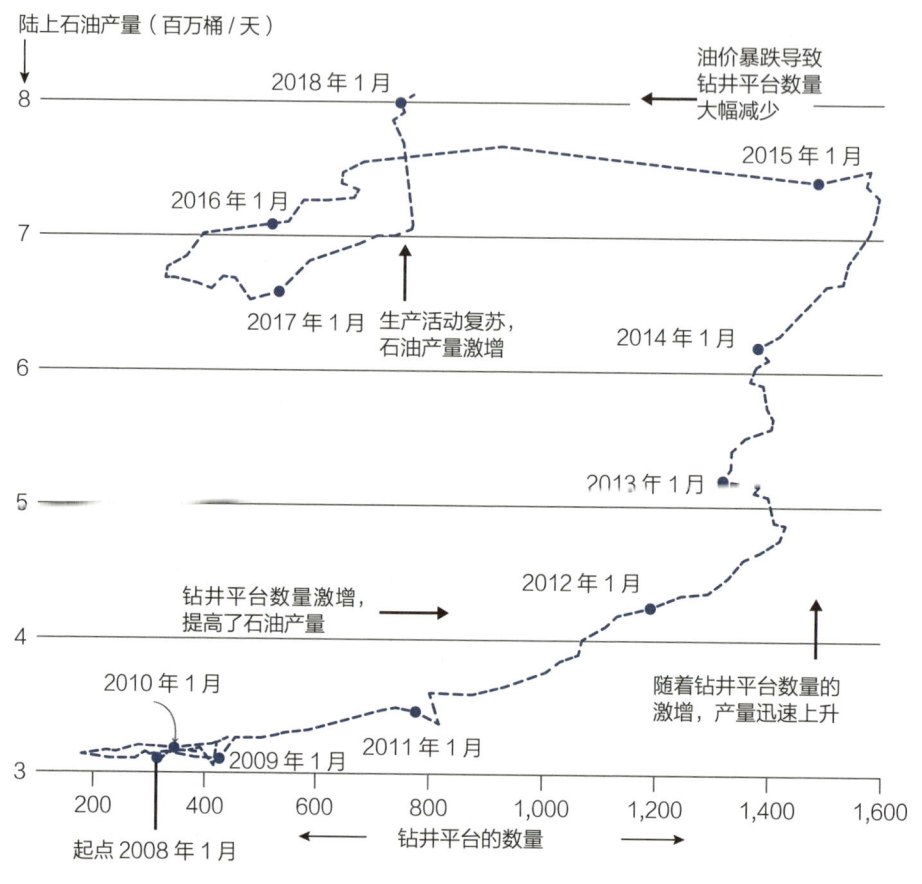

图 5-24　美国陆上石油产量相对于钻井平台变量的变化

制图：比利·埃伦伯格·香农。

资料来源：能源信息管理局，贝克休斯公司（Baker Hughes，通用的子公司），节选自《美国页岩油生产商的繁荣期》。

上标记的时间和箭头有助于我们理解这两个变量随时间变化的路径。注释文字则能帮助我们详细了解过程背景。

散点连接图是另一种可以通过动画进行优化数据呈现的图表。随着时间的推移，数据点逐渐沿着轨迹移动，从而可以强化人们对时间流逝的感觉。

尽管如此，我们应该谨慎使用这类图表，因为它也很容易产生"线条缠绕"的问题，从而降低图表的可读性。但是，使用得当的话，连接散点图可以成为非常有效的一类图表。

普里斯特利时间线

在本章的最后，我们再一次回顾数据可视化的历史，探讨一下约瑟夫·普里斯特利（Joseph Priestley）在这一领域的贡献。普里斯特利在世时（1733—1804年）曾因发明汽水而闻名于世，并实际上发现了氧气（他将其称为"脱燃素气体"）。他发表的通俗读物涵盖了神学、政治、科学和历史等领域。

他还是一名充满热情的教师，除了撰写过关于教育方法的文章外，还编著了很多教材来辅助学生学习。他的作品包括一些通俗易懂的时间线图表，如《传记图》（*A Chart of Biography*，1765）。图5-25就是其中的一个"样本"（阅读前导）。

普里斯特利的一个创新是使用横轴从左到右表示时间的流逝，并用刻度线对时间段进行细分。图表中间，不同长度的横线代表古代名人的寿命。这张图的完整版本总共呈现了6个类别下2000多个名人的生平。

威廉·普莱费尔承认，自己在设计金融时间序列图表时，受到了普里斯特利的启发。与普莱费尔一样，普里斯特利的方法也一直沿用至今。

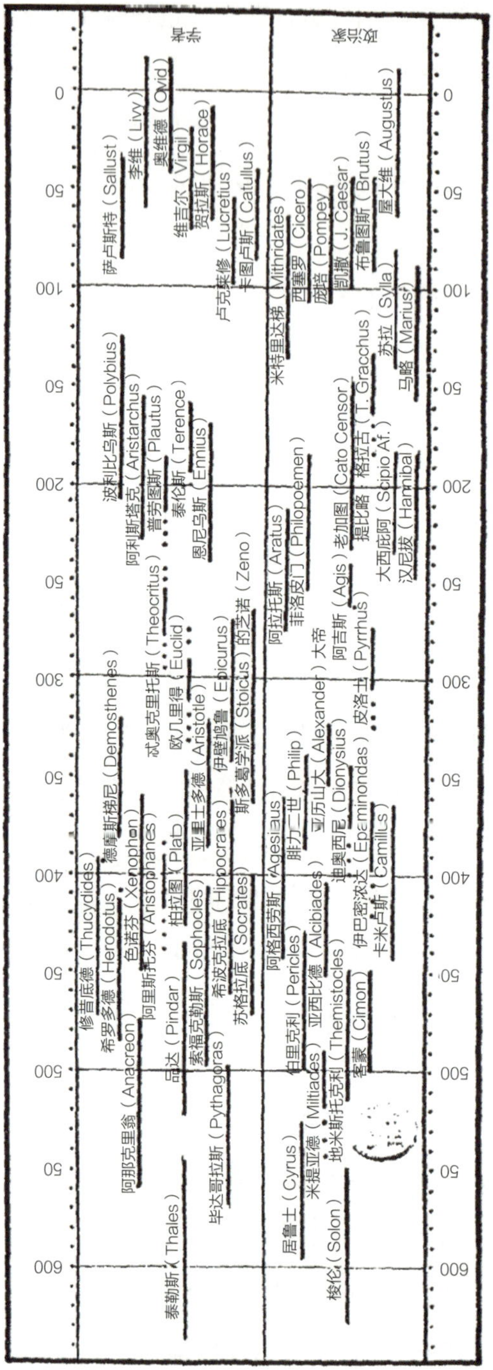

图5-25 《传记图》样本

资料来源：《传记图》样本（阅读前导），普里斯特利。

图 5-26 展示了不同国家老年人口增长一倍和两倍所花费的时间。一般来说，较早开始老龄化的发达国家，要比晚开始老龄化的新兴经济体需要花费更长的时间，新兴市场国家正在迅速老龄化。

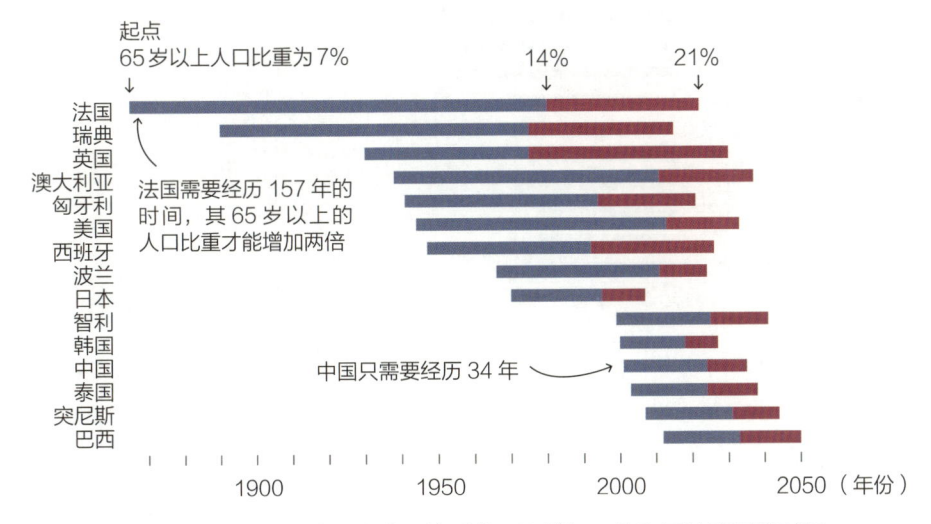

图 5-26　各国 65 岁以上人口比重从 7% 增加一倍和两倍所用的时间

资料来源：金塞拉，吉斯特（1995），美国人口普查局（US Census Bureau），节选自《新兴国家老年人口将占全球老年人口的 80%》。

如果我们既关心事件发生时间，又关心事件的持续长度，那么，普里斯特利时间线将是处理这类问题的完美选择。这张图清晰地展现了这样一种规律：起始点越早的横条越长，起始点越晚的横条越短。

与堆叠条形图相比，普里斯特利时间线能够更清晰地体现这种规律。一家研究机构就采用了图 5-27 的堆叠条形图对同样的数据进行了可视化。我们发现，由于该图仅仅标注了时间段，没有对其进行可视化，因此读者很难在日期和持续时间之间建立直观印象。这张条形图虽然按照时间顺序对数据进行了排序，但我们很难直接观察到实际数据间的时间演进关系。

图表的力量
信息高效传达之术

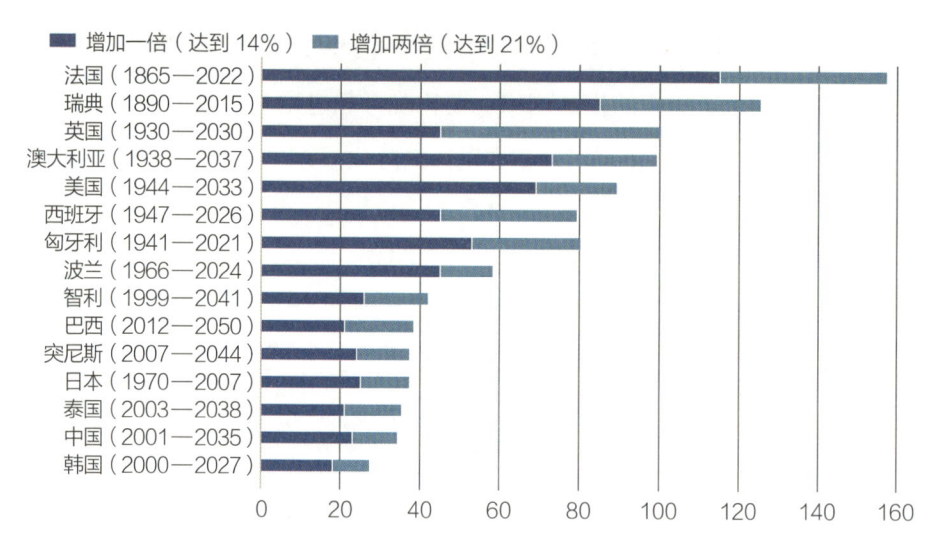

■ 增加一倍（达到14%）　■ 增加两倍（达到21%）

法国（1865—2022）
瑞典（1890—2015）
英国（1930—2030）
澳大利亚（1938—2037）
美国（1944—2033）
西班牙（1947—2026）
匈牙利（1941—2021）
波兰（1966—2024）
智利（1999—2041）
巴西（2012—2050）
突尼斯（2007—2044）
日本（1970—2007）
泰国（2003—2038）
中国（2001—2035）
韩国（2000—2027）

0　20　40　60　80　100　120　140　160

图 5-27　各国 65 岁以上人口比重从 7% 增加一倍或两倍所用的时间（条形图）

资料来源：金塞拉，吉斯特（1995），美国人口普查局，节选自《新兴国家老年人口将占全球老年人口的 80%》。

河流图

在谈到他设计的名人生平时间线时，普里斯特利写下了这样一句颇富哲理的话：

"通过这张图，时间在不断地提醒我们，它就像河流一样流淌着，始终如一，既没有起点，也没有终点……"

同样，河流图或许也会受到这位博学家的认可。这种面积堆叠图可以用来反映整体与部分关系随时间变化的趋势。它没有严格意义上的 y 轴，而是围绕着中心的脊线呈现数据，给人一种流畅感和统一感。

图 5-28 这张河流图展示了英超球衣赞助商类别变化的趋势，所用

第一部分 了解图表

数据与前面"线条缠绕"的折线图相同。注意，这里呈现的重点不是数字，而是变化趋势，因此缺少 y 轴并不影响我们理解这种趋势。该图明显呈现出一种主要模式——英超球队越来越倾向于选择博彩公司作为赞助商。效果如此明显，我们甚至很难相信它跟前面的折线图使用了相同的数据。

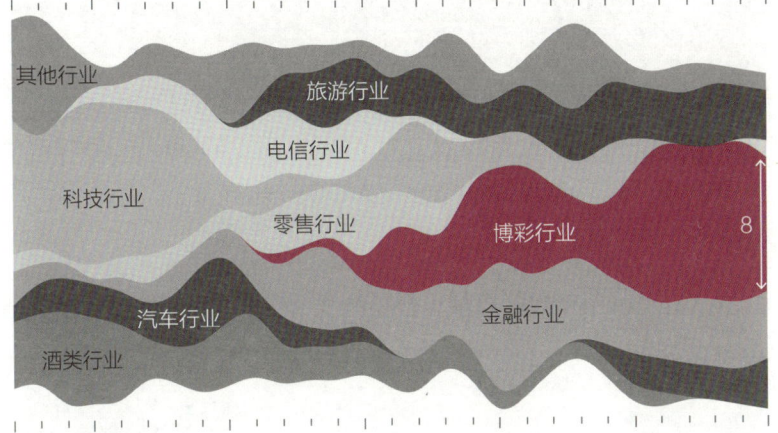

图5-28　1992—2020年球衣赞助商所属行业（河流图）

资料来源：《金融时报》相关调查，节选自《英超球衣赞助商类别的变化趋势》，帕特里克·马图林，《金融时报》，2018年8月11日。

面积堆叠图

更传统的面积堆叠图都带有严格意义的 y 轴。在刻画纯粹的成分变化时，这种图表也非常有效。比如图 5-29 这张面积堆叠图就有效反映了英国国家电网煤炭使用量的显著下降。我们可以清楚地看到过去 50 年燃料使用的整体与部分关系，以及煤炭地位的降低。

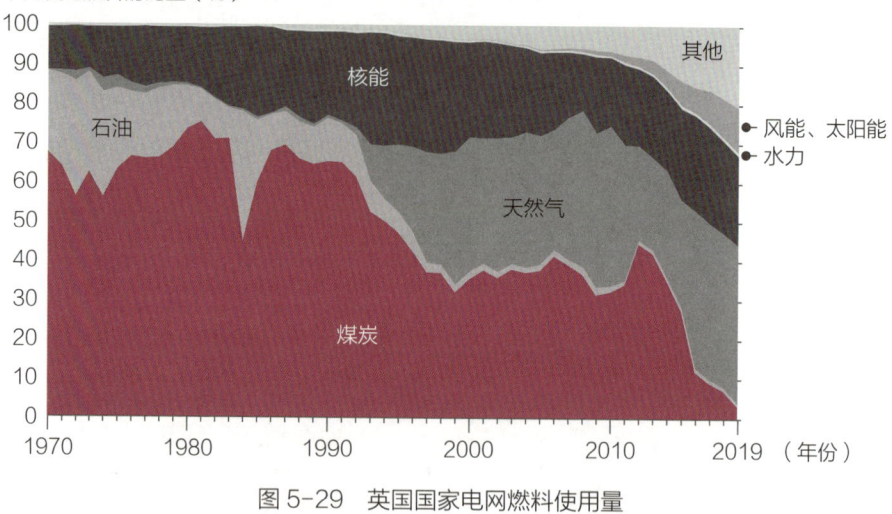

不同发电燃料的比重（%）

图 5-29　英国国家电网燃料使用量

资料来源：《金融时报》相关调查。

面积图也可以用来展示总量（包括幅度）变化中的部分变化。图 5-30 显示了英国酒精消费的变化。根据图表的层次顺序，我们很容易就能发现，

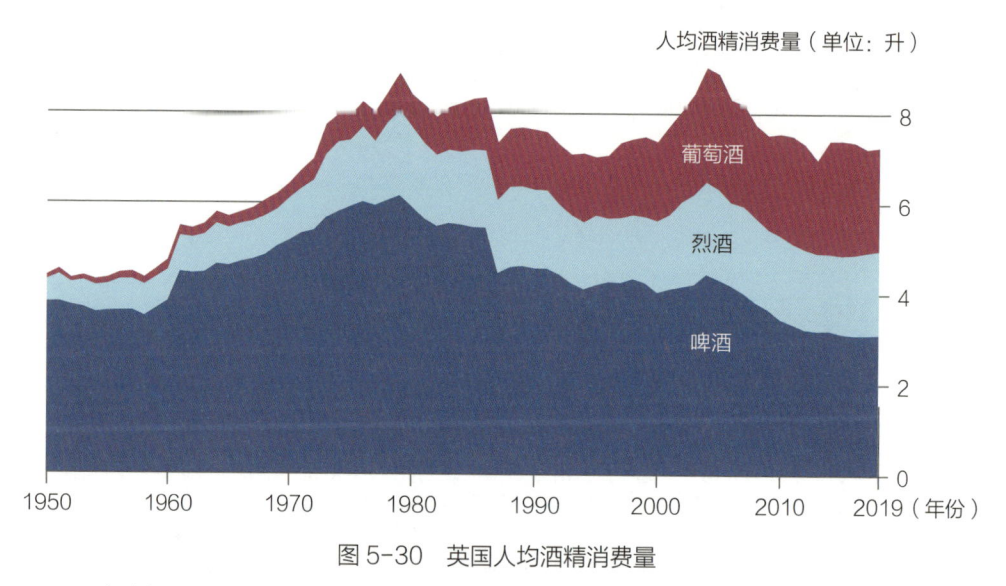

人均酒精消费量（单位：升）

图 5-30　英国人均酒精消费量

资料来源：阿德莱德大学葡萄酒经济研究中心（University of Adelaide Wine Economics Research Centre），节选自《英国脱欧后，葡萄酒消费者可能会支付更高的价格》。

20世纪80年代以来葡萄酒消费量的增长,在很大程度上抵消了啤酒消费量的长期下降。

可以看出,所有面积图都受到了威廉·普莱费尔做法的影响,即直接在图表上标记文字。这种方法能够确保读者在"一次记忆活动"中同时形成对比例、变化和数量的印象。

> **知识点**
>
> **弗洛伦斯·南丁格尔的极坐标面积图**
>
> 要探讨时演关系以及整体与部分关系的可视化问题,我们就不能绕开弗洛伦斯·南丁格尔的工作。她在这方面的开创性工作充分表明,合理呈现数据可以使结果大不相同。
>
> 南丁格尔认真收集了克里米亚战争期间有关英国军人死亡因素的数据。1858年,她根据这些数据绘制了图表(图5-31),完成了一份详尽的报告,并将报告提交给维多利亚女王和一个调查军队卫生条件的官方委员会。
>
> 她的图表旨在提醒有关人士注意到,一年中死于"可预防或可减轻传染病"的人数比重(用蓝色扇形表示,每个扇形代表一个月的死亡人数),远远高于死于创伤的人数比重(用暗红色扇形表示)。
>
> 注意,南丁格尔在图表的空白位置向读者详细解释了如何阅读这张图表,以及理解这张图的含义对卫生改革的重要意义。

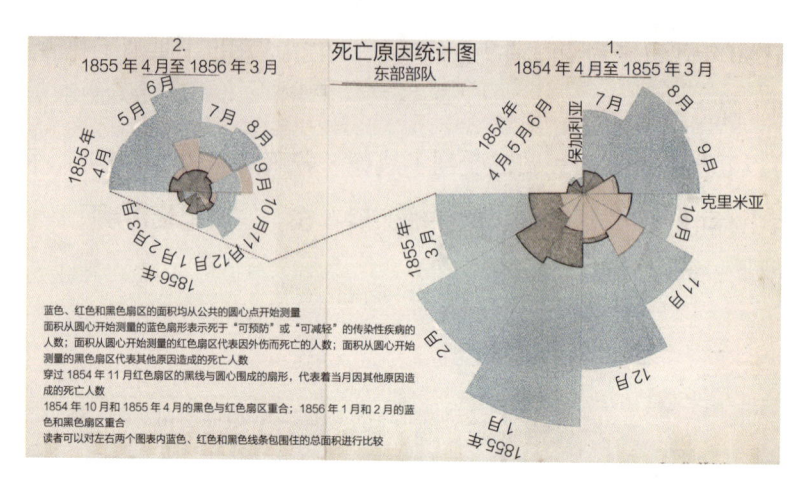

图 5-31 弗洛伦斯·南丁格尔 1858 年设计的极坐标面积图

第一部分
了解图表

6 相关图

相关图呈现的是两个或多个变量的关系。需要注意的是，除非特别说明，读者会默认变量间存在因果关系（即一件事导致了另一件事）。

假如我们要评选最可能在统计学家中间引发一场"斗殴"的统计学术语，"相关性"绝对是仅次于"显著性"的术语。好吧，统计学家们都是文明人，我们姑且把"斗殴"改成"激烈的论战"吧。

相关性指的是两件事之间的关联程度。这是个非常有用的概念。比如，如果我们知道当一个变量值很高的时候，另一个变量值会很低（即两者"负相关"），我们就能作出相应的预测。

知识点

相关性和因果关系

在进行深入探讨之前，我们首先要理解统计学领域的一个永恒难题。

相关性可能表明事件间的因果关系（如寒冷的天气会导致更高的取暖费），或者表明这种关联性与第三个隐性变量有关

> **知识点**
>
> （如冰激凌的销售和暴力犯罪相关，原因仅仅是两者都与温暖的天气相关），也有可能这种相关性完全是虚假的……
>
> 在 www.tylervigen.com 网站上，我们可以发现，人均奶酪消费量与被床单缠住而死的人数密切相关，而怀俄明州的结婚率与在美国国产轿车国内销量相关。
>
> 统计数据不一定是帮助我们发现潜在原因的决定性因素，但它有助于我们发现规律。不过，我们首先要确保它是有用的数据。

对相关性进行可视化是非常重要的，因为它可以帮助我们发现事物之间的关联程度。与时演图（折线图）和幅度图（条形图）一样，相关图这一大类中也有一种主导性图表，那就是散点图。

散点图

研究数据可视化历史的专家迈克尔·弗兰德利（Michael Friendly）和丹尼尔·丹尼斯（Daniel Denis）将 1833 年第一张散点图的发明，归功于天文学家约翰·赫歇尔（John Herschel）。但直到 50 年后，弗朗西斯·高尔顿（Francis Galton）才令散点图在科学界流行开来。

散点图以二维笛卡尔坐标平面为基础，两个坐标轴（即 x 轴和 y 轴）互相垂直，每个数据点的横坐标和纵坐标代表相应的变量值（图 6-1）。

一般来说，横轴用于表示自变量，纵轴用于表示因变量。这些术语与待验证的因果关系有关，我们可以把自变量看作"原因"，把因变量看作

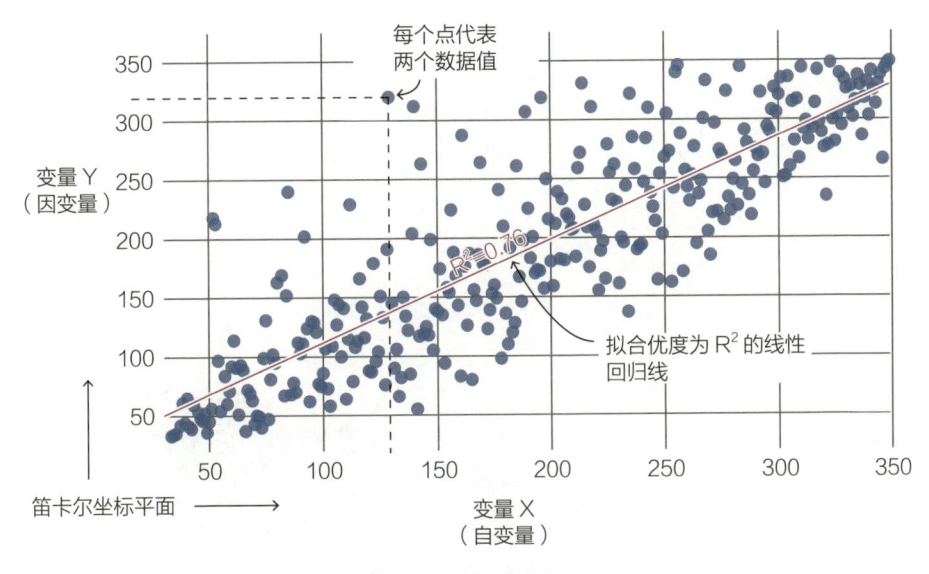

图 6-1 散点图解析

"结果"。假设我们要研究男性脱发数据，我们可以把年龄作为自变量，放在 x 轴上，把脱发程度作为因变量，放在 y 轴上。

实践中，很多散点图并没有反映出因果关系，但了解这些规则仍然十分有用。

最后，当我们阅读散点图时（特别是在学术论文中），会经常看到上面有一条"回归线"，其目的是概括呈现两个变量之间的关系。回归线旁边还会标注相关系数，用以描述这种关系的强弱，其取值范围在 –1 和 1 之间（图 6-2）。

使用散点图时，我们应当注意，图中有可能会出现大量的数据点。比如图 6-3 这张图表试图考察英格兰地区的收入匮乏与健康匮乏程度之间的相关关系。图上共有 32844 个点，每个点代表一个小社区的数据。我们不用担心，因为我们没有必要挨个数清楚。

在散点图上添加回归线有助于我们观察到潜在关系的强度和方向，但

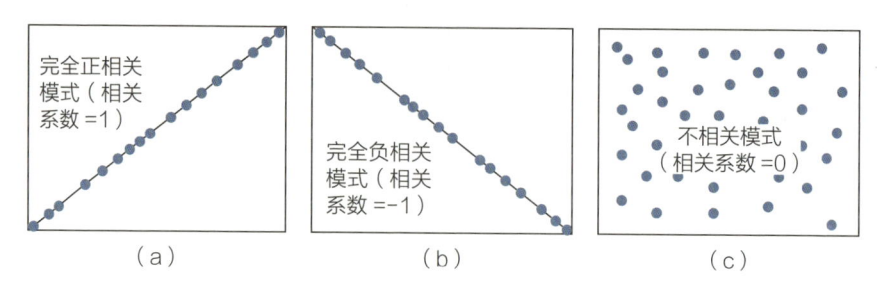

图 6-2　散点图反映变量间的相关性

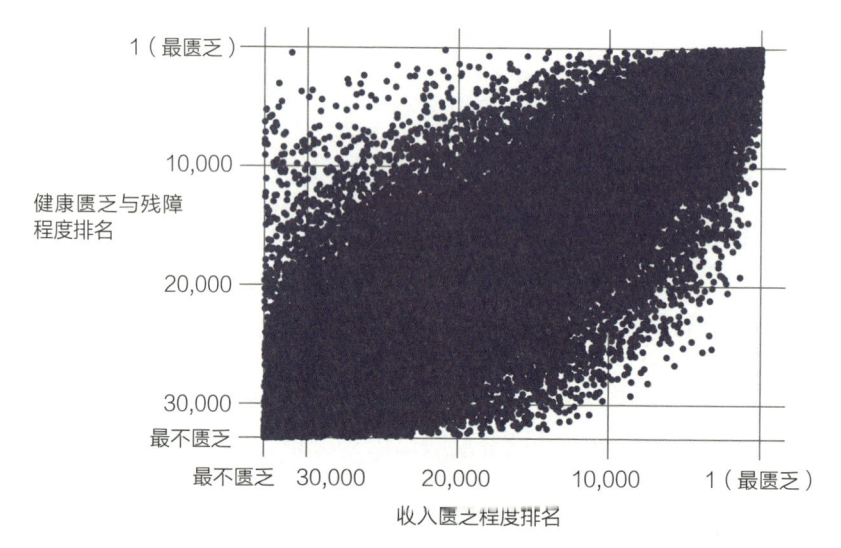

(a) 完全正相关模式（相关系数=1）
(b) 完全负相关模式（相关系数=-1）
(c) 不相关模式（相关系数=0）

图 6-3　2019 年英格兰各社区的收入匮乏和健康匮乏程度

资料来源：住房、地方社区和地方政府部（Ministry of Housing, Local Communities & Local Government）。

它同时也让我们难以直观理解图表的其余部分（图 6-4）。

还有一种方法是淡化每个点的颜色，我们可以通过仅显示轮廓，或者设置点的透明度来实现，这样就能看到点的叠加效果。在设置了点的透明度后，图 6-5 这张图表有了一点点改善，但数据过于密集的问题仍然没有得到解决。

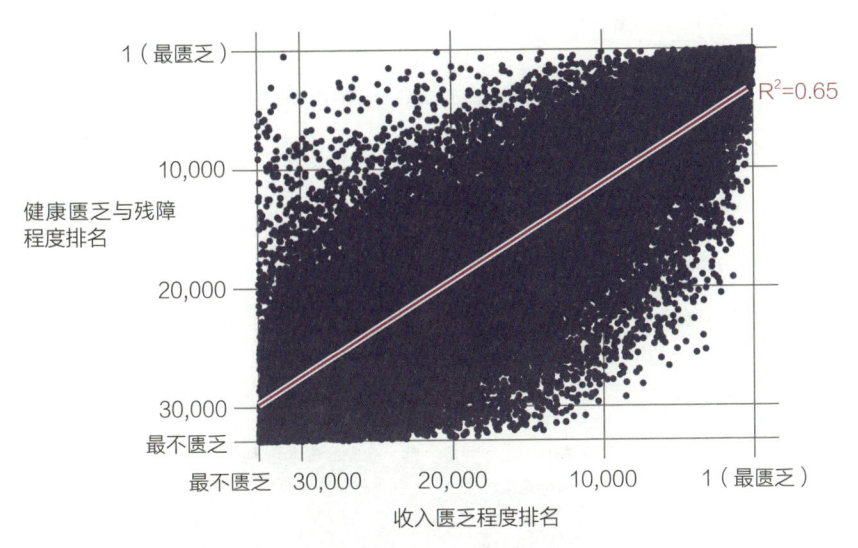

图 6-4 2019 年英格兰各社区的收入匮乏和健康匮乏程度（添加回归线）

资料来源：住房、地方社区和地方政府部。

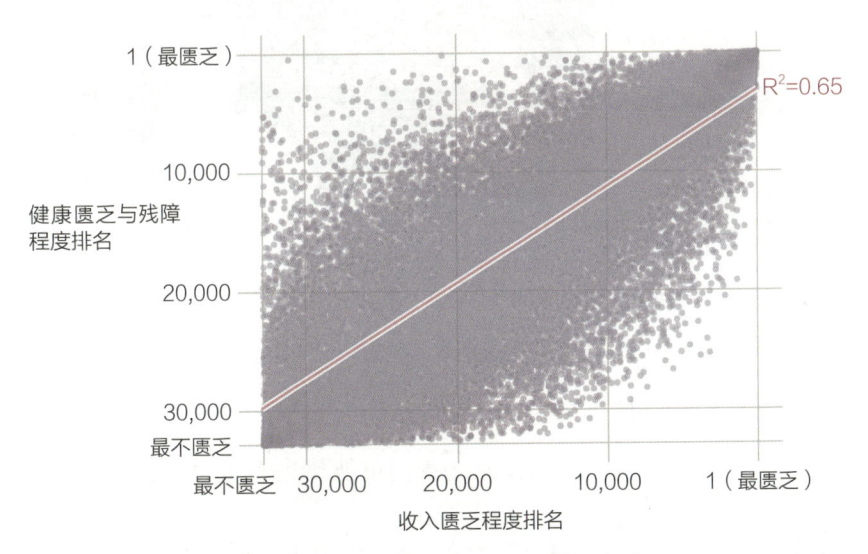

图 6-5 2019 年英格兰各社区的收入匮乏和健康匮乏程度（淡化点的颜色）

资料来源：住房、地方社区和地方政府部。

XY 热图

另一种方法是绘图区域分割，并用颜色的明暗来表示每个"单元格"中点的数量。用这种方法生成的图表叫作 XY 热图。在图 6-6 这个示例中，我使用了六边形单元格，因为它能很好地对区域进行分割。我们也可以采用矩形进行分割。需要注意的是，图表本身呈现的模式意味着我们实际上并不需要用回归线，来体现变量关系的强弱和方向。但是如果你想添加回归线，也并无不可。

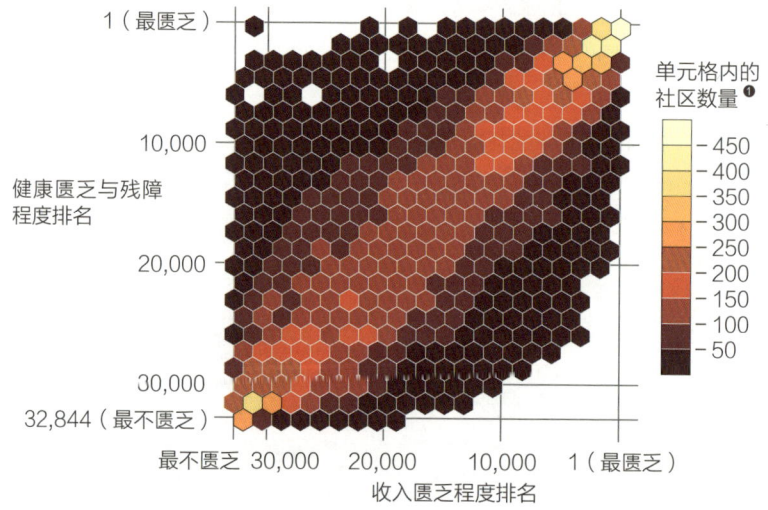

❶ 这里的社区指的是人口在 1000—3000 之间的"低层超级输出区域"（LSOA）。

图 6-6　2019 年英格兰各社区的收入匮乏和健康匮乏程度（XY 热图）

这种方法的缺点是什么？由于我们没有绘制出所有的数据点（共 32844 个），而是对数据进行了汇总，因此我们可能错失有关单个数据点的特殊信息。

第一部分 了解图表

有时负相关关系会被错误解读为正相关关系

事实上，即使散点图能够显示所有数据点，我们也有可能对数据进行错误的解读。图 6-7 展示了 2017 年大选中，德国选择党（Alternative für Deutschland）在各选区中的得票份额与各选区中非基督徒人口份额之间的关系。

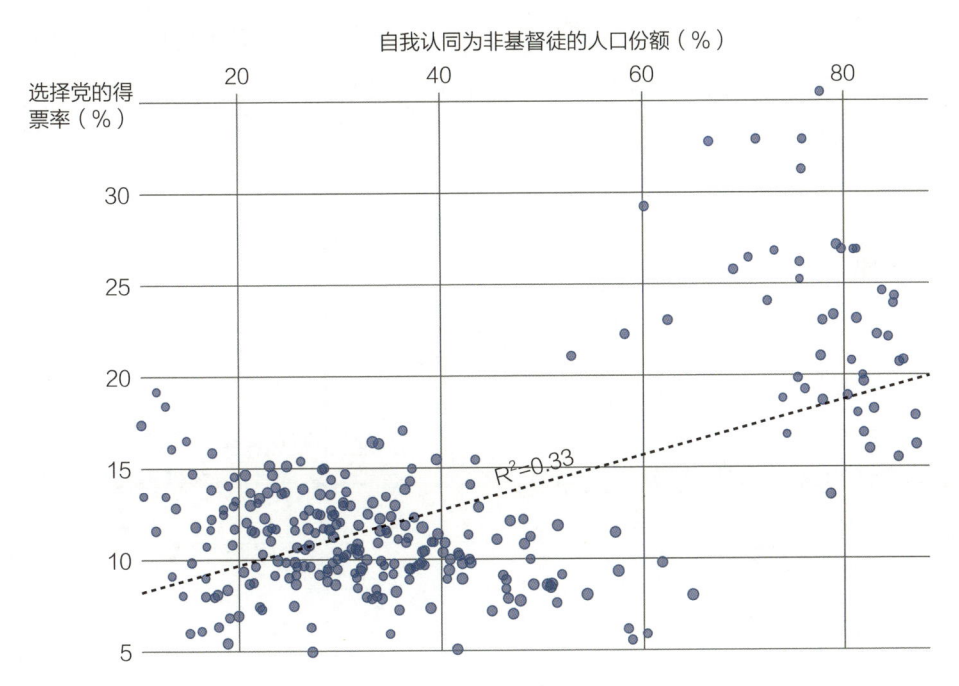

自我认同为非基督徒的人口份额（%）

选择党的得票率（%）

$R^2=0.33$

每个点代表德国的一个选区

图 6-7　德国选择党的得票率与非基督徒的人口比重正相关

制图：约翰·伯恩 - 默多克。
资料来源：联邦选举办公室（Federal Returning Officer），《德国大选与相关性问题》。

表面上看，这是一个一目了然的模式，两个变量正相关，且 R^2 值为 0.33。这表明，一个地区的基督徒比重越小，越有可能投票支持德国选择党（注意这里的自变量和因变量）。

还是使用同样的数据，但这次我们根据选区是位于东部还是西部，对数据点进行着色。突然之间，图表上呈现出不同，甚至截然相反的趋势（图6-8）。

这张图表是我的同事约翰·伯恩–默多克绘制的。它是辛普森悖论的一个典型案例。所谓"辛普森悖论"，是以爱德华·辛普森（Edward Simpson）的名字命名的，他是布莱奇利公园（Bletchley Park，曾是第二次世界大战期间的密码破译中心）的一名密码破译专家，也是最早完整阐述这一问题的人。该悖论给我们的最大启示在于，当我们把不同组数据合并在一起绘制时，它们呈现的趋势可能与事实恰好相反。

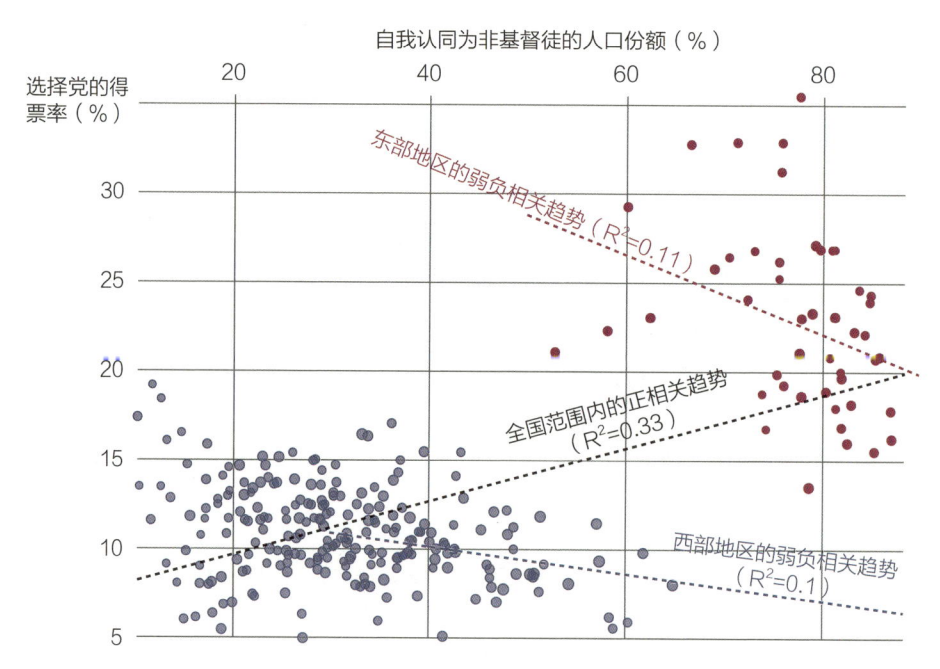

每个点代表德国的一个选区

图6-8 德国选择党的得票率与非基督徒的人口比重与相关

制图：约翰·伯恩-默多克
资料来源：联邦选举办公室，《德国大选与相关性问题》。

第一部分
了解图表

> **隐性变量**
>
> 辛普森悖论提醒我们，我们不仅要考虑图表中呈现的变量，还应该思考图表未呈现出的变量，这样才能提高自己的图表素养。而辛普森悖论的这个典型案例表明，我们是可以在散点图中增加额外信息的。

知识点

气泡图

已故的汉斯·罗斯林（Hans Rosling）不仅是一名天才的科学传播者，也是 21 世纪早期最著名的制图专家之一。罗斯林曾大量使用过散点图，但对他来说，散点图只是他图表设计的基础。2006 年，他在 TED 大会上发表了著名的演讲"你见过的最好的数据演示"。让我们仔细看看这场演讲中最具标志性的图表之一（图 6-9）——辛普森悖论的一个案例：国家层面的趋势完全是由东西部地区的差异造成的，而在地区层面的趋势刚好完全相反。

这个图表最初是一个传统的散点图。注意，x 轴上的刻度为对数刻度，我们将在后面的章节"合理使用数轴与刻度"中详细探讨这个问题。我们很容易能从图表上观察到两个变量间的正相关关系：收入较高的国家往往预期寿命更长。我们还注意到，没有哪一个国家位于图表的右下侧，这个位置意味着预期寿命较低且收入较高。

当罗斯林用不同的颜色显示区域分组时，问题变得更有意思了。这种做法在没有使用地图的情况下，为图表引入了地理空间关系。现在，我们可以看到非洲国家（更贫穷且寿命更短）和美洲国家（更富裕且更长寿）之间的差异（图 6-10）。当然，两个地区之间存在明显的重合。

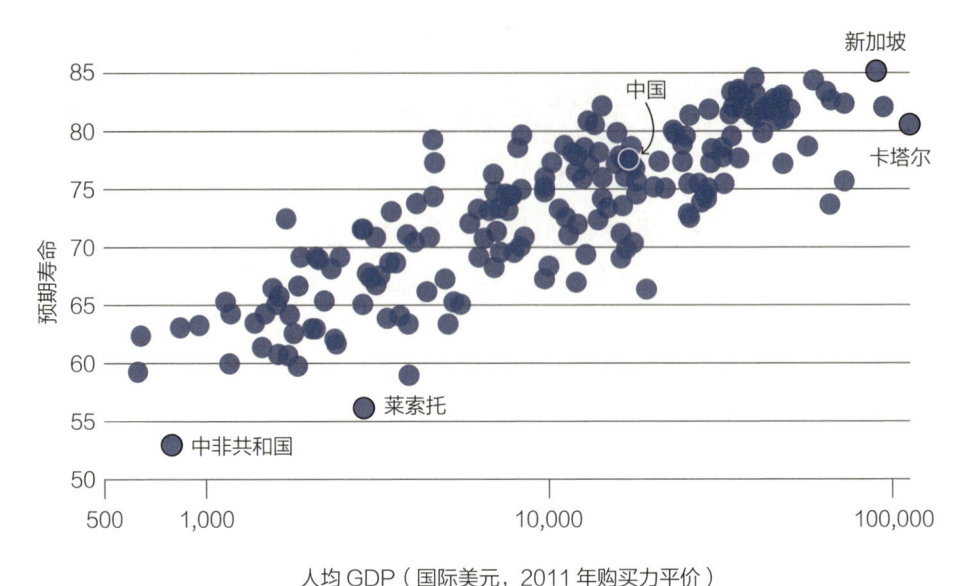

图 6-9　2019 年各国的人均收入和出生时预期寿命（散点图）

数据来源：Gapminder（其数据包括世界银行、麦迪森林格伦、国际货币基金组织等提供的数据），《天才演讲家罗斯林善于利用图表揭示真相》，艾伦·史密斯，2017 年 2 月 10 日。

随后，罗斯林再次对图表进行了改进，用数据点的大小来代表国家的人口规模。这样，我们就能观察到每个国家人口的相对规模，以及全球收入、预期寿命和人口的总体分布（图 6-11）。

接下来，罗斯林对图表进行了最后一次天才式的改进。他意识到，各国数据随时间的变化是数据演示中的重要一环。为此，他采用了动画方式呈现数据。罗斯林热忱地相信，世界正在变得越来越好，人们越来越富有，也越来越长寿。最终，他用动态的气泡图呈现出了这个趋势（图 6-12）。我们注意到，代表中国的气泡是从 1989 年开始急剧上升的，这表明中国的国民收入和预期寿命有了重大改善。

当然，在纸质读物上，我们只能看到动画的截图。但罗斯林在屏幕上呈现出的流畅视觉效果，无疑为其演讲增添了吸引力，这使得他的 TED 演讲自发布后共获得了超过 1500 万播放量。

第一部分
了解图表

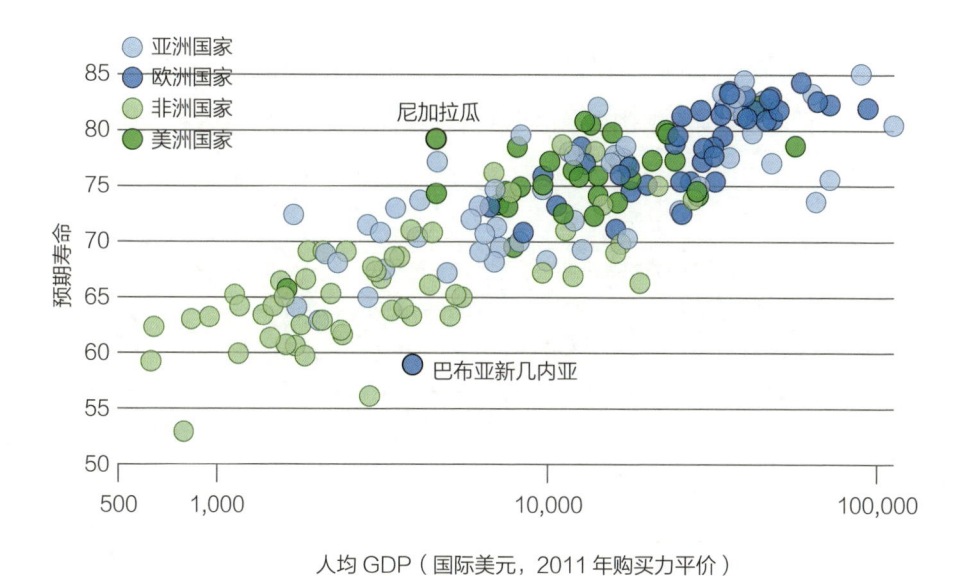

图 6-10 2019 年各国的人均收入和出生时预期寿命（区分地区）

数据来源：Gapminder（其数据包括世界银行，麦迪森林格伦、国际货币基金组织等提供的数据），《天才演讲家罗斯林善于利用图表揭示真相》，艾伦·史密斯，2017 年 2 月 10 日。

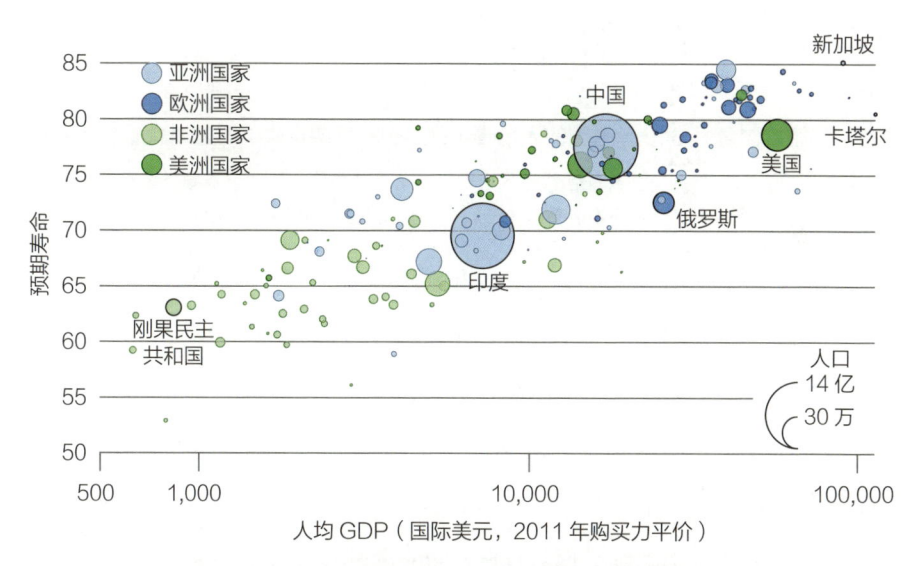

图 6-11 2019 年各国的人均收入和出生时预期寿命

注：不同大小的点代表人口规模

数据来源：Gapminder（其数据包括世界银行，麦迪森林格伦、国际货币基金组织等提供的数据），《天才演讲家罗斯林善于利用图表揭示真相》，艾伦·史密斯，2017 年 2 月 10 日。

图表的力量
信息高效传达之术

虽然罗斯林的动画气泡图最初只是一个标准的散点图,但改进后的图表最终呈现了《金融时报》图表术语库上9种统计关系中的至少5种(图6-12):

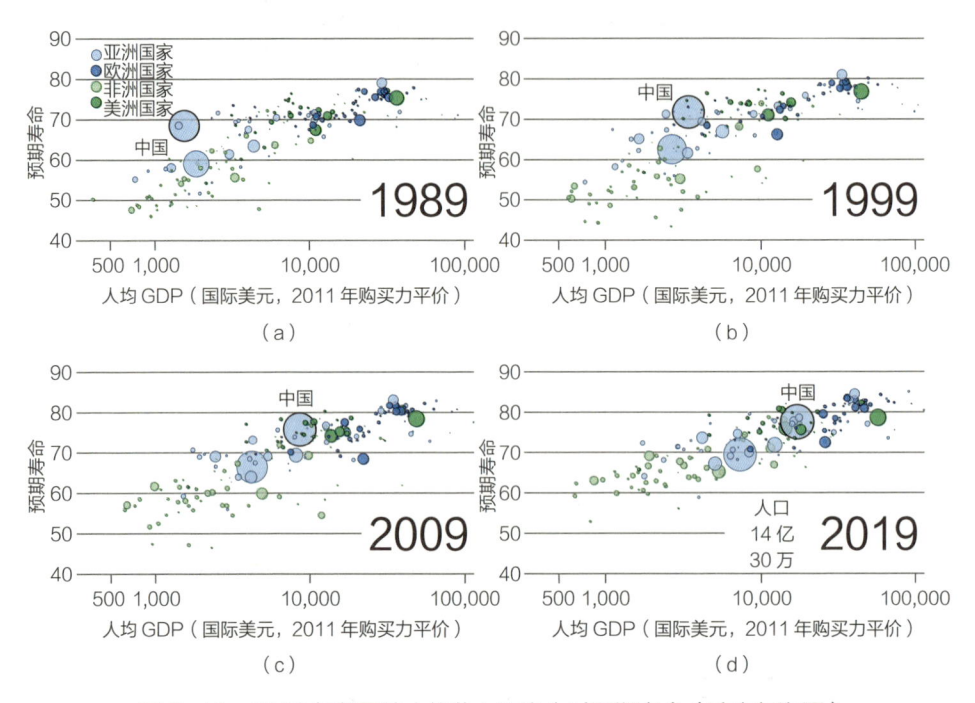

图 6-12 2019年各国的人均收入和出生时预期寿命(动态气泡图)

数据来源:Gapminder(其数据包括世界银行、麦迪森林格伦、国际货币基金组织等提供的数据),《天才演讲家罗斯林善于利用图表揭示真相》,艾伦·史密斯,2017年2月10日。

①相关关系:用散点图上的 x 轴和 y 轴表示。

②幅度关系:用气泡大小表示每个国家的人口规模。

③地理空间关系:用不同的颜色代表国家所处的区域。

④分布关系:结合坐标和圆圈大小,呈现出了全球 GDP 和预期寿命的总体分布,效果还算不错。

⑤时演关系:用动画呈现数据随时间的演变。

从这个例子中我们得出一个重要的结论:罗斯林通过向图表添加信息,而不是剥离或简化信息,引起了公众的广泛关注。这是数据交流领域的一

第一部分
了解图表

项非凡的成就。在罗斯林的努力推广下，近年来气泡图的使用越来越普遍。其用途也不仅限于刻画简单的相关性。

图6-13这张有关金融服务机构的气泡图，展示了女性担任高级职位的比例（y轴）与女性在整个企业中的比例（x轴）之间的关系，很多金融服务机构的女性员工数量都超过了男性，但没有一家机构在高级职位上实现性别平等。

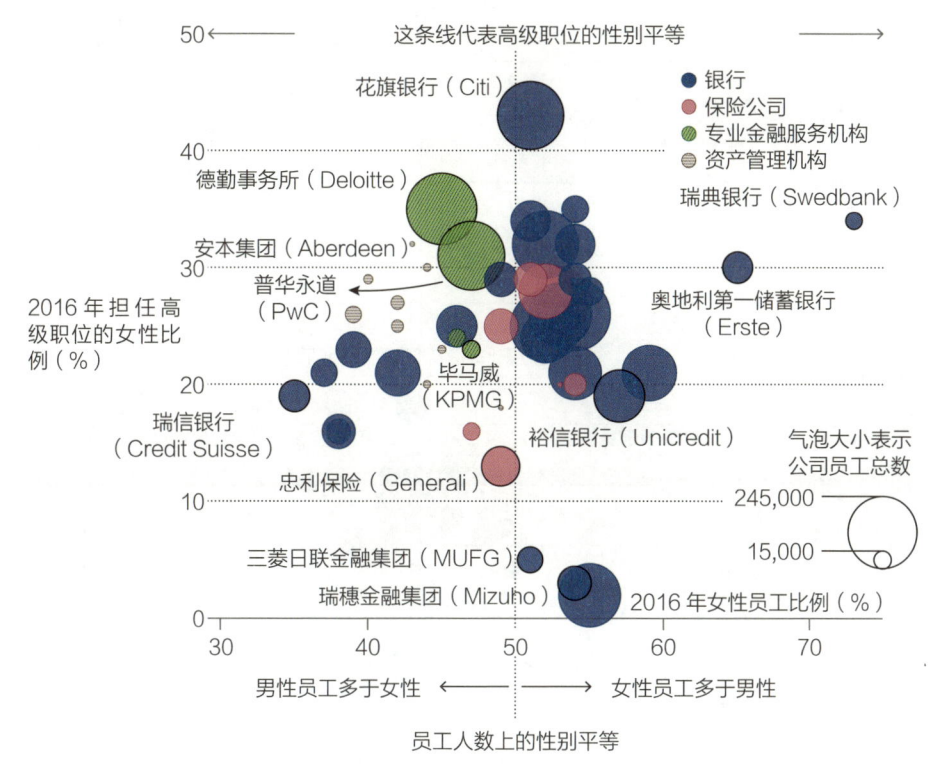

图6-13 金融服务机构中女性担任高级职位的比例
与女性在整个企业中的比例之间的关系

注1：花旗的"高级"职位涵盖中层管理岗。
注2：某些机构的数据仅针对本国。
制图：艾伦·史密斯、劳拉·努南（Laura Noonan）。
资料来源：相关机构，《金融时报》相关调查，节选自《在金融领域，女性仍然无法获得管理职位》，经《金融时报》有限公司授权使用。

图表的力量
信息高效传达之术

乍一看，两者之间存在弱相关性，变量之间似乎没有非常明显的关系。但该图重在说明，无论一家公司的女性比例如何，无论是女性比例最低的瑞信银行（Credit Suisse），还是比例最高的瑞典银行（Swedbank），都没有在高级职位上实现性别平等（图表上端 y 轴刻度为 50% 的水平线）。

事实上，我们也可以延长坐标轴，呈现所有可能值的全部范围，即将 x 轴和 y 轴均扩展到 0 到 100 之间（图 6-14）。这样，我们就可以通过图表上

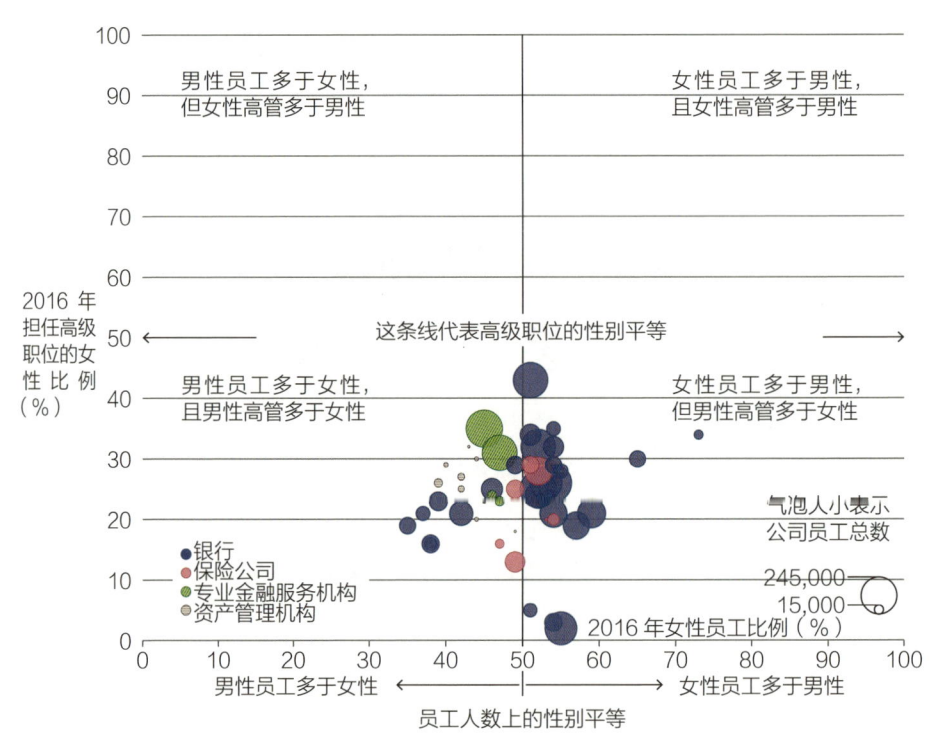

图 6-14　金融服务机构中女性担任高级职位的比例
与女性在整个企业中的比例之间的关系

注 1：花旗的"高级"职位涵盖中层管理岗。
注 2：某些机构的数据仅针对本国地区。
制图：艾伦·史密斯、劳拉·努南。
资料来源：相关机构，《金融时报》相关调查，节选自《在金融领域，女性仍然无法获得管理职位》，经《金融时报》有限公司授权使用。

的空白，而不是气泡，来展现同样的事实。最大胆且最有效的图表设计往往遵循这样一个原则：故意将数据放在图表的一小块区域内。图上标记了文字的四个象限有助于将读者的注意力吸引到事情的真相上，即，没有数据的区域。

上一章提到，散点连接图能够有效显示相关性随时间变化的趋势。图6-15 比较了经合组织（OECD）国家的医疗保健支出与预期寿命的变化趋势。正如我们所预料的那样，随着医疗保健支出的增加，预期寿命也在增加。但图表上有一个重要的异常值。

每条线代表一个经合组织国家

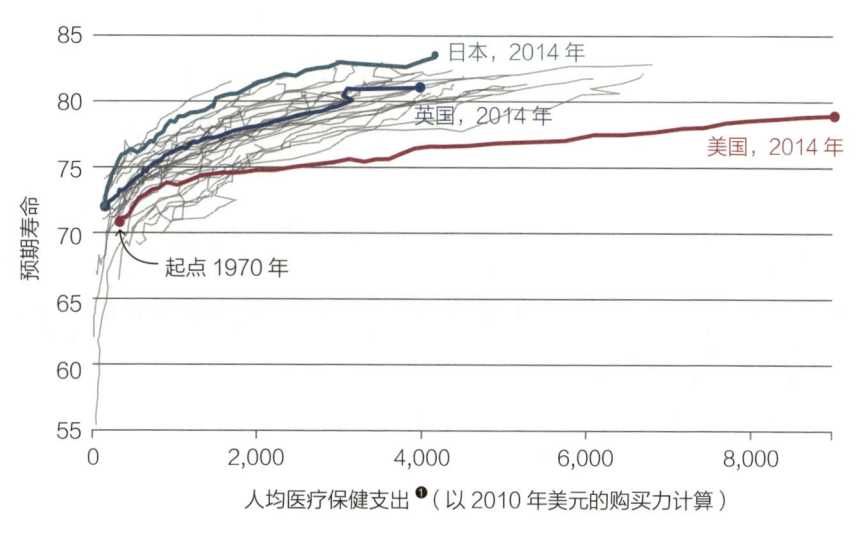

图 6-15　OECD 国家的医疗保健支出与预期寿命的变化

注 1：卫生保健产品和服务的最终消费（即当期卫生支出），包括个人护理和集体服务，但不包括投资支出。

资料来源：联合国人口司（United Nations Population Division），经合组织（OECD），节选自《五个图表读懂美国人预期寿命的巨大差异》。

图表的力量
信息高效传达之术

绘制相关性演变路径

考虑到其他国家的经验，美国人均医疗保健支出的增加，应该能够增加其预期寿命，但这种情况并未出现。请注意，美国的曲线比其他国家都要长，这意味着其人均医疗保健支出的增加速度快于其他国家。这是因为每条线，无论其长度如何，都代表相同的持续时间。

图 6-15 很好地展示了美国的演进路径与其他经合组织国家的不同之处。但这并不能帮助我们理解为什么它的路径如此不同。要做到这一点，我们需要考察数据中的另一种统计关系。我们将在下一章重新讨论这个问题。

散点连接图同样可以有效进行代际比较，比如图 6-16 就比较了美国不同群体的财富增长情况。其 x 轴代表年龄中位数而不是时间，该图能够帮助

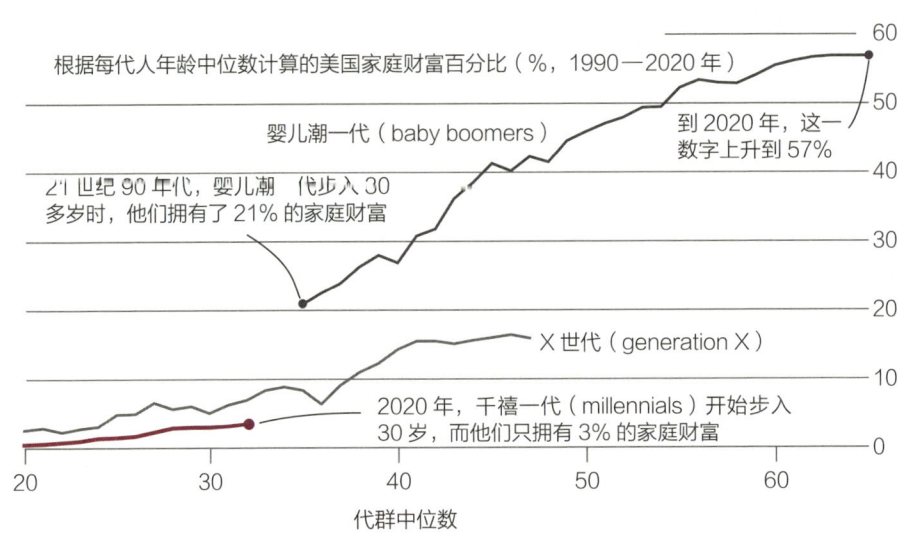

图 6-16 美国不同群体的财富增长情况

制图：亚历山德拉·维斯涅斯卡（Aleksandra Wisniewska）。

资料来源：美联储分布式金融账簿（Federal Reserve distributional financial accounts），节选自《财力衰退：为什么说新冠疫情是千禧一代经历的另一个残酷挫折》。

104

第一部分 了解图表

我们比较不同代际群体相同年龄阶段的财富增长情况。尽管，每条曲线都呈现出年龄和财富之间的正相关性，但对于千禧一代（1981—1996年出生的一代）来说，代际比较并不是一件愉快事，2020年，千禧一代在家庭财富中所占的份额依然很低。

XY热图的另一种应用

有时，我们对于比较两个连续变量之间的相关性不感兴趣，而是希望能够将单个指标分解为两个子类别。这种情况下，我们可以再次使用本章前面介绍的XY热图。图6–17显示了在不同的收入水平下，由死亡或残疾造成的健康年数损失。这张图表值得仔细研读。

一般情况下，低收入国家的寿命缩短更为严重。但其中一个例外是精神障碍和物质使用障碍。在这方面，高收入国家寿命缩短更为严重。

注意，此处的x轴和y轴都是分类轴，图中每个单元格的颜色代表测量值。这与散点图有很大的不同，散点图通常使用两个连续的数轴。

热图的一个缺点是，数值被分为不同的类别，因此我们很难比较数值的实际大小。在低收入国家中，孕产病症与精神障碍和物质使用障碍的色调相同，但后者比前者高出5个以上百分点。有时，我们有必要了解彩色方格所代表的实际值，使整个图表更像一个增强型的表格。这张图表就提供了精确的数值，数值背后的色调则展现了数据的模式低收入国家年轻人承受着疾病带来的"双重负担"。

在本章的最后，我们介绍几个与带有x和y轴的散点图完全不同的图表。

图表的力量
信息高效传达之术

每 1 000 名 15-29 岁的人因死亡或残疾而缩短的健康寿命年数 ❶

健康寿命缩短年数: 2 4 6 8 10 20 30 40

		收入水平			
		低收入水平	中低收入水平	中高收入水平	高收入水平
传染性疾病	肺结核	15.5	7.9	1.1	0.1
	性病（不包括艾滋病）	1.8	0.8	1.0	0.4
	艾滋病	17.9	6.0	3.9	0.3
	腹泻	14.6	5.3	0.7	0.3
	脑膜炎	8.8	2.6	0.4	0.1
	寄生虫与病媒	15.4	3.8	0.5	0.03
	其他传染性疾病	7.6	5.8	1.6	0.5
	呼吸系统疾病	10.0	4.9	2.4	1.9
	孕产病症	21.2	8.0	0.9	0.3
	新生儿疾病	1.5	2.6	1.6	1.6
	营养不良	8.5	7.9	1.9	1.0
非传染疾病	肿瘤	8.9	6.1	6.1	4.0
	糖尿病	1.9	1.7	1.7	1.0
	内分泌血液免疫系统紊乱	4.9	3.4	1.4	1.2
	精神障碍和物质使用障碍	26.7	24.4	26.8	39.2
	神经疾病	10.0	10.1	7.6	9.1
	感觉器官疾病	6.3	5.9	4.7	3.4
	心血管疾病	11.7	9.4	5.4	3.4
	呼吸系统疾病	4.8	3.3	2.4	3.0
	消化系统疾病	8.5	7.8	1.8	1.4
	泌尿系统疾病	5.9	5.5	3.6	2.3
	皮肤病	3.7	3.5	3.4	3.5
	肌肉骨骼疾病	5.8	7.6	7.2	10.5
	先天异常	3.1	2.7	2.3	2.4
	口腔疾病	1.2	1.2	1.1	1.2
外伤	意外伤害	42.4	31.4	23.6	15.2
	故意伤害	25.1	21.2	17.7	12.1

图 6-17　不同收入水平下由死亡或残疾造成的健康年数损失

注 1：基于伤残调整寿命年指标。
制图：切尔西·布鲁斯-洛克哈特，克里斯·坎贝尔。
资料来源：世界卫生组织，节选自《图表显示医疗保健应用应瞄准精通数码产品的年轻人》。

对风险进行可视化

温顿风险与证据交流中心（Winton Centre for Risk and Evidence Communication）采用了脊柱图，来显示阿斯利康（AstraZeneca）新冠疫苗的潜在危害和益处（图 6-18）。在媒体广泛报道了几起疫苗接种者出现血栓的事件后，温顿中心及时开展相关研究。他们证明，除了处于低暴露风险环境中的年轻人外，其他人群接种疫苗的潜在益处都超过了潜在危害。

第一部分 了解图表

10 万低暴露风险人群 ❶

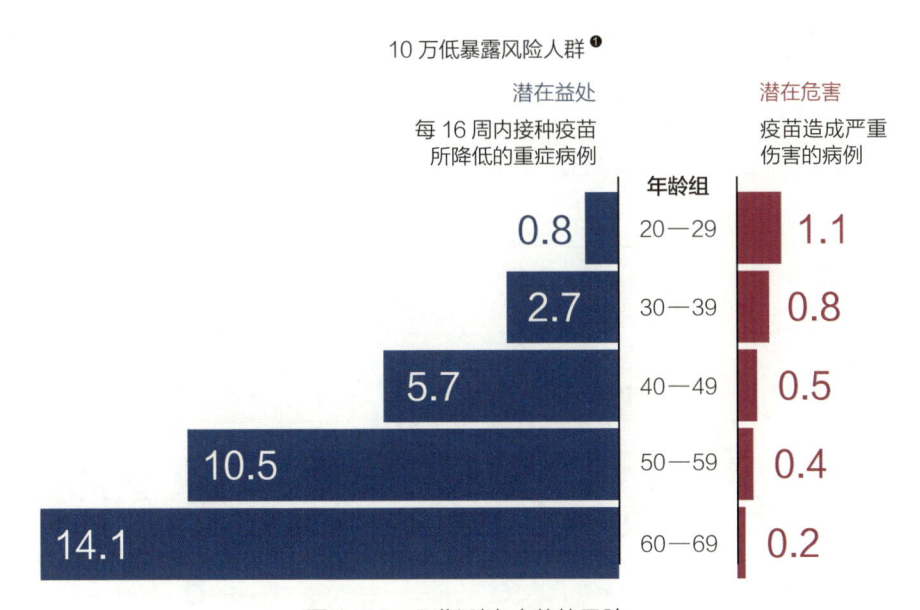

潜在益处　　　　　　　潜在危害
每 16 周内接种疫苗　　疫苗造成严重
所降低的重症病例　　　伤害的病例

潜在益处	年龄组	潜在危害
0.8	20—29	1.1
2.7	30—39	0.8
5.7	40—49	0.5
10.5	50—59	0.4
14.1	60—69	0.2

图 6-18　阿斯利康疫苗的风险

注 1：低暴露风险的标准为每 10 万人中有 20 人感染新冠病毒。
资料来源：温顿风险与证据交流中心，节选自《为什么我们无须担心新冠疫苗造成的血栓》。

这张图表很好地量化了低暴露风险人群接种疫苗的益处和危害，但我们很难用它比较不同年龄组的利弊比例。我们需要三个这样的图表才能了解所有情况。

另外一种方法是将潜在危害和益处转换成比率，即每产生一个血栓病例所减少的重症病例，从而产生单一的数值。我们可以使用这个新指标，以更加紧凑的形式将三种风险暴露情况结合在一起，突出呈现危害大于益处（即比值低于 1）的年龄和暴露风险组合，即低暴露风险下的 20—29 岁年轻人。注意，为了更好地显示图表内容，x 轴采用了对数刻度。

双轴图

要想全面介绍双变量相关关系图，我们不得不讨论一下"备受争议"的

图表的力量
信息高效传达之术

双轴图。双轴图通常是两个独立图表的叠加图，它们有一个共同的 x 轴，用以表示时间变化（图 6-19）。

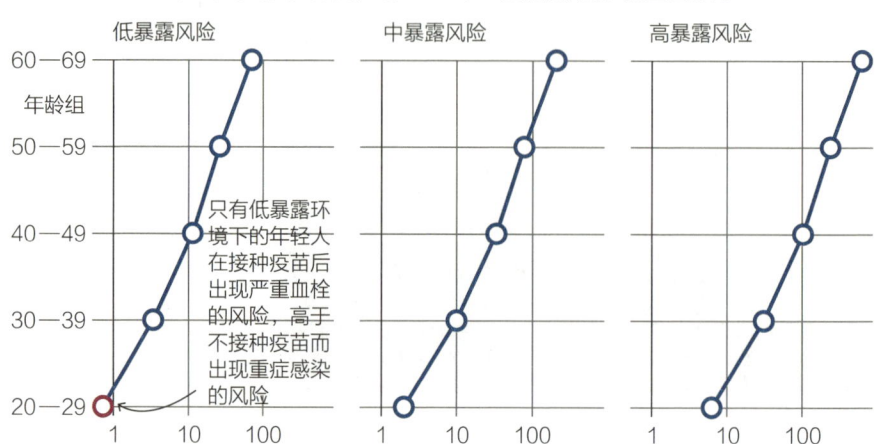

按年龄和暴露风险分类，每产生一个血栓病例所减少的重症病例 ❶

图 6-19 16 周内一定暴露风险水平下疫苗潜在危害与益处的大致权衡关系

注 1：低暴露风险的标准是新冠疫情每日发病率等于万分之二（与英国 2021 年 3 月的发病率大致相同）；中暴露风险的标准是每日发病率等于万分之六（与英国在 2021 年 2 月的发病率大致相同）；高暴露风险的标准是指每日发病率等于万分之二十（与英国在 2021 年 1 月的第二波疫情高峰期间的发病率大致相同）。

资料来源：温顿风险与证据交流中心，节选自《专家支持英国政府对阿斯利康疫苗接种实施年龄限制》。

我之所以称它"备受争议"，是因为很多数据可视化专家都反对使用这类图表。

首先，一种观点认为，使用两个独立的纵轴会降低图表的可读性。

其次，还有人认为，双轴图容易被有意篡改，人们可以通过有意缩放一个纵轴或两个纵轴来呈现并不存在的数据关系。这两种观点都是人们合理怀疑双轴图的理由，但并不足以说服我们完全摒弃这种图表。

在双轴图上运用色彩和形状等有效设计技巧，可以将读者注意力集中在两个独立的数据序列上。根据我在《金融时报》的工作经验，我认为，某些读者（如每天都能接触到双轴图的金融分析师）具备理解图表上两个独立序列的素养。

在呈现两个数据序列之间存在"镜像"模式时，双轴图可能是最有效的方法。比如，图6-20就反映了比特币期货三年内交易笔数和价值之间的这种变化模式，对冲基金和大型基金经理正在积极进行比特币期货交易。

比特币期货日均交易笔数

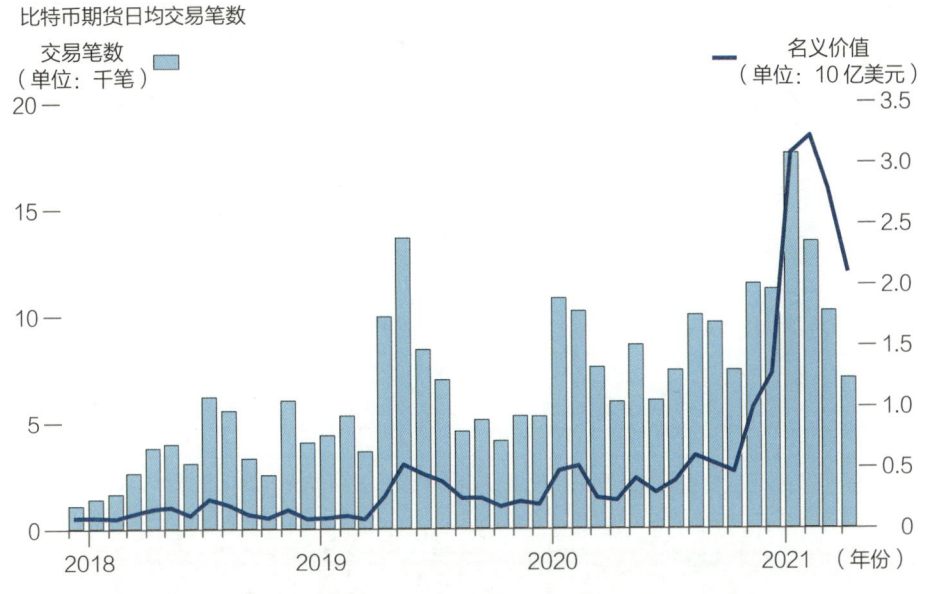

图6-20　比特币期货日均交易笔数与价值之间的变化模式

资料来源：芝加哥商品交易所（CME Group），节选自《网景（Netscape）2.0:Coinbase 股票首次亮相重新唤起人们对网络技术突破的回忆》。

最后，我想引述汉斯·罗斯林的一句话来结束探讨相关图的这一章。

2010年，在纽约举行的联合国会议上，我有幸与罗斯林分到了一组。观众席上的一位统计学家略带不屑地向这位备受敬重的专家提出了一个问题，问他凭什么认为仅仅通过两个变量（即罗斯林在气泡图上呈现的两个相关变量），就能指导政策制定者做出决策。罗斯林停顿了一下，礼貌地笑了笑，然后眨着眼睛回答说："如果我能让政策制定者只根据一个变量来做决定，那将是一个重大的进步。"

第一部分
了解图表

7 分布图

分布图主要呈现数据的数值及其出现的频率。分布的形状（或偏斜性）能够体现出数据分布的不一致或不均一性，从而给人们留下深刻的印象。

2016年4月初，美国民主党总统候选人提名之争进入最后阶段。在前面几轮初选中，建制派鼎力支持的希拉里·克林顿，与民主党中的异类——佛蒙特州参议员伯尼·桑德斯（Bernie Sanders）势均力敌。

桑德斯在竞选活动中明确承诺要解决美国的收入和财富不平等问题，这也是他在社交媒体上经常发帖讨论的一个话题。

4月11日，桑德斯在脸书（Facebook）上写道，"现实情况是，过去的40年里，美国中产阶级的财富大量转移到了最富有的人手里"。这篇帖文有张图表的预览，并附上了普利策奖（Pulitzer Prize）得主、《洛杉矶时报》（*Los Angeles Times*）记者迈克尔·希尔齐克（Michael Hiltzik）的文章链接。

这篇文章的标题《用一张精彩的动图带你了解美国收入不平等程度的急剧扩大》，引起了我的注意。毕竟在新冠疫情之前的新闻头条中出现一张图表，仍然比较罕见。但随之而来的是一种熟悉感。我对这张图表非常熟悉，因为它的制作者就是我本人。

图表的力量
信息高效传达之术

早在桑德斯发出这个帖子的 6 个月前，我就制作了这个动图。它刊登在《金融时报》上一篇有关美国中产阶级的报道上，用到的数据是皮尤研究中心的最新分析结果。图表显示了 1971—2015 年通货膨胀调整后的美国家庭收入分布的变化。让我们观察一下这个动画的一张张截图（图 7-1）。

图 7-1　1971 年美国家庭收入

资料来源：皮尤研究中心，节选自《美国中产阶级的噩梦：中产家庭收入减半》，山姆·弗莱明（Sam Fleming），肖恩·唐南（Shawn Donnan），《金融时报》，2015 年 12 月 10 日。

上图展示的是 1971 年美国家庭收入的情况。大多数美国人位于图表的左侧（收入低于 10 万美元），有一条"长尾"延伸至图表的右侧，终止于一个"凸块"上，它代表年收入为 20 万美元以上的家庭占比。

皮尤中心定义的"中等收入"（即家庭收入中位数的三分之二至两倍）用阴影区域表示。

在动画真正开始前，我们用一条恒定不变的蓝色线条覆盖住图形的顶部，从而提醒我们注意起始点的形状。接下来，随着我们追踪美国收入分布几十年来的变化，图表的形状也发生了变化，并最终停留在 2015 年的画面上（图 7-2—图 7-6）。

第一部分
了解图表

图 7-2　1981 年美国家庭收入分布

图 7-3　1991 年美国家庭收入分布

图 7-4　2001 年美国家庭收入分布

图 7-5　2008 年美国家庭收入分布

图 7-6　2011 年美国家庭收入分布

直观上看，这组动图上最引人注目的地方，无疑是 1971 年代表收入在 20 万美元以上家庭占比的 "凸块"（略高于 1%），到 2015 年已经演变成一个高柱（接近 8%）（图 7-7）。但动图上还有很多其他值得注意的地方。

例如，1971 年的蓝色基准线与 2015 年的最终形状之间存在显著差异，表明美国中产家庭财富已经被掏空。1971 年隆起明显的驼峰已经受到了严重侵蚀。这是因为很多被侵蚀掉的部分已经转移到了右侧（表现为收入增长）。

第一部分 了解图表

以2014年美元计算的美国家庭收入分布（占成年人口的百分比）

图7-7　2015年美国家庭收入分布

资料来源：皮尤研究中心，节选自《美国中产阶级的噩梦：中产家庭收入减半》，山姆·弗莱明，肖恩·唐南，《金融时报》，2015年12月10日。

但同时我们也会注意到，2015年最贫穷的人口比例（即图表第一列，家庭收入在0—5000美元之间的人口比例）高于1971年。我们可以在2011年的截图上观察到这种模式。它最早出现于2008年国际金融危机后。显然，在这段时间内，很多人的收入状况得到了改善，但并不是所有人都做到了这一点。

这张图表给人留下的深刻印象，使它登上了2015年12月《金融时报》纸质版的头版。多亏了参议员桑德斯，它的动图版才能在之后的几个月里持续在网上引发了广泛分享和讨论，尤其是在社交媒体上。而大多数人都是通过其他媒介，而不是最初刊登它的文章，观看到这组动图的。这充分说明了图表作为大众传播对象的力量。

一些评论者指责我把所有收入在20万美元以上的家庭占比加总在一起，形成一个引人注目的凸块或高柱，同时又以5000美元为组距，将所有低于这一水平的收入进行细分。他们认为这样做有失偏颇。但这样做并不是为了误导读者，而是基于一个非常简单的理由。

对收入在 20 万美元以上的少数人群进行统计估计，得出的结果太不可靠了。因此，皮尤研究中心的研究人员决定将 20 万美元及以上收入的人群划为一个类别，进行分析。我的图表仅仅显示了现有数据的最大颗粒度。而隐藏这个类别更不可取，因为这样做会破坏整个数据集的完整性。

在任何情况下，我都不会对这个高柱引起的轰动感到失望。用这种方法吸引读者的注意，要好过把图表背景设置为一条内裤（见前文的"图表是人们了解事实的总抓手"）。

最终，这张图表为一场场辩论（往往是党派辩论）提供了素材。因为它本身就揭示了很多关于选民的信息。而这些选民将在 2016 年晚些时候前往投票站选出新总统。正如《金融时报》头版标题所预见的那样，图表中所描绘的社会分裂，最终帮助唐纳德·特朗普（Donald Trump）赢得了大选。

直方图

在很短的一段时间内，我设计的那组动图有可能是全世界最著名，也是引起最大反响的一组直方图。这就引出了两个非常有趣的问题，直方图到底是什么？它与柱形图到底有何不同？

直方图的形状反映了很多信息，如数据分布（如第一个例子中提到的收入数据）是否均匀。我们可以据此判断出自己可以在多大程度上信任简单的统计值，如平均数。

在对称分布中，由于数据是对称分布的，因此，三个平均数，即均值、中位数和众数，几乎完全相等（位于图表的中心）。而对于偏态分布来说，无论是正偏态分布还是负偏态分布，数据的分布都不对称。因此，在总结数据概况时，我们必须谨慎使用平均数。

第一部分
了解图表

如何理解直方图

直方图将数据划分到若干个"组"（可以看作是盛放相近数值的容器）里，这样我们就能观察到数据在整个取值范围内的分布情况（图 7-8）。

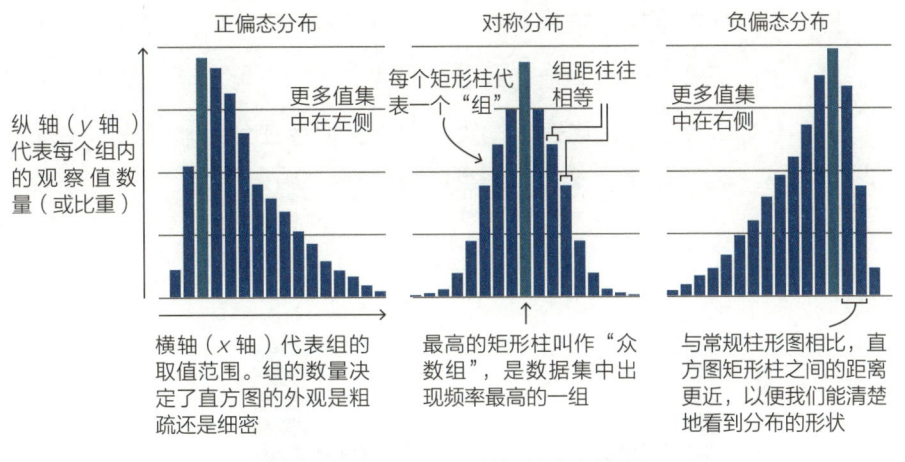

图 7-8　直方图呈现数据的分布情况

中位数（按大小顺序排列后，位置居中的数）往往是最常用到的统计值，因为它不易受极端值（或"异常值"）的影响。正是由于这个原因，统计学家将中位数称为"抗干扰"度量。

但在某些情况下，即使是中位数也不是一个非常管用的统计值。图 7-9 编造出的考试成绩直方图就说明了这一点。在这批数据中，共有两个"众数组"，这意味着用一个统计值来描绘这个数据集是不合适的。

人口金字塔图

人口学家经常使用一种非常特殊的直方图——人口金字塔图。从本质上讲，它是由两个垂直放置的直方图背靠背合并而成，用来展示不同性别、不同年龄人口的数量或百分比（图 7-10）。

图表的力量
信息高效传达之术

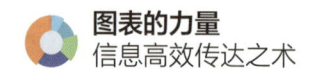

> **知识点**
>
> **双峰分布**
>
> 类似于这样的双峰分布往往表明，某些隐性因素，或组间差异在数据集中发挥了作用。直方图所反映出的双峰分布，是我们开展进一步调查的线索。因此，我们不能武断地从中得出一个统计值，来代表数据集。对于这批存在分组差异的学生来说，我们不需要深入调查就能发现事情的真相。

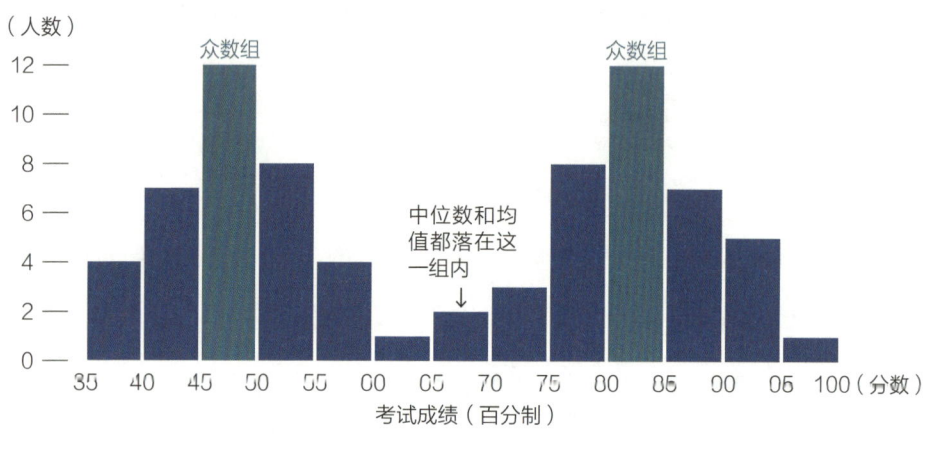

图 7-9　一批学生的考试成绩

名字中的"金字塔"暗示，这类图表的价值在于解释和比较分布形状。年轻人多于老年人的年轻化人口结构表现为经典的三角形。但是，令各国越来越担心的是，国内人口分布呈倒金字塔形，因为这反映了由出生率下降、预期寿命延长造成的人口老龄化问题。

由于人们还关注人口金字塔随时间变化的趋势，因此我们可以借鉴美国收入分布案例中用到的动画和基准线，来对比过去、现在和未来的人口组成。

第一部分
了解图表

（人数）

未复习的学生
复习过的学生

未复习学生的考试
成绩中位数：47

考试成绩（百分制）

已复习学生的考试
成绩中位数：82

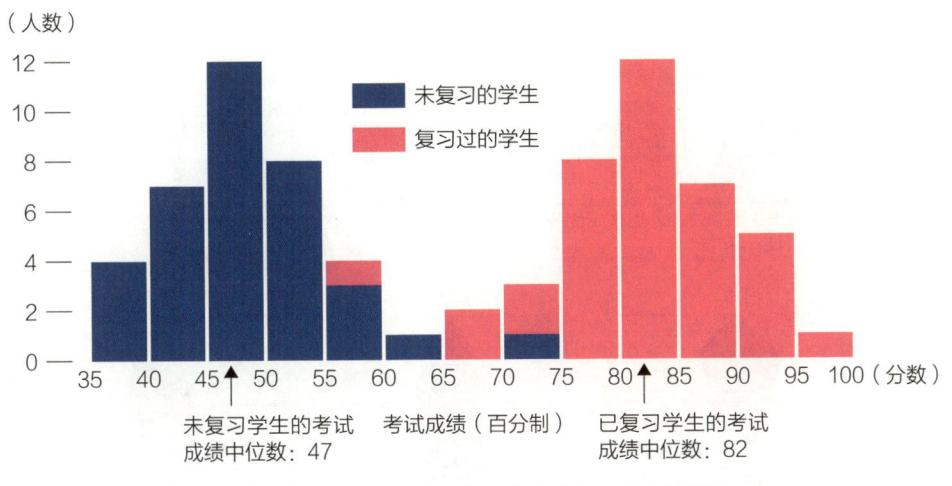

图 7-10 一批学生的考试成绩（人口金字塔图）

图 7-11 是一组 6 个国家的人口金字塔对比了 1960 年的人口结构和联合国对 2050 年各国人口结构的最新预测，并补充了关于不同代群的信息。值得注意的是，图表还提供了如何理解各种形状的信息。这对于不熟悉这种图表的读者来说，是一个非常有用的辅助手段。

制作这样的人口金字塔是我探索现代数据可视化领域的开端，也让我第一次发现了数据可视化在沟通和政策决策方面的巨大潜力。

2003 年，当时还在英国国家统计局工作的我，制作了一系列交互式的地区人口金字塔动图。我希望通过这次尝试，了解人们能从这些图表上获得什么启示。动画发布后不久，我收到了一位教育分析师的来信，这让我很高兴。她在信中讲道，自己在一次校董会议上使用了这些动画，来解释他们所在地区录取率下降的原因。她感叹道，"我们以前从未在这样的会议上使用过这样的数据！"。从那以后，我就喜欢上了人口金字塔图。

虽然我非常钟爱直方图，但是我们应该注意，直方图只是对数据的分类汇总，在某些情况下，我们需要绘制出所有的数据点。

用一行行点簇表示数据多个子类别的点状条纹图，就能做到这一点。

图表的力量
信息高效传达之术

按年龄和性别分列的 2050 年人口份额预测

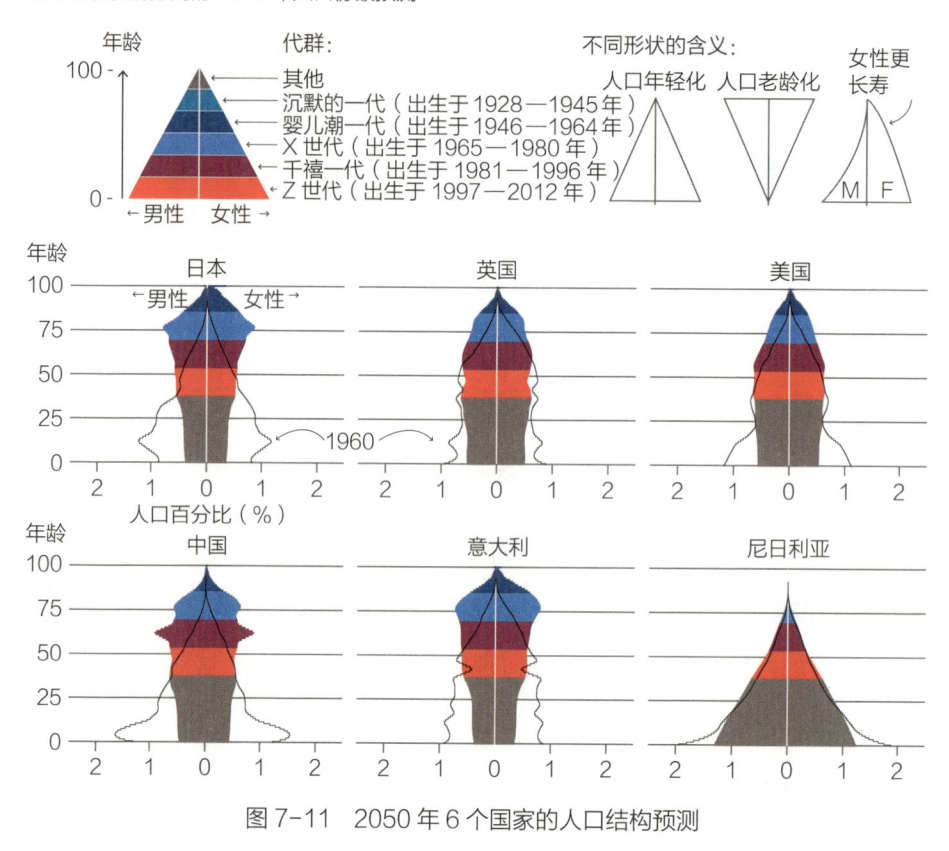

图 7-11　2050 年 6 个国家的人口结构预测

资料来源：联合国，节选自《用图表带你了解世界：Z 世代、气候变化、中国、英国脱欧和全球贸易》，艾伦·史密斯，《金融时报》，2020 年 12 月 16 日。

与直方图相比，它有两个非常实用的特点。

第一，它能够显示或突出显示数据集中的单个点。

第二，我们可以在分布中观察到比直方图更细微的模式。

点状条纹图

图 7-12 显示了不同收入水平国家的垃圾产生量。从中我们可以体会到

120

第一部分
了解图表

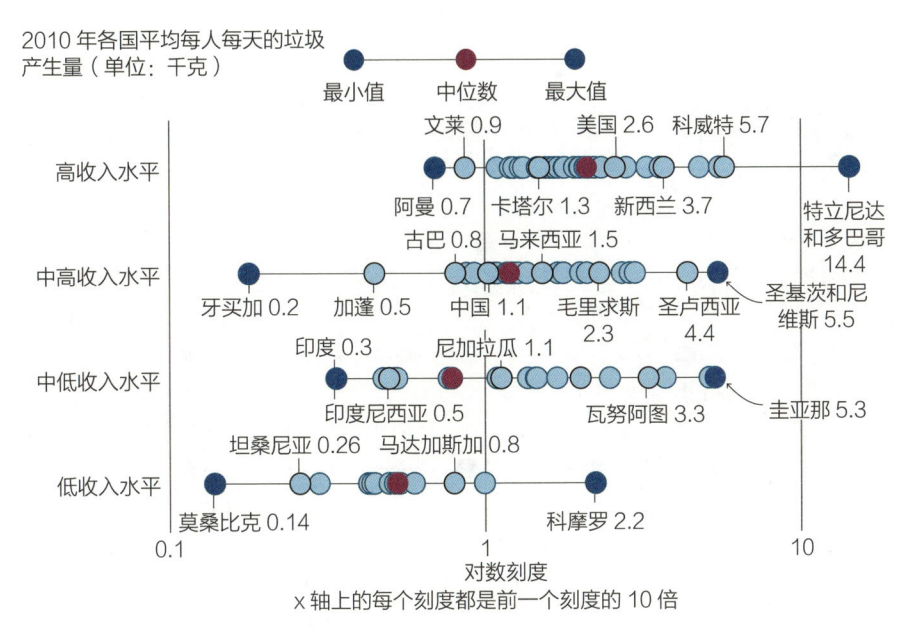

2010 年各国平均每人每天的垃圾产生量（单位：千克）

最小值　　中位数　　最大值

文莱 0.9　　美国 2.6　科威特 5.7

高收入水平

阿曼 0.7　　卡塔尔 1.3　新西兰 3.7　特立尼达和多巴哥 14.4

古巴 0.8　马来西亚 1.5

中高收入水平

牙买加 0.2　加蓬 0.5　中国 1.1　毛里求斯 2.3　圣卢西亚 4.4　圣基茨和尼维斯 5.5

印度 0.3　尼加拉瓜 1.1

中低收入水平

印度尼西亚 0.5　　瓦努阿图 3.3　圭亚那 5.3

坦桑尼亚 0.26　马达加斯加 0.8

低收入水平

莫桑比克 0.14　　科摩罗 2.2

0.1　　　　　　1　　　　　　10
对数刻度
x 轴上的每个刻度都是前一个刻度的 10 倍

图 7-12　不同收入水平国家的垃圾产生量（点状条纹图）

资料来源：詹贝克调查小组（Jambeck Research Group）2015 年的报告《塑料垃圾从陆地进入海洋》，节选自《消费品公司向塑料宣战》，约翰·阿格里昂比（内罗毕），安娜·尼科拉乌（纽约），谢赫拉扎德·丹内什胡（伦敦）。

点状条纹图的这两个优势。注意，图中还标记出了最小值，最大值和中位数，这有助于我们在理解各国数据的同时，还能了解数据的大致分布。

点状图

事实上，统计值本身就可以成为图表上的焦点，这样我们就能得到一个简单得多的点状图。但我们应该清楚这样做的利弊。图 7-13 的统计值点状图清晰地呈现了垃圾产生量随收入水平的变化趋势。这样做也损失了很多细节，使我们无法比较单个国家的具体表现。事实上，我们现在从中得到的汇总信息甚至比直方图还要少，就连偏斜度这样的特征都无法判

图表的力量
信息高效传达之术

断出来。

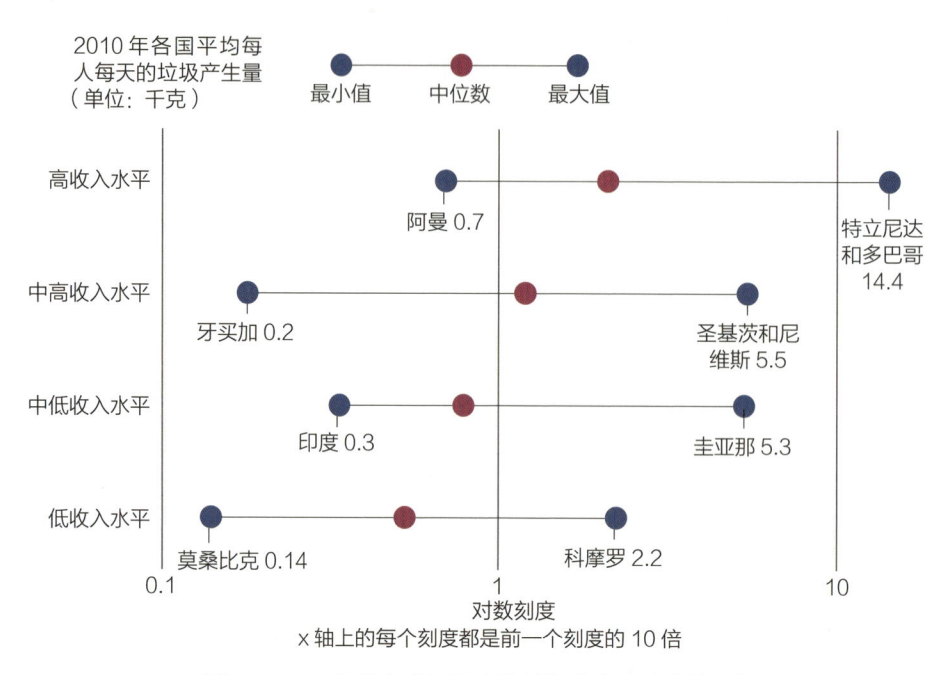

2010 年各国平均每人每天的垃圾产生量（单位：千克）

最小值　中位数　最大值

高收入水平　　阿曼 0.7　　　　　　　　　　　　　特立尼达和多巴哥 14.4

中高收入水平　牙买加 0.2　　　　　　　　　　　　圣基茨和尼维斯 5.5

中低收入水平　印度 0.3　　　　　　　　　　　　　圭亚那 5.3

低收入水平　　莫桑比克 0.14　　　　　　　　　　 科摩罗 2.2

0.1　　　　　　　　　1　　　　　　　　　10
对数刻度
x 轴上的每个刻度都是前一个刻度的 10 倍

图 7-13　不同收入水平国家的垃圾产生量（点状图）

资料来源：詹贝克调查小组 2015 年的报告《塑料垃圾从陆地进入海洋》，节选自《消费品公司向塑料宣战》，约翰·阿格里昂比（内罗毕），安娜·尼科拉乌（纽约），谢赫拉扎德·丹内什胡（伦敦），2018 年 1 月 22 日。

条形码图

条形码图与点状条纹图非常类似。虽然，两者的工作原理相似，但条形码图使用的是不同的标记形状——垂直的细条纹，而不是圆点。这种方法有什么优点呢？当数值聚集在一起时，点状条纹图会出现很多圆点重叠和遮挡的问题，而条形码图可以有效解决这个问题。

图 7-14 展示了托尼奖获奖戏剧在颁奖季后票房大卖的情况。这样的例子就能很好地体现上述优点。反过来，如果我们采用点状条纹图，那么圆

第一部分 了解图表

点之间的距离就会太近。

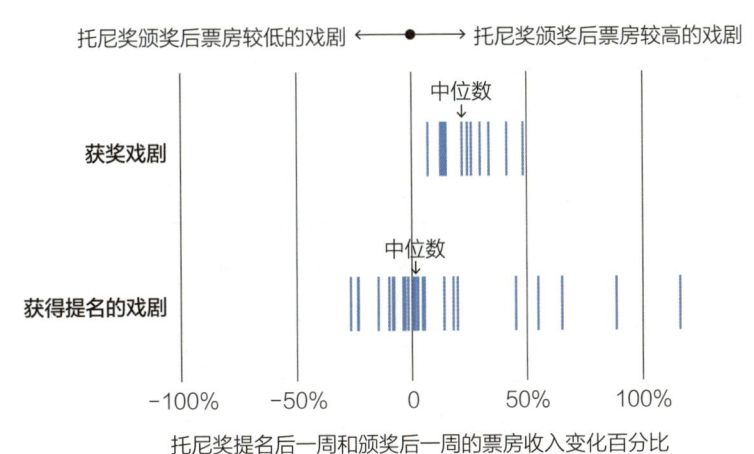

托尼奖颁奖后票房较低的戏剧 ←———→ 托尼奖颁奖后票房较高的戏剧

获奖戏剧

获得提名的戏剧

−100%　−50%　0　50%　100%

托尼奖提名后一周和颁奖后一周的票房收入变化百分比

图 7-14　2002—2017 年原创戏剧

制图：乔安娜·S·高。

资料来源：百老汇联盟（The Broadway League），《金融时报》相关调查，节选自《托尼奖得主"奥斯陆"预计将迎来票房大涨》。

有了点状条纹图和条形码图，我们或许会想当然地认为，我们应该完全放弃能够概括分布特征的图表，只专注于观察整个数据集。但纷繁复杂的现实数据意味着这种做法并不总能奏效，甚至完全不可取。

在图 7-15 上，虽然数据是按照地区逐行呈现的，但即使我们把注意力集中在一行数据上，也很难观察到数据的分布特征，更不用说比较不同行的数据分布了。要知道，英国共有 8000 多个选区，即使用条形码图来呈现，我们也无法用肉眼在这么小的空间里观察清楚这么密集的原始数据。

要比较像这样不同类别的分布，我们可以使用统计学家常用的一类图表——箱线图。

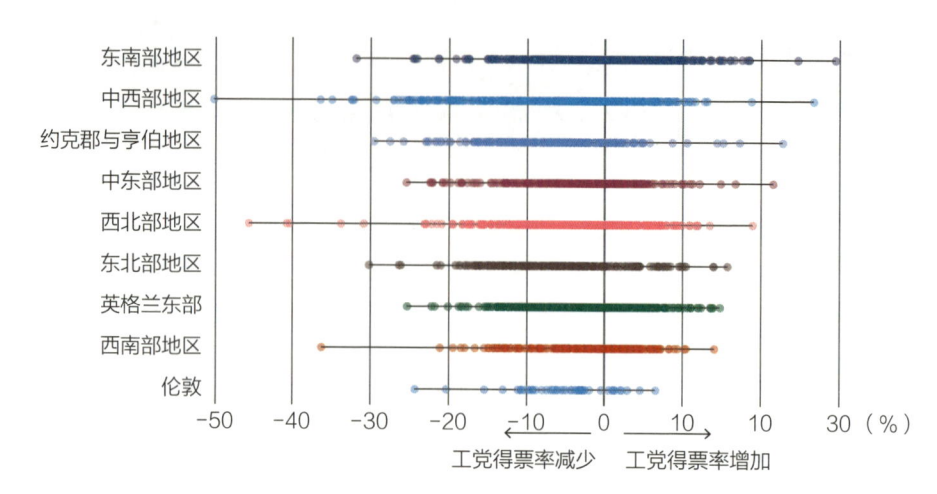

图 7-15　英国工党在不同地区的得票率变化（点状条形图）

注：每个点代表一个选区

资料来源：英国选举协会（Britain Elects），节选自《鲍里斯·约翰逊的"地区平衡"议程打击了南部保守党》，乔治·帕克。

箱线图

箱线图也叫作盒须图，其雏形最初是由 20 世纪 50 年代的数据可视化先驱玛丽·埃莉诺·斯皮尔（Mary Eleanor Spear）发明的。后来，统计学家约翰·图基（John Tukey）在 20 世纪 70 年代对它进行了改进和推广，将其用作探索性数据分析工具。

虽然许多读者可能不了解箱线图，但事实上，一旦你熟悉了它，就能轻松读懂这种简单的数据可视化工具。

箱线图解析——箱线图能概括出数据的分布规律

最基本的箱线图会显示最小值、最大值、25% 分位数、50% 分位数（即中位数）和 75% 分位数的位置。数据集中的 50% 分位数位于矩形盒内，矩形的长度代表"四分位距"（图 7-16）。

第一部分
了解图表

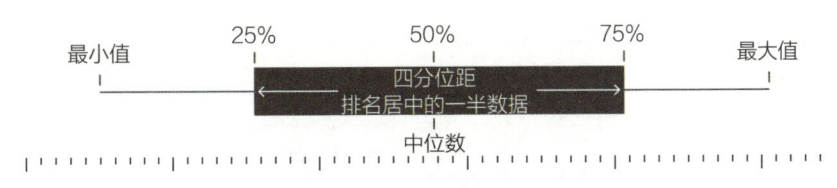

图 7-16 箱线图 1

在有些箱线图上,"须线"的起点和终点并不代表最大值和最小值。在下面的例子中,它们分别代表 5% 分位数和 95% 分位数。另一种常见的箱线图是以 1.5 倍的四分位距为标准绘制"须线"。须线范围之外的值叫作"异常值",会被单独绘制出来(图 7-17)。

图 7-17 箱线图 2

箱线图可以揭示直方图所呈现出的正偏态和负偏态分布特征。在比较多个分布的形状时,更紧凑的箱线图可能更有效(图 7-18)。

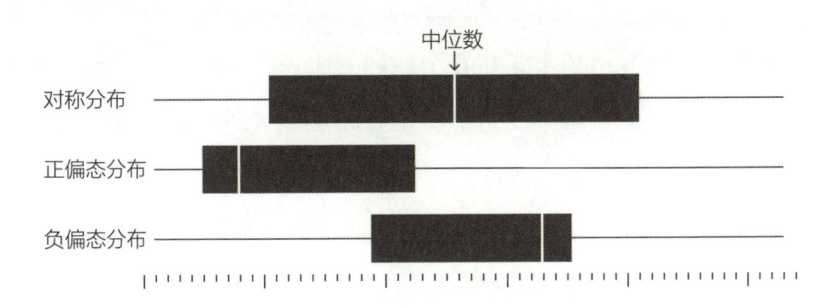

图 7-18 箱线图 3

箱线图既可以水平显示,也可以垂直显示。为了更好地呈现多个分布(箱线图的最佳用途),我喜欢用水平的箱线图,它比垂直的箱线图更有效率,也更容易添加文字标签。

学会读懂这种新奇的图表能带来什么好处呢?让我们来看看用箱线图,

图表的力量
信息高效传达之术

而不是点状条纹图来呈现的各选区选举数据吧（图 7-19）。

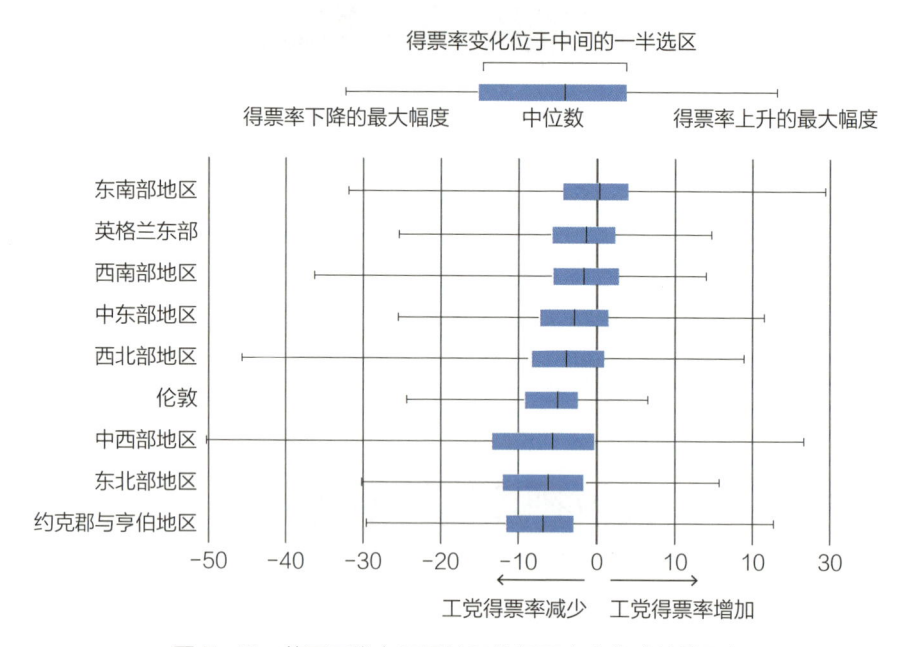

```
                         得票率变化位于中间的一半选区
                    ├──────────┤
         得票率下降的最大幅度    中位数    得票率上升的最大幅度

   东南部地区
   英格兰东部
   西南部地区
   中东部地区
   西北部地区
      伦敦
   中西部地区
   东北部地区
 约克郡与亨伯地区
       -50  -40  -30  -20  -10   0   10   20   30
                    ←─────────  ─────────→
                    工党得票率减少   工党得票率增加
```

图 7-19 英国工党在不同地区的得票率变化（箱线图）

资料来源：英国选举协会，节选自《鲍里斯·约翰逊的"地区平衡"议程打击了南部保守党》，乔治·帕克。

这张图清楚地展示了工党在各个地区的表现。我们可以看到，东南部地区是唯一一个工党得票率变化值中位数高于零（即得票率有所增加）的地区。

我们还可以发现，其他所有地区的数据多数分布在"工党得票率减少"的一侧。由于一行行箱线是按照中位数排列的，所以我们也可以看到排序关系：工党在东南部地区表现最佳，在约克郡与亨伯地区表现最差。

与所有图表一样，箱线图也有自身的优点和缺点。这种呈现数据分布的可视化工具不能像直方图那样，能反映出双峰或多峰分布特征，但它能在有限的空间内呈现多个分布，如本例中的地方选举数据。

一旦你能够读懂箱线图，你就发现，它能够呈现复杂而又富有启示性

第一部分 了解图表

的图形。图 7-20 就是一个很好的例子。这张图表是由我的同事史蒂夫·伯纳德制作的，展示了伦敦人在通勤时面临的颗粒物污染。

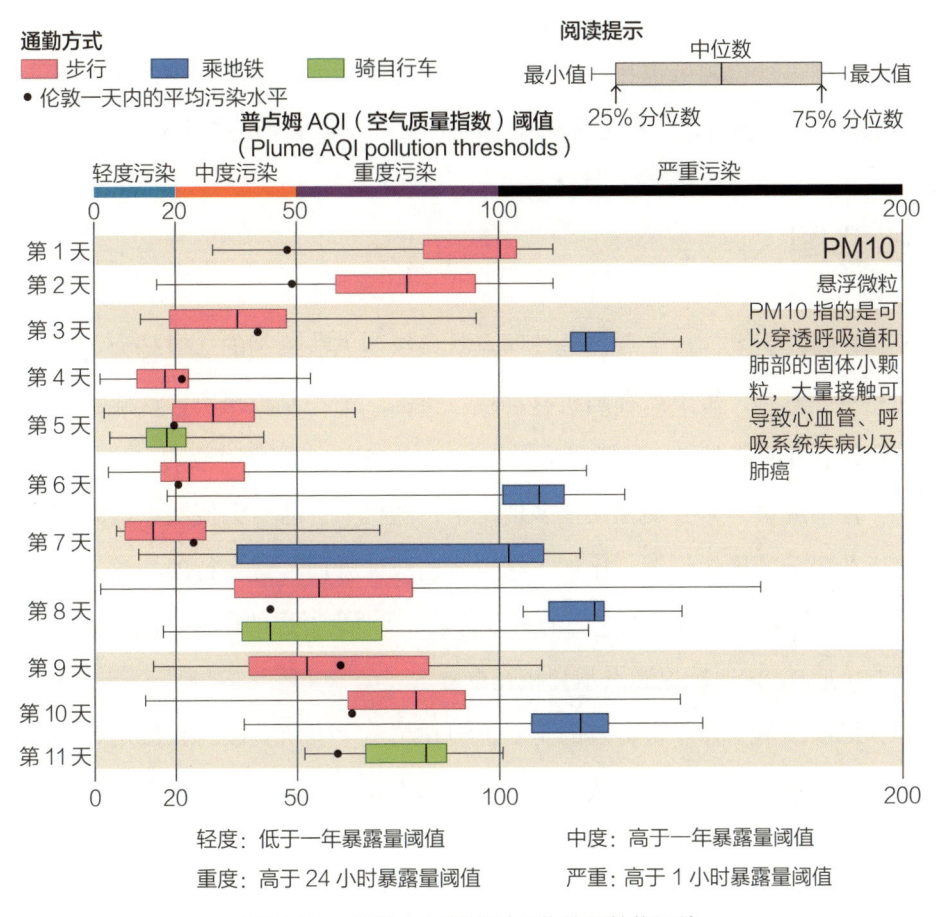

通勤方式：步行　乘地铁　骑自行车
● 伦敦一天内的平均污染水平

阅读提示：最小值 ├─ 25% 分位数 ─ 中位数 ─ 75% 分位数 ─┤ 最大值

普卢姆 AQI（空气质量指数）阈值
（Plume AQI pollution thresholds）

轻度污染　中度污染　重度污染　严重污染

轻度：低于一年暴露量阈值　　中度：高于一年暴露量阈值
重度：高于 24 小时暴露量阈值　严重：高于 1 小时暴露量阈值

图 7-20　伦敦人在通勤时面临的颗粒物污染

注：普卢姆实验室空气质量指数阈值是根据世界卫生组织的指导方针制定的。
制图：史蒂夫·伯纳德
资料来源：普卢姆实验室，环境、食品及农村事务部（Defra），《金融时报》相关调查，《我们呼吸的空气是否干净》，何丽（Leslie Hook），尼尔·芒什（Neil Mun-shi），《金融时报》，2019 年 9 月 5 日。

史蒂夫巧妙地使用每行箱线来表示不同日期的数据，这样我们既能了解数据的分布，也能观察到它的变化趋势。他还用不同的颜色来代表通勤方式，因此我们不需要把研究中收集到的数千个数据点一一绘制出来，就能从图中发现一个非常清晰信息：如果你想最大程度躲避空气污染，最好不要乘坐地铁。

数据可视化领域也在不断推陈出新，寻找新的方法来解决传统图表的局限性。最近流行起一种名为蜂群图的工具，用以可视化数据分布。

蜂群图

在蜂群图上，每个点都是按照点状条纹图方法绘制的。但是为了避免圆点重叠遮挡，每个点都随机移动或"抖动"了一小段距离，这样我们就能看到所有的数据和分布特征（图 7-21）。这是一个非常有效的方法。

仔细观察，你会发现在很多情况下，随机"抖动"会使圆点偏离其透明指数得分的确切位置。比如，在"可追踪性方面"这一行的左端，有一簇密集的圆点群，事实上它们的得分都是 0。图表背后的位移算法使它们尽可能接近 0，同时确保圆点不会相互重叠。

蜂群图是一种非常有效的工具，但在精度上有所欠缺。我便用蜂群图来突出显示各个点位置分散的特性，但如果我希望读者能通过观察数轴上的具体值，来了解单个点的得分，我就不会使用蜂群图。

与散点图一样，我们也可以在蜂群图中设置点的颜色和大小，从而添加类别和幅度信息。下面这张蜂群图显示了女性在金融企业初级、中级和高级职位上的分布，同时也显示了企业的大致员工数量和企业类别（图 7-22）。

洛伦兹曲线

本章开头部分提到的收入不平等问题，经常涉及对收入的分布情况进

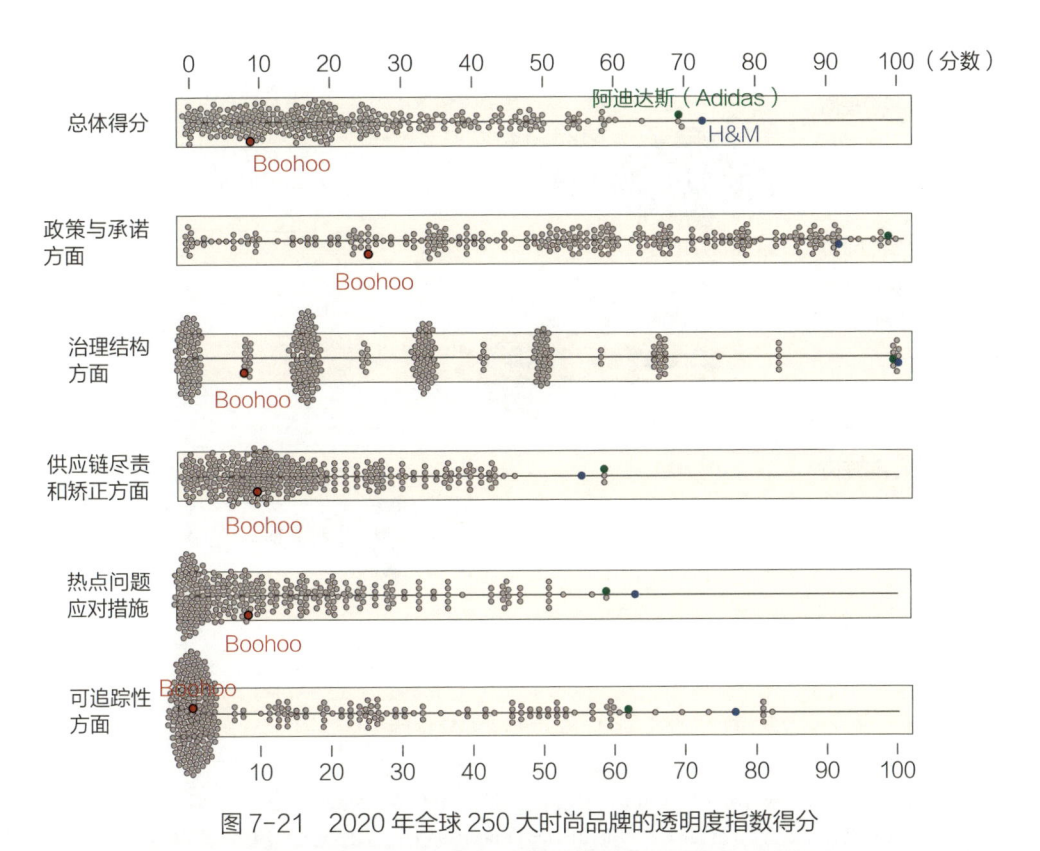

图 7-21 2020年全球250大时尚品牌的透明度指数得分

资料来源：时尚透明度指数报告，节选自《Boohoo[1]是如何在莱斯特的非法纺织品交易中占据主导地位的》，罗伯特·赖特（莱斯特），帕特里夏·尼尔森（伦敦），2020年7月11日。

行可视化分析。事实上，有一种图表就是专门为此目的而设计的。

1905年，美国经济学家马克斯·奥托·洛伦兹（Max Otto Lorenz）在读大学时，绘制了一个看似简单的图表，用来刻画人口的累积百分比与相应人口收入累积百分比的关系（图 7-23）。

如今，按照惯例，人口累积百分比由横轴表示，收入累积百分比由纵

---

[1] Boohoo 成立于2006年，总部位于英国曼彻斯特，是一家主要针对青年消费者的快时尚在线零售商。——编者注

图表的力量
信息高效传达之术

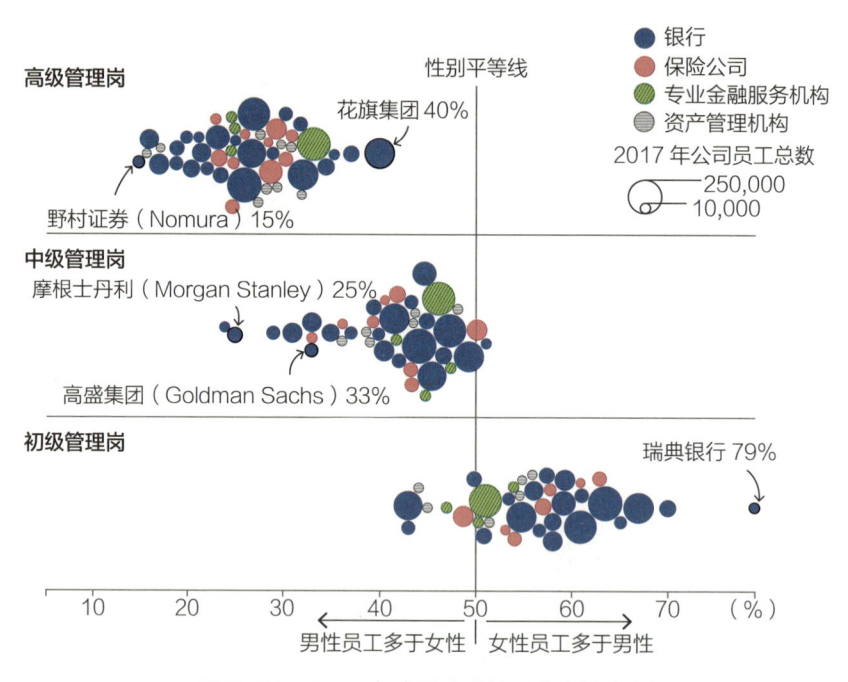

图 7-22　2017 年金融企业管理岗女性比例

高级管理岗
花旗集团 40%
野村证券（Nomura）15%

中级管理岗
摩根士丹利（Morgan Stanley）25%
高盛集团（Goldman Sachs）33%

初级管理岗
瑞典银行 79%

性别平等线

● 银行
● 保险公司
● 专业金融服务机构
● 资产管理机构

2017 年公司员工总数
250,000
10,000

男性员工多于女性　｜　女性员工多于男性

注 1：某些机构的数据仅针对本国。
注 2：包含《金融时报》的估计值；花旗的"高级"职位涵盖中层管理岗。
制图：莉兹·方斯，海伦娜·罗伯逊（Helena Robertson）。
资料来源：相关机构，《金融时报》相关调查，节选自《高管们对改善性别均衡化持乐观态度》，劳拉·努南，奥利弗·拉尔夫（Oliver Ralph），詹妮弗·汤普森（Jennifer Thompson），2018 年 9 月 10 日。

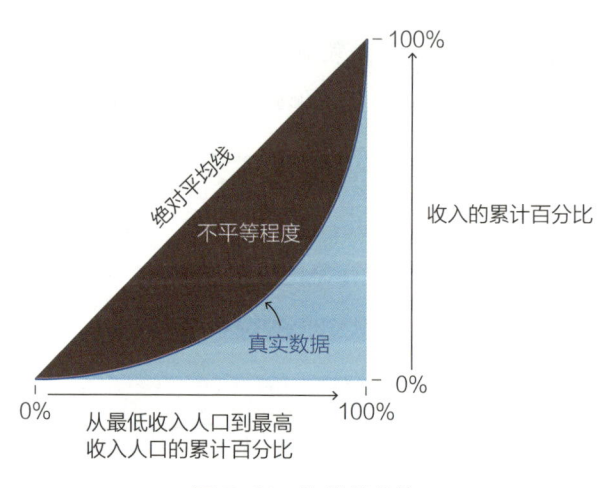

图 7-23　洛伦兹曲线

绝对平均线
不平等程度
真实数据
收入的累计百分比
从最低收入人口到最高收入人口的累计百分比

130

轴表示。洛伦兹最初的布局与此相反。

在绘制洛伦兹曲线时，我们首先要画一条从左下角到右上角的直线。这条直线会为我们提供重要的参考。它代表绝对平均的分配方式（即收入在全部人口中平均分配）。接下来我们就可以绘制测量数据，并对曲线进行解释。洛伦兹指出：

"不平均的收入分配曲线和绝对平均的收入分配曲线都经过相同的起点和终点，分别是坐标为（0,0）和（100，100）的点，但前一类曲线会在中间弯曲。解读它的规则是，曲线越弯曲，财富越集中。"

换句话说，弯曲的曲线（代表真实数据）与对角斜线偏离得越远，不平等程度就越大。在了解了洛伦兹曲线的"弯弓"形状后，我们趁热打铁，重新回到我们在上一章遇到的美国医疗保健悖论——"为什么美国人在医疗保健上花了这么多钱，预期寿命却没有得到明显改善？"

主要原因在于美国的医疗支出分布非常不均匀。事实上，美国在医疗支出方面的不平等程度令人震惊。支出最多的前5%人群贡献了全国一半的医疗支出。

这是最适合使用洛伦兹曲线的案例，当然，这张"弯弓"曲线不太光滑，看上去像快要断了一样（图7-24）。

如此偏斜的分布图在提醒我们，我们不能盲目依赖简单的国家层面平均值。

图表的力量
信息高效传达之术

医疗保健总支出的累计百分比（%）

100 —
75 — 这条线代表绝对平均的支出分布
50 —
25 — 支出最低的一半人口只贡献了 2.8% 的支出
0 —
　0　　支出逐渐增多 ⟶　　50　　　　　90

从支出最低到支出最高的人口累积百分比　　　支出最高的 5% 人群

支出最多的前 5% 人群贡献了美国一半的医疗支出

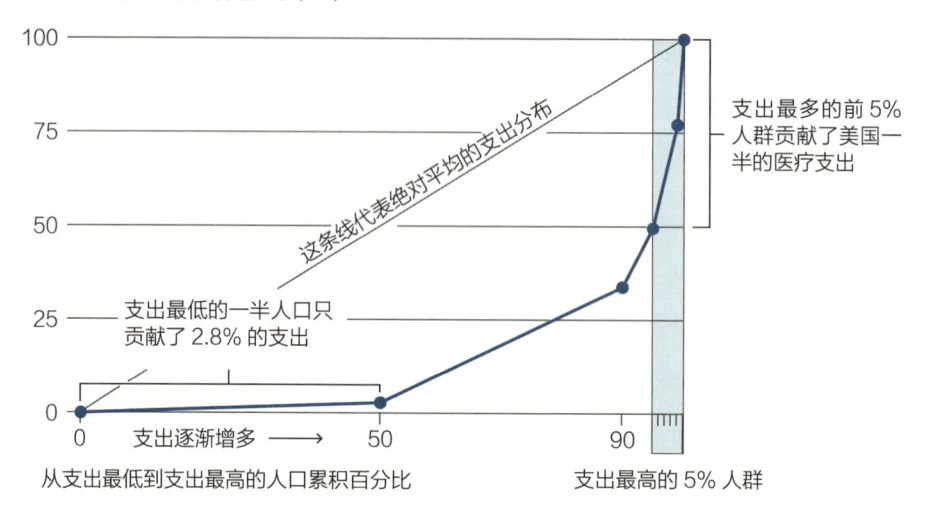

图 7-24　美国的医疗保健支出分布

资料来源：《医疗支出调查小组报告》（2016 年 11 月），《五张图带你了解美国预期寿命的巨大差异》。

第一部分
了解图表

8 流向图

流向图用以展示两个或两个以上的状态、环境之间的流动量或流动强度。这里的状态、环境可以是某种逻辑关系或地理位置。

许多人认为这个世界只需要三类图表就够了，而它们就是我们用了几百年的折线图、柱形图和饼图。其他的图表太过复杂。毕竟我们要在看第一眼后的五秒内立刻理解图表信息。

有时候，我们需要尽量缩短看一眼图表和作出判断之间的时间。汽车仪表盘上的显示信息就是一个很好的例子。我想每个司机都会把理解数据的时间放在第一位。

简单图表的另一个优点是，不需要有人解释怎么读懂它。当然，这并不意味着它们比其他类型的表格更加"直观"，但绝大多数人可能在早期教育阶段，甚至小学，就已经具备了阅读这类图表的能力。

不过，简单图表的最大优势——简单，也是它们最大的局限。当我们研究涉及流向的数据时，这种劣势尤为明显。

流动是人类天生渴望互动的自然结果。人口会流动（移民），货物会流动（贸易），货币也会流动（金融），甚至连公司所有权都会流转。而它们

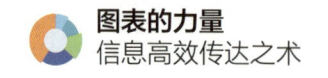

都受制于本质上十分复杂的交易、联系或运动。

以表 8-1 为例，表面上看，这张表格似乎并不复杂。里面总共只有 64 个数字，但要把这些数据做成一个能揭示出某些规律的图表，那就不太容易了。

表 8-1　2017 年全球并购活动

单位：十亿美元

售出地（起点）↓ / 收购地（终点）→	中国	北美	拉美	欧洲	亚洲	日本	其他	总量
中国	431.1	3.6	1.2	0.9	28.6	5.8	0.1	471.4
北美	15.4	1,297.7	11.3	122.3	23.5	31.4	6.4	1,508.2
拉美	7.8	19.8	48.0	24.9	6.6	0.1	0.2	107.4
欧洲	41.4	167.6	7.2	576.7	38.7	6.8	9.4	847.9
亚洲	69.7	33.8	6.6	53.8	252.5	12.2	5.5	434.2
日本	2.0	23.9	0.0	1.3	2.8	40.0	0.0	70.0
其他	4.1	26.0	1.9	11.1	1.4	2.0	18.0	64.6
总量	571.6	1,572.5	76.3	791.1	354.1	98.3	39.8	3,503.7

资料来源：路孚特（Refinitiv）。

这个表显示了 2017 年全球（共分为 7 个地区）所有公司并购的交易额。你会发现，每个地区都出现了两次，一次是列表头上，另一次出现在行表头上。这是因为这种类型的数据集（即起点—终点矩阵，或 OD 矩阵）能够显示双向流动，即售出地（起点）和收购地（终点）间的流动。

在思考使用什么图表前，我们应该首先了解表格本身。这张表格结构清晰，收购地按列排列，售出地按行排列。这能方便读者快速准确地查找任何数值（包括总量）。这就是表格的优点。

而表格的缺点是，我们无法利用它识别数据中的规律。我们很难通过它理解数字间的关系。因为要想比较数字间的关系，我们需要在短时间里记住大量信息，这会产生心理学家所说的"认知负荷"。

现在，我们思考如何对这个表格进行可视化。首先，我们看看我们能用传统的图表做些什么。

第一部分 了解图表

在 3 种典型的"简单图表"中间，或许我们应该选择饼图。因为毕竟，它的作用在于展现整体与部分关系。我们可以看到，全球并购活动细分成了很多个组成部分。

但我们很快就遇到了一个问题：一张饼图非常适合处理一行或者一列数据。比如说，我们可以用饼图呈现以中国为收购地的各类并购活动，但仅此而已单个饼图不适合展示流向数据（图 8-1）。

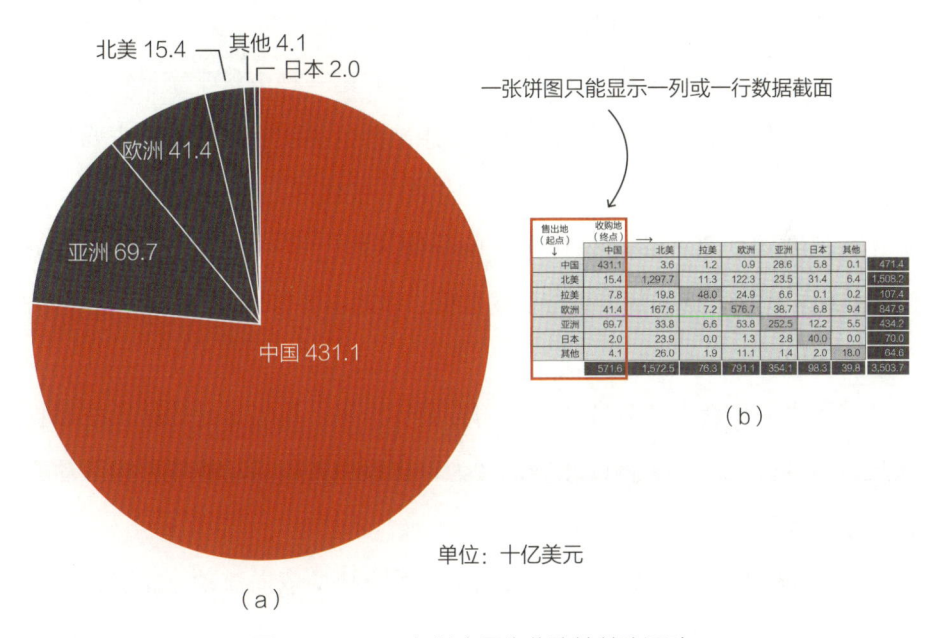

图 8-1 2017 年以中国为收购地并购活动

资料来源：路孚特。

当然，我们也可以生成 7 个独立的饼图（每个地区一个），但即便如此，我们也只能看到流入收购地的并购活动。我们还需要 7 张饼图再显示流出售出国的并购活动，再加上两张图表显示汇总数据（一张显示流出活动，一张显示流入活动）。通过比较 16 张不同的饼图来理解数据中隐藏的模式，比用表格比较要难得多。因此，我们应该舍弃这种不理智的做法，因为阅读一连串的饼图跟阅读表格一样，都会给我们带来记忆负担。

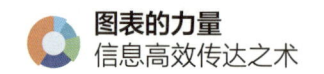

我们尝试使用一种专门用于处理这类数据的图表——弦图。

弦图

这类图表最初归类为 Circos 工具，这是由温哥华迈克尔·史密斯基因组科学中心（Michael Smith Genome Sciences Centre）的科学家开发的一个支持比较基因组学可视化的倡议。

光是从这句文字说明上，我们就能知道它是一种由科学家设计的、用以显示复杂数据的复杂可视化工具。要想熟悉这类图表，我们首先要学会如何读懂它。让我们按照一系列步骤制作出一张弦图。

构建弦图的第一步是先构造它的外圈区段，这一步类似于绘制饼图（图 8-2）。我们根据本例表格提供的数据，呈现出各售出地的数据。到目前为止，一切还算简单。

接下来一步就有些复杂了。我们将圆环中每个代表地区的区段按照收购地进行细分。图 8-3 将以北美地区为售出地的并购活动按照并购活动的流向地进行分类。

在这个阶段，我们需要考虑数据中至关重要的双向流动：北美公司收购欧洲公司，以及欧洲公司收购北美公司。如果我们画一条"弦"将这两个数据点连接起来，我们就可以对北美和欧洲之间的收购关系进行可视化了（图 8-4）。在这里，弦两端的粗细代表该地区对外售出活动的规模。

注意，最主要的并购活动是地区内的并购活动，如北美地区的公司收购其他同属该地区的公司。这样的并购活动，我们可以用一条与自身相连的弦表示。

绘制完所有售出地区段和收购地区段之间的"弦"，意味着售出地和收购地之间的 64 个数据全部呈现在了一张图表上（图 8-5）。但我们还需要提

第一部分
了解图表

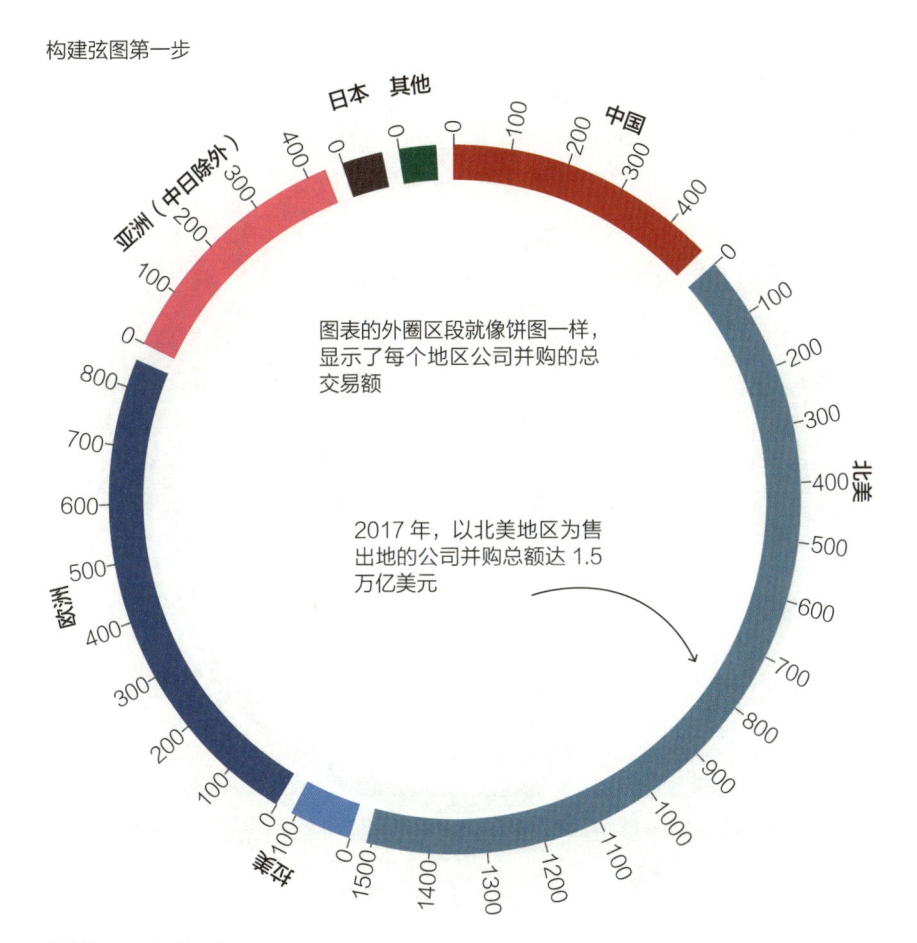

构建弦图第一步

图表的外圈区段就像饼图一样，显示了每个地区公司并购的总交易额

2017年，以北美地区为售出地的公司并购总额达1.5万亿美元

（单位：10亿美元）

图 8-2　2017 年全球并购活动（第一步）

数据来源：路孚特，节选自《2017 年全球并购活动热度不减》，阿拉什·马苏迪（Arash Massoudi），《金融时报》，2016 年 12 月 30 日。

高图表的清晰性，从而揭示数据中的模式。

我们可以给不同的弦设置不同的颜色，以代表不同的特征。在这个例子中，合理的做法是使用颜色区分并购活动中占主导地位的地区。

比如，以首先绘制出的北美和欧洲间的弦为例，它的颜色与代表北美的外圈区段都是浅蓝色。这是因为北美公司收购欧洲公司的交易总额大于

图表的力量
信息高效传达之术

对外圈区段进行细分

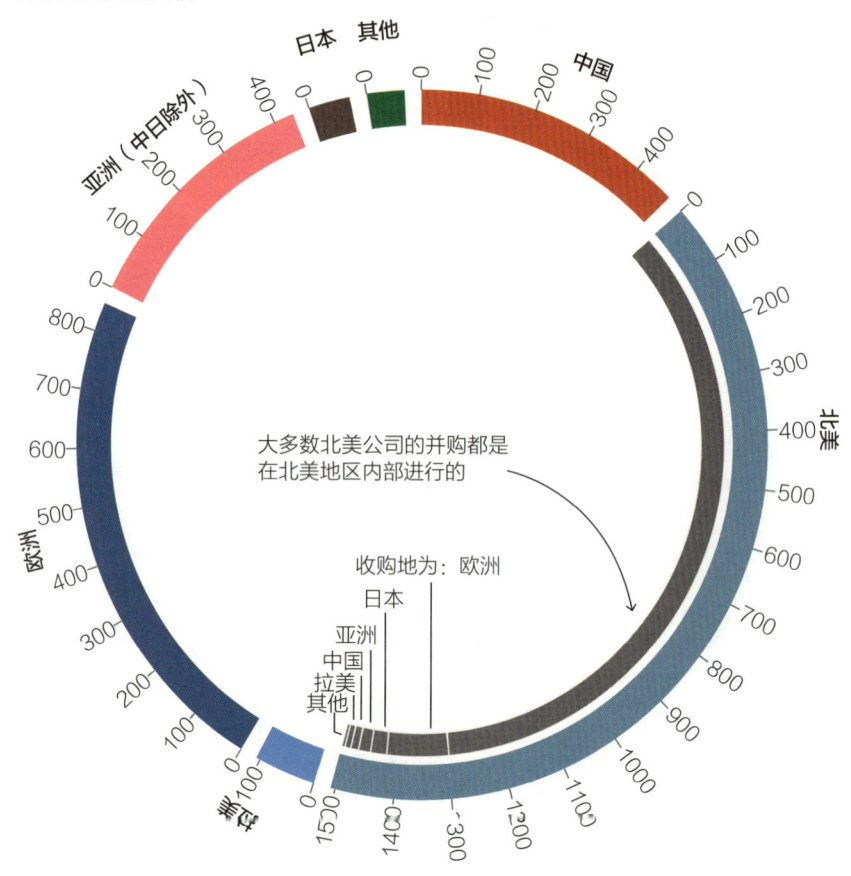

（单位：10亿美元）

图 8-3　2017年全球并购活动（第二步）

数据来源：路孚特，节选自《2017年全球并购活动热度不减》，阿拉什·马苏迪（Arash Massoudi），《金融时报》，2016年12月30日。

反向收购交易总额。

掌握了弦图的工作原理后，我们就能观察到一些模式。我们可以看到：

①就对外并购活动的交易额而言，北美地区位居第一，而且大部分并购活动都是在北美内部进行的。

②欧洲在与亚洲间的并购活动中占据主导地位。

138

第一部分 了解图表

绘制"弦"

我们可以用"弦"将各个区段连接起来,弦两端宽度代表售出交易的价值

北美公司收购欧洲公司的交易额

北美地区内部的公司并购

欧洲公司收购北美公司的交易额

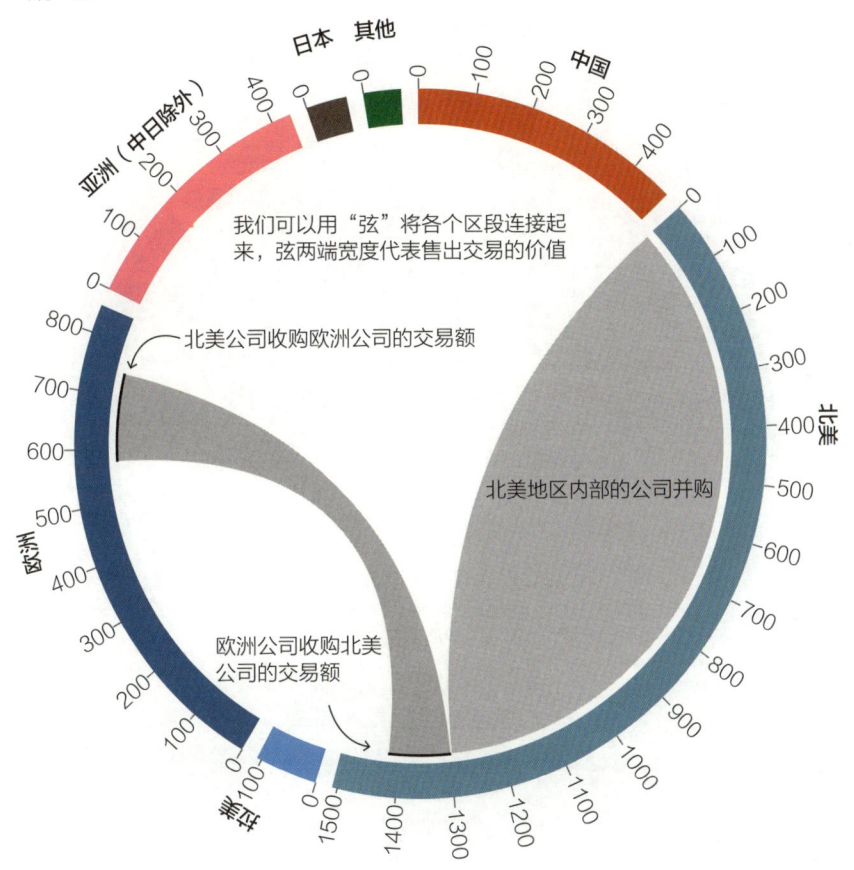

(单位:10亿美元)

图 8-4 2017 年全球并购活动(第三步)

数据来源:路孚特,节选自《2017 年全球并购活动热度不减》,阿拉什·马苏迪(Arash Massoudi),《金融时报》,2016 年 12 月 30 日。

③日本在与所有地区间的并购活动中占主导地位,但总体规模相对较小。

在《金融时报》2017 年 12 月发布的全球并购年终回顾中,我们加上了这样的一张弦图,并附上了阅读说明(图 8-6)。这张图不仅出现在网页版中,还出现在了第二天的纸质版上。

我们有意通过这次尝试,向读者介绍一种新型图表,一种可以频繁使

图表的力量
信息高效传达之术

"连点成弦，以直代曲"

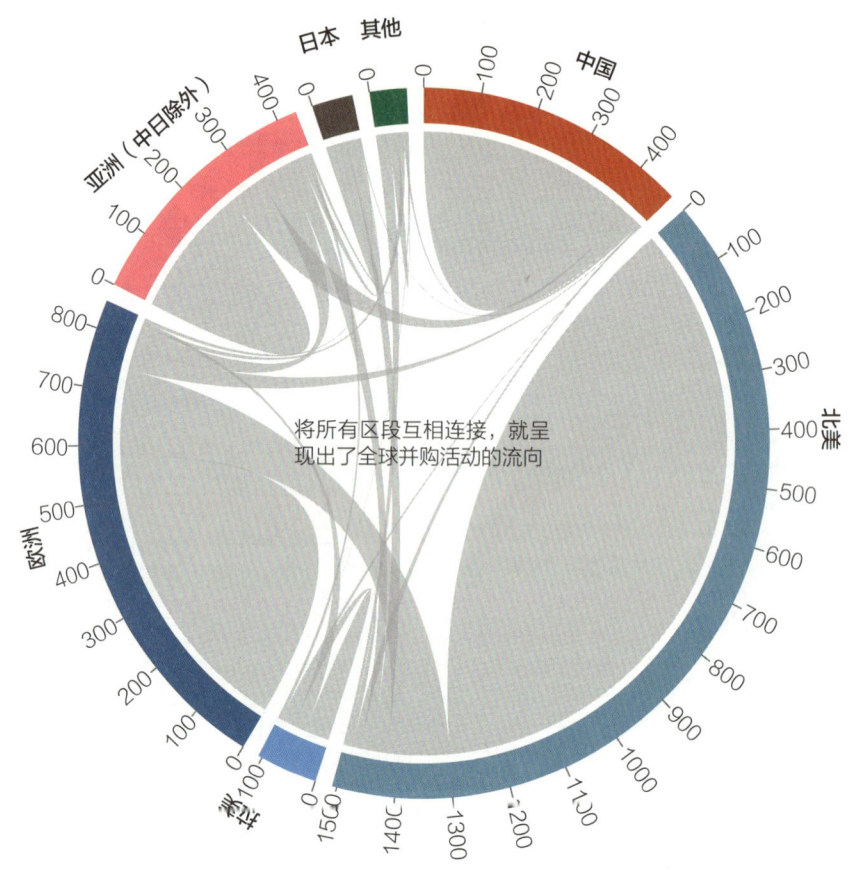

将所有区段互相连接，就呈现出了全球并购活动的流向

（单位：10 亿美元）

图 8-5　2017 年全球并购活动（第四步）

数据来源：路孚特，节选自《2017 年全球并购活动热度不减》，阿拉什·马苏迪（Arash Massoudi），《金融时报》，2016 年 12 月 30 日。

用的图表（《金融时报》通常每个季度都会发布全球并购活动概要）。

在网上发布图表和在纸质版中发布图表有很多不同。最明显的不同在于，前者可以通过评论区给出即时的在线反馈。因此，在制作完一组漂亮的印刷版图表后，我会马上登录《金融时报》的网站，了解一下读者的想法。

几分钟后，第一条读者评论就出现了。这个读者是这样评价的：

第一部分 了解图表

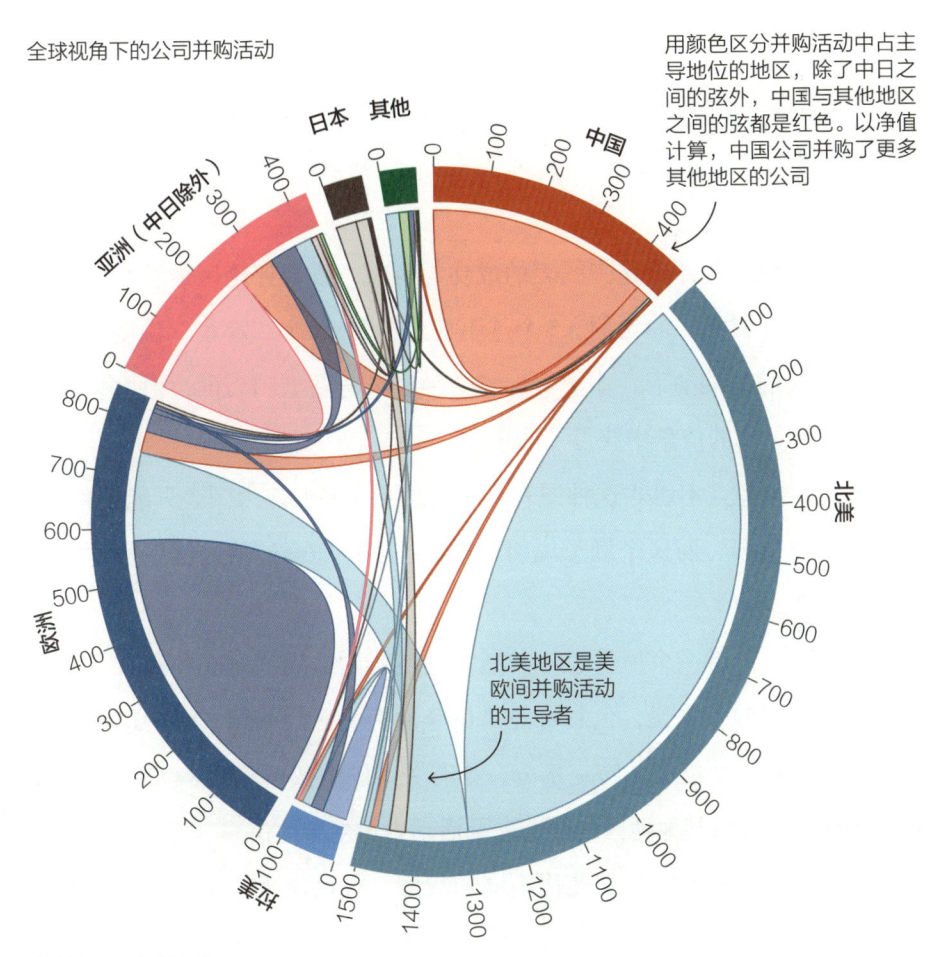

全球视角下的公司并购活动

用颜色区分并购活动中占主导地位的地区，除了中日之间的弦外，中国与其他地区之间的弦都是红色。以净值计算，中国公司并购了更多其他地区的公司

北美地区是美欧间并购活动的主导者

（单位：10亿美元）

图 8-6 2017 年全球并购活动（第五步）

数据来源：路孚特，节选自《2017 年全球并购活动热度不减》，阿拉什·马苏迪（Arash Massoudi），《金融时报》，2016 年 12 月 30 日。

"弦图在信息展示方面非常糟糕。"

很快就有其他 5 名读者点赞了这条评论。我承认，这个时候我有点失落。但在几分钟内，我又收到了不同的反馈：

"图表很棒，很好地呈现了复杂的定量数据。这张弦图是我心目中的年度最佳图表。"（24 个赞）

对我来说，在评价这张图表的成功与否时，读者评论区最重要的元素便是"赞"和"踩"的比例。5 个"不喜欢"和 24 个"喜欢"说明，尽管读者是在我们的推动下，才学习理解这种复杂的新型图表的，但大多数人还是从它传递出的信息中获得了回报。

不过，也有人不喜欢这种图表，毕竟总有一些人认为图表只能是饼图、折线图和条形图。而这个例子说明，这种态度可能会使他们错失掉重要的启示。

关于弦，最后一个值得思考的地方是色彩的运用。对有些读者，尤其是有视觉缺陷的人来说，色彩可能是最令他们头疼的问题。解决这个问题的方法是只聚焦数据集的特定部分，如有关中国的数据（图 8-7），可以看出中国在与大多数其他地区之间的并购活动中占主导地位。

限制颜色的种类，甚至使用不同的灰度，可以让我们充分对比中国的弦和其他弦（图 8-8）。在这类复杂图表的在线版本上，我们可以引入交互性元素，允许读者不断探索和研究数据，而不是仅提供单一的视图。

对于 21 世纪的法国政治，一位 19 世纪的军事工程师能给我们什么启示？

除了疫情数据外，最公开的可视化数据莫过于选举方面的数据了。选举准备阶段，人们要进行没完没了的民意调查，当晚就要公布调查结果，然后进行回顾性分析。所有这一切都离不开图表的支撑。

第一部分 了解图表

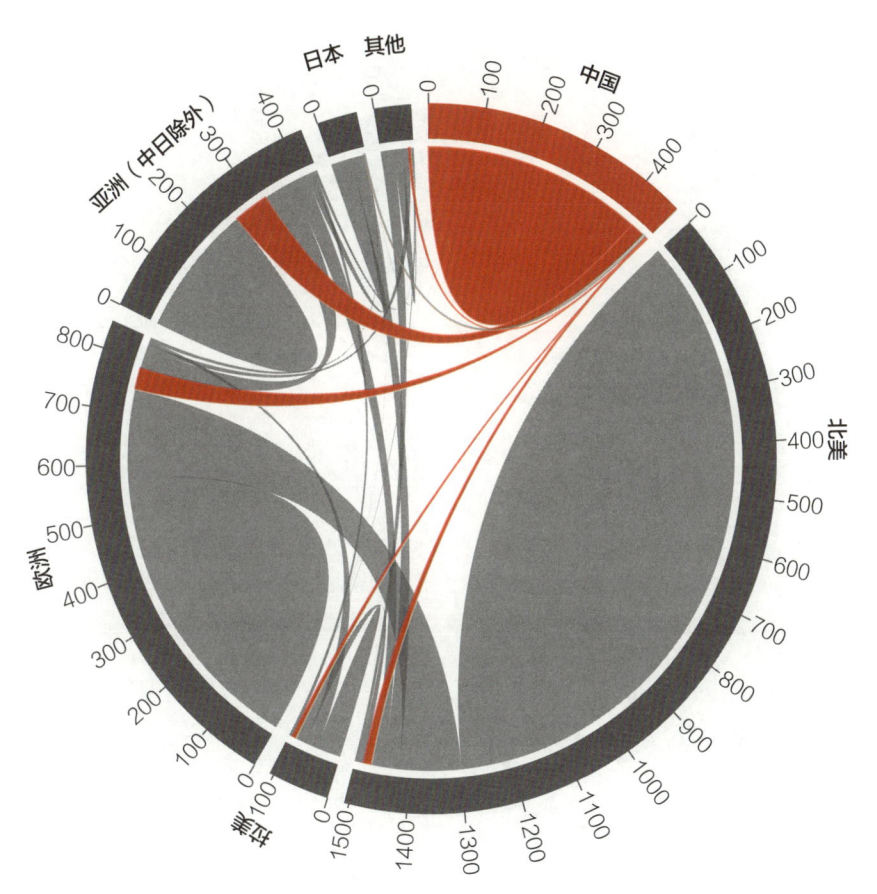

（单位：10亿美元）

图 8-7　2017 年全球并购活动（中国数据）

数据来源：路孚特，节选自《2017 年全球并购活动热度不减》，阿拉什·马苏迪（Arash Massoudi），《金融时报》，2016 年 12 月 30 日。

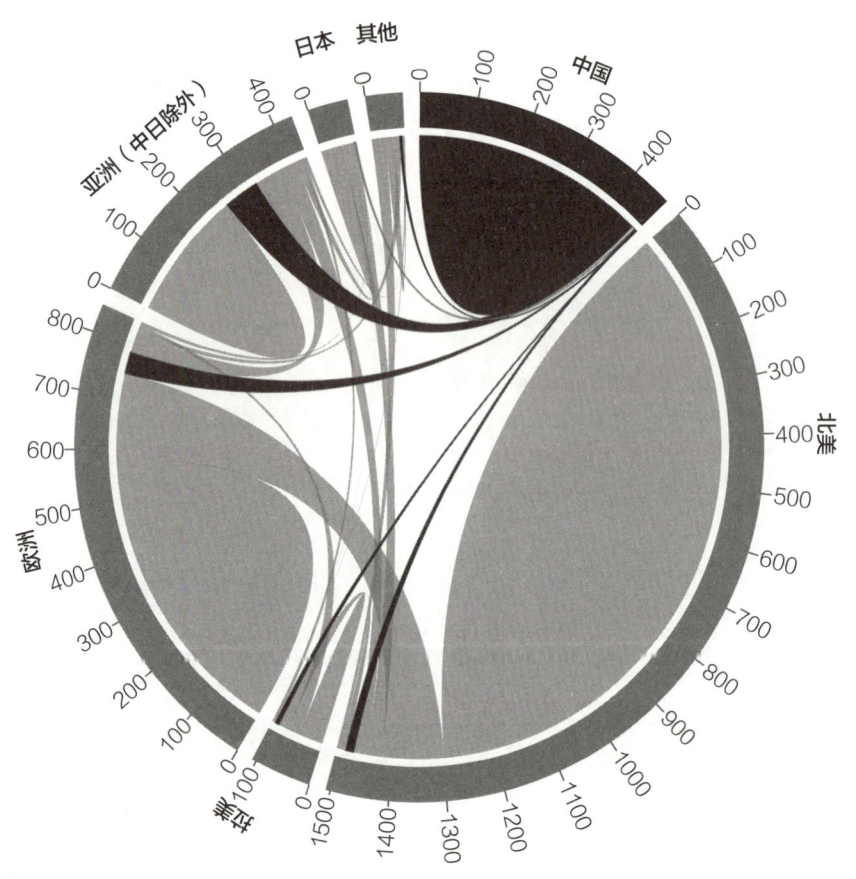

（单位：10 亿美元）

图 8-8　2017 年全球并购活动（中国数据，使用不同灰度）

数据来源：路孚特，节选自《2017 年全球并购活动热度不减》，阿拉什·马苏迪（Arash Massoudi），《金融时报》，2016 年 12 月 30 日。

第一部分
了解图表

不过，在大多数情况下，为了保持图表的"简约性"，人们往往使用极其简单的图表来呈现选举数据。让我们看看下面这张反映 2017 年法国大选后的票站调查图吧（图 8-9）。

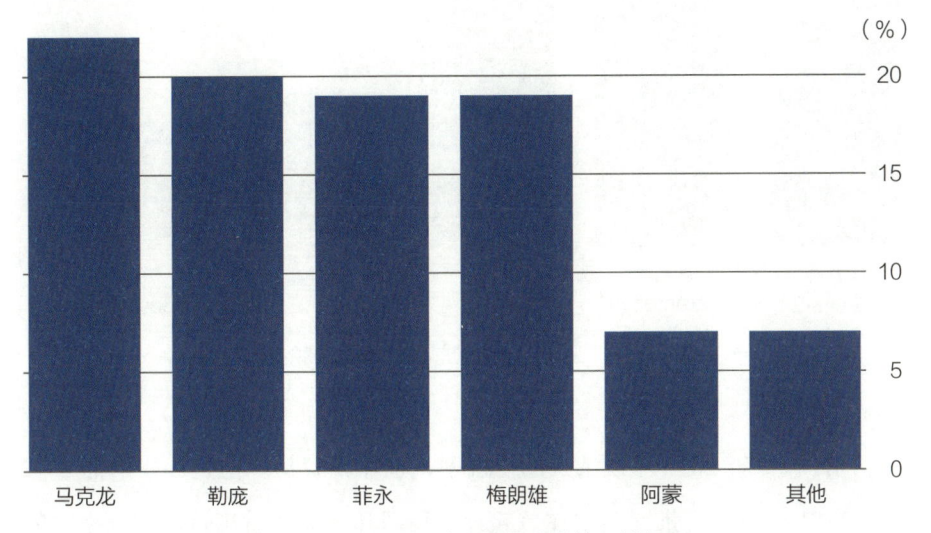

图 8-9　2017 年法国总统选举第一轮投票

资料来源：OpinionWay（奥论之路，法国的民调机构）。

这张图简洁而又清楚，我们很容易从中看出每位候选人的得票率和排名：埃马纽埃尔·马克龙（Emmanuel Macron）得票率是伯努瓦·阿蒙（Benoît Hamon）的三倍；玛丽娜·勒庞（Marine Le Pen）排名第二，让–吕克·梅朗雄（Jean-Luc Mélenchon）和弗朗索瓦·菲永（François Fillon）并列第三。这是一个很简单的图表，但它的作用似乎有限。

选举之所以如此有趣，原因之一是它反映了政治命运的起起落落。图 8-10 是 2012 年法国大选后的票站调查结果。

图表的力量
信息高效传达之术

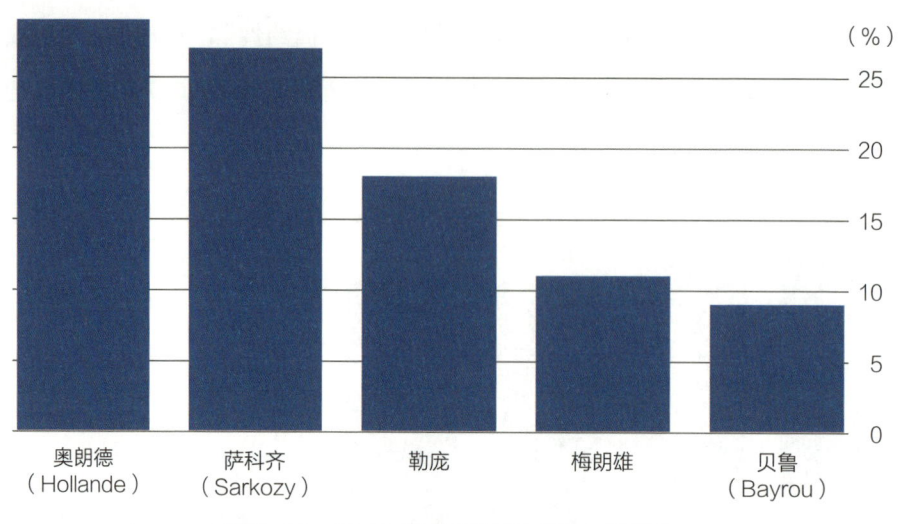

图 8-10　2012 年法国总统选举第一轮投票

资料来源：OpinionWay。

同样，比较 2012 年候选人的得票率，也非常容易。但是，如果把 2012 年和 2017 年的这两张图表放在一起看，我们几乎无法看出这两次选举之间的政治故事。它们都是在单个时间点下的"快拍照"，比较和解释起来非常困难。而且，就连候选人名单都大不相同，我们怎么可能从这两张图上看出什么有意义的东西呢？

桑基图

接下来，我们学习一种新的流向图——桑基图，它是以 19 世纪陆军工程师马修·亨利·菲尼亚斯·里尔·桑基（Matthew Henry Phineas Riall Sankey）上尉的姓名命名的（图 8-11）。为了简洁起见，我们只用了他的姓。

第一部分
了解图表

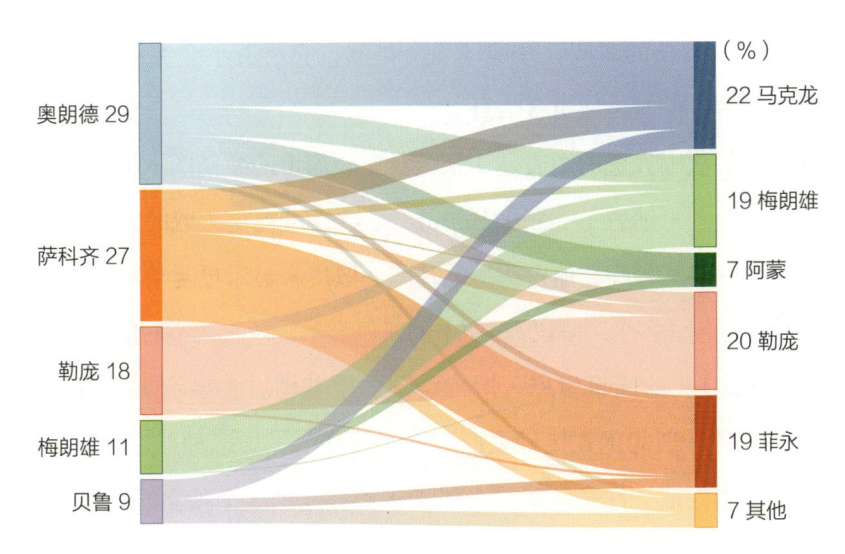

图 8-11　法国总统选举第一轮投票情况

资料来源：2017 年 OpinionWay 根据对 9010 名选民进行的票站调查，节选自《用图表分析埃马纽埃尔·马克龙是如何战胜了玛丽娜·勒庞》，伊尔·诺尔索（Eir Nolsoe）和艾拉·霍洛伍德（Ella Hollowood）。

这张图显示的数据与前面的柱状图相同，但又包含了有关票站调查的额外信息。就像前面的企业并购图一样，我们用这些额外信息生成了一个数据矩阵。它能帮助我们了解 2012—2017 年的选票流向。

这样，我们不仅从这张图上获取了前面两张柱形图所呈现的所有信息（左右两侧分别是 2012 年和 2017 年的总统候选人得票率）。更重要的是，它还按照选票分流的比例，设置了每条流向带的宽度。因此，我们就能清楚 2017 年候选人的选票来自何处，从而获得一些非常有价值的信息。

以马克龙为例，我们可以发现他获得的很多选票，来自之前支持奥朗德的选民，只有一小部分以前支持萨科齐和贝鲁的选民，转投到他的阵营。反观勒庞，她的选票几乎全部来自 5 年前投票支持她的选民，这表明她有一群忠诚的支持者。

这是一张非常美观，也非常精彩的图表，但就像前面的弦图一样，它需要读者花费较长的时间，才能读懂。虽然，它可能不会像前面的柱形图那样易于理解，但能传递更多信息。

这张有关法国大选的图表是一张相对比较简单的桑基图。与威廉·普莱费尔、查尔斯·米纳德（Charles Minard）等数据可视化领域的先驱一样，桑基上尉也是一名工程师。他发明的桑基图一般用来显示更复杂系统的流量数据，而且往往包含多个"阶段"。而本例仅仅显示了两次选举的信息。

图 8-12 是我的同事伊恩·博特绘制的桑基图。它显示了英国 2021 年新冠疫苗接种计划的优先接种人群。中间的 9 个优先接种群体是由前面 13 个单独的类别组成。注意，第二个优先接种群是由 3 个独立的类别组成的。然后，这 9 个优先接种群体又与其他群体共同组成了右侧的英国成年人口总体。这样的信息很难用简单的饼图加以呈现。

在另一个例子中，克里斯汀·张展示了纽约市长竞选中的 12 轮投票结果。值得一提的是，这次市长竞选采用了新的排序选择投票方法。克里斯汀原本可以根据 RCVis.com 上的一张图表，将每一轮投票结果用柱形图清晰地显示出来。但她选择了桑基图，最终将连续几轮投票所展现的综合信息，以一种更优雅的方式呈现出来（图 8-13）。有关纽约市市长初选的最新调查表明，经过 12 轮排序选择投票，埃里克·亚当斯（Eric Adams）将最终胜出。

在本章的最后，为了说明可视化流向数据和交互关系数据的困难和解决办法，我们再举一个由克里斯汀制作的、交互关系数据可视化方面的典型案例。

网络图

2020 年，美国明尼阿波利斯的一名警察杀害了乔治·弗洛伊德（George Floyd）。此后，相关部门加强了对警察不端行为的审查。有一个名叫德里克·肖文（Derek Chauvin）的涉事警察，在其 19 年从警经历中，共收到了

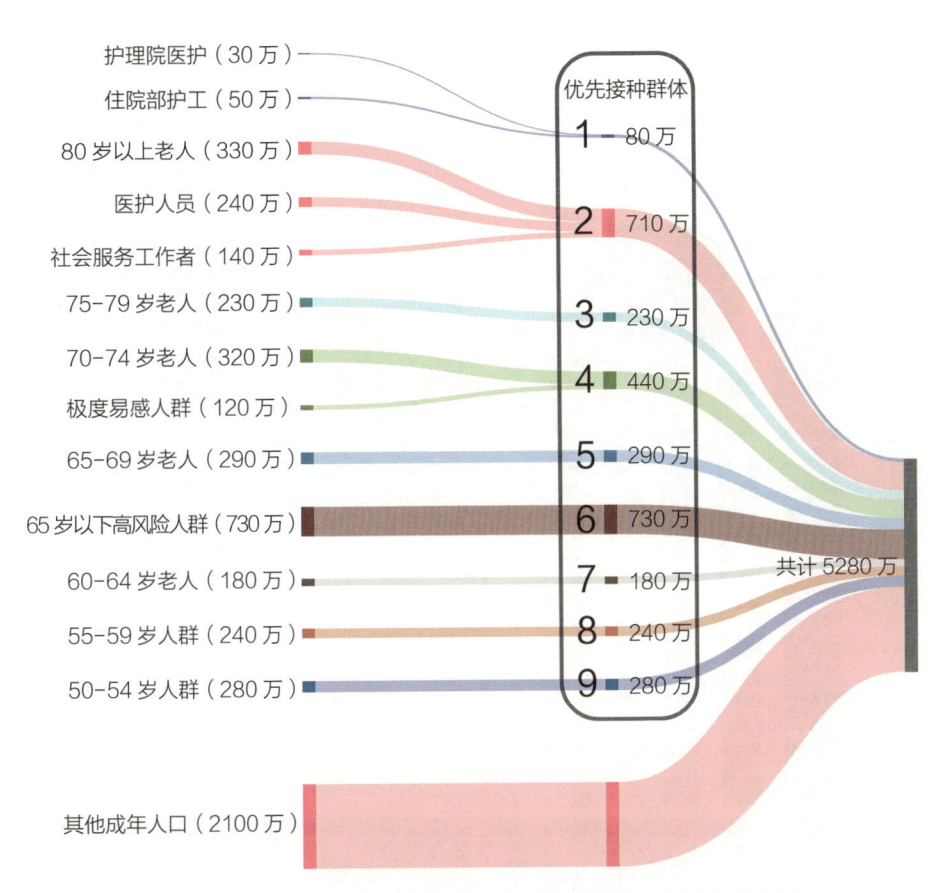

图 8-12 英国 2021 年新冠疫苗接种计划的优先接种人群分析

制图：伊恩·博特。

资料来源：英国卫生和社会保健部（Department of Health and Social Care），节选自《用图片带你了解英国的疫苗供应链》，伊恩·博特，克莱夫·库克森，《金融时报》，2021 年 1 月 30 日。

17 起针对他的投诉，但却只因为一起投诉受到了纪律处分。警察收到这样一连串投诉的情况是否普遍？肖文的行为能否代表他的同侪？

西北大学社会学家安德鲁·帕帕克里斯托斯（Andrew Papachristos）与同事的分析表明，投诉次数多的警官可能会把同事拉进"坏警察群"——几起投诉中同时涉及的警官群体。

网络图图 8-14 是根据他们的研究制作的，显示了因行为失当同时遭

图表的力量
信息高效传达之术

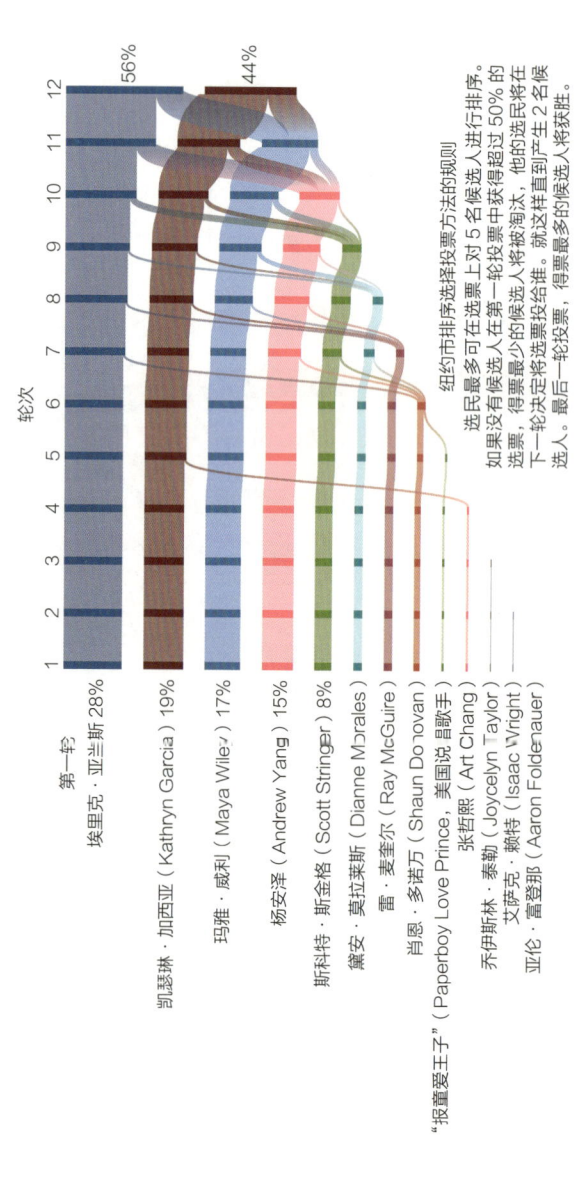

图 8-13 纽约市市长竞选中的 12 轮投票结果

制图：克里斯汀·张。

数据来源：RCVis.com（不包括未作出投票选择的选民），"公平投票组织"（FairVote）根据 WNBC/Telemundo 47/POLITICO/Marist 机构联合民调数据（共调查了 876 名民主党初选选民）计算出的结果，节选自《金融时报今日头条》，戈登·史密斯，詹妮弗·克里里，艾米丽·戈德堡，《金融时报》，2021 年 6 月 12 日。

纽约市排序选择投票方法的规则

选民最多可在选票上对 5 名候选人进行排序。如果没有候选人在第一轮选票中获得超过 50% 的选票，得票最少的候选人将被淘汰，他的选民将在下一轮决定将选票投给谁。就这样直到产生 2 名候选人。最后一轮投票，得票最多的候选人将获胜。

第一轮：
埃里克·亚当斯 28%
凯瑟琳·加西亚（Kathryn Garcia）19%
玛雅·威利（Maya Wiley）17%
杨安泽（Andrew Yang）15%
斯科特·斯金格（Scott Stringer）8%
黛安·莫拉莱斯（Dianne Morales）
雷·麦奎尔（Ray McGuire）
肖恩·多诺万（Shaun Donovan）
张哲熙（Art Chang）
"报童爱王子"（Paperboy Love Prince，美国说唱歌手）
乔伊斯林·泰勒（Joycelyn Taylor）
艾萨克·赖特（Isaac Wright）
亚伦·富登那（Aaron Foldenauer）

56%
44%

轮次 1 2 3 4 5 6 7 8 9 10 11 12

150

第一部分 了解图表

投诉的芝加哥第五警区警察之间联系,调查对象为芝加哥某警区至少因一起针对平民的不当行为遭同时投诉的警察。图中每条线代表警察间的联系。虽然很多警察都只与一名同事存在联系,但图表解释了一个令人震惊的模式:第五区警察之间存在几个联系密切的群体。

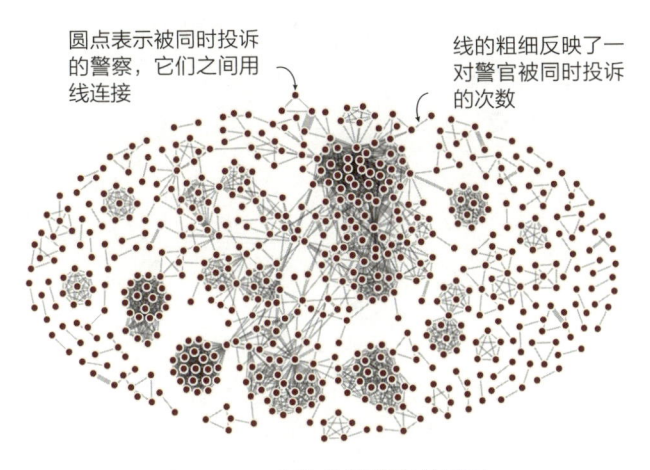

图 8-14 行为失当警察关系网

资料来源:"隐形研究所"(Invisible Institute),乔治·伍德(George Wood),达里亚·罗伊梅尔(Daria Roithmayr),安德鲁·帕帕克里斯托斯,节选自《大城市的投诉案件中,有三分之一是针对少数警察的》,克莱尔·布希(Claire Bushey),《金融时报》,2021 年 5 月 28 日。

这张图表的优势不在于它的定量分析,光是数一数图上的点就让人头疼不已。它的强大之处在于它显示出"人以群分"的模式确实存在。对数据可视化来说,重要的是显示模式,而不是数据。或者正如安德鲁·帕帕克里斯托斯所说,作恶是一种群体行为……认为坏人只是一粒"老鼠屎"的人,忘了这句俗语的完整版本:一粒老鼠屎,坏了一锅汤。

第一部分
了解图表

9 排序图

当某个对象的排名比其绝对数值或相对数值的大小更重要时，可以使用这类图表。它可以用来突出显示人们所关注的数据。

要想使人们从图表中获得深刻的见解，背景信息至关重要。因为它直观地回答了一个重要问题："我们在跟什么比较？"大小都是相对的，我们需要背景信息才能作出判断。

图表中常见的比较背景有时间（如"与去年相比"）、地域（如"与北部地区相比"）。而对于排名来说，背景信息是通过相对表现来体现出来的（如"与我们的竞争对手相比"）。

一般来说，对于强调排名的图表，展现数据的排名顺序，如第一、第二、第三……，与展现具体数字同样重要。正是图表术语库里提到的排序关系，才能让我们重点关注输家和赢家。

事实上，为了强调排名，一些图表并没有满足人们希望看到确切数值的需求。

凹凸图

凹凸图图 9-1 展示了英国曼城俱乐部在最富足球俱乐部榜单上不断飙升的过程。但我们并不能从中看到它到底创造了多少收入。事实上，它只是清晰地显示了这家俱乐部在收入榜上的排名是如何随时间变化的。

注意，它运用了前文"时演图"里传统折线图所用到的方法：将大多数线条放在图表背景上，而将我们感兴趣的时间序列（即曼城的数据）放在了前景。我们可以直观地看到曼城俱乐部在"金钱联赛"榜单上排名飙升。如果不采用这种提高图表清晰性的方法，所有的折线将会是一团乱麻。

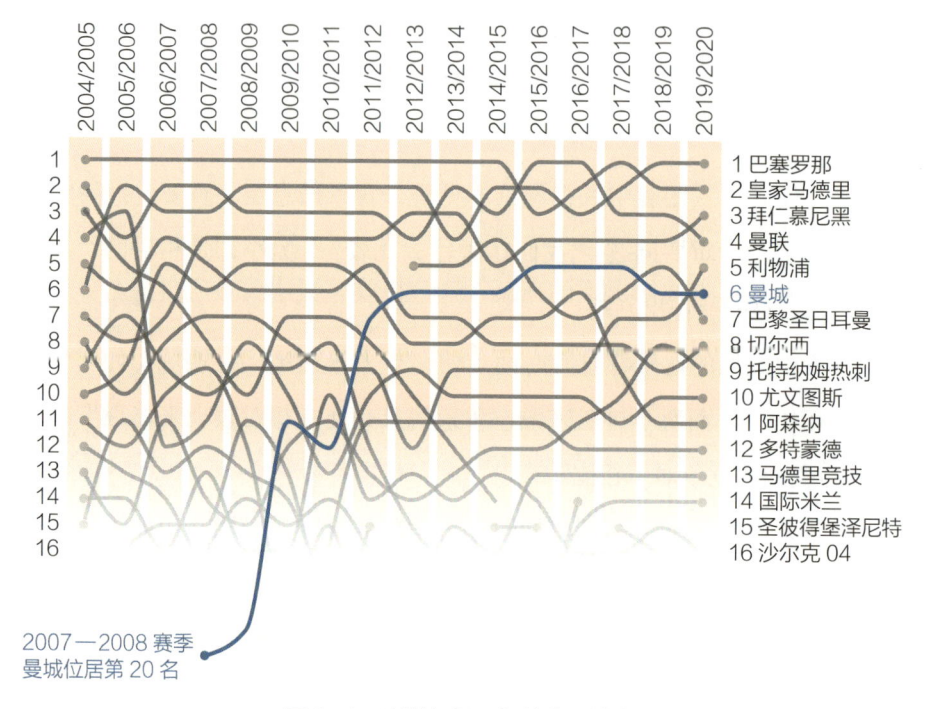

图 9-1　欧洲各俱乐部总收入排名

资料来源：德勤事务所，改编自《曼联在财务上的成功难以掩盖其球场上的糟糕表现》，穆拉德·艾哈迈德（Murad Ahmed），帕特里克·马图林（Patrick Mathurin），2019 年 1 月 25 日。

如果我们只想通过不断变化的榜单排名看到关键趋势，凹凸图就非常有用。图 9-2 就是这样一个例子，它展示了矿业公司必和必拓在富时 100 榜单中市值升至榜首的过程。就像最富足球俱乐部排行榜一样，它没有提供具体的市值数据。不过我们依然可以看到企业相对变化的简单趋势。有时候，这就是我们希望看到的东西。

但是，如果我们既要看到排名，又要看到具体的数值，那该怎么办呢？

点状条纹图

我们重新使用第一个凹凸图中用到的数据，制作了一张点状条纹图（图 9-3）。它有效而紧凑地展示了世界顶级俱乐部的收入。图上所有数据点都按照收入额的顺序排列在同一条线上，同时该图又清楚地显示了每个俱乐部的排名。

这张图展现了凹凸图所无法展现的模式。最显著的便是收入数据中的差距，以及数据点成簇出现的现象，这些模式是无法单独通过排名呈现出来的。尽管我们从凹凸图上可以看出曼城最近几年的进步，但点状条纹图表明，它离榜首位置还有一段不小的距离——至少 1.5 亿欧元。

不过，尽管点状条纹图结构紧凑，但却无法呈现排名随时间变化的趋势，而且很难清晰地显示单个俱乐部的信息，尤其是当各数据点聚在一起的时候。对于后面这个问题，我们可以按照俱乐部所属国家将点状条纹图分成若干行（图 9-4）。这种做法的另一个好处在于，现在我们既可以看到各俱乐部在其国内的排名，也能看到整体排名。比如，现在曼联的收入整体排名第四，但在英格兰排名第一；西甲两支豪门在收入榜上高居前列，英超联赛的财务实力显而易见。

图表的力量
信息高效传达之术

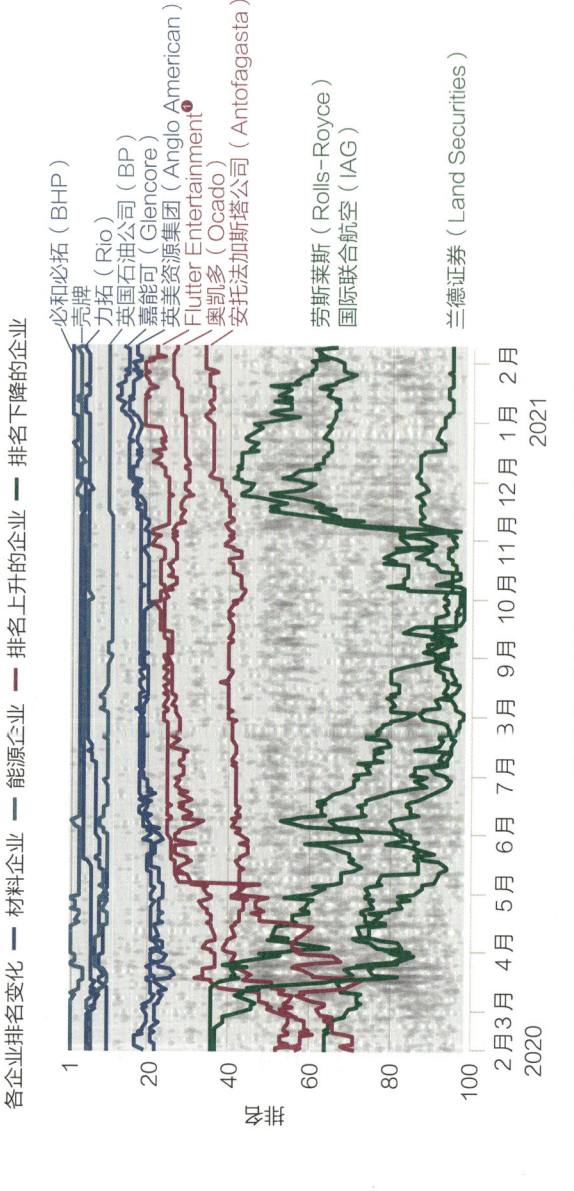

各企业排名变化 — 材料企业 — 能源企业 — 排名上升的企业 — 排名下降的企业

必和必拓（BHP）
壳牌
力拓（Rio）
英国石油公司（BP）
嘉能可（Glencore）
英美资源集团（Anglo American）
Flutter Entertainment[1]
奥凯多（Ocado）
安托法加斯塔公司（Antofagasta）

劳斯莱斯（Rolls-Royce）
国际联合航空（IAG）

兰德证券（Land Securities）

排名
1
20
40
60
80
100

2月 3月 4月 5月 6月 7月 8月 9月 10月 11月 12月 1月 2月
2020   2021

图二-2 2020—2021富时100排名

制图：鲍勃·哈斯莱特，帕特里克·马图林。
资料来源：彭博社。节选自《必和必拓是如何成为英国最大上市公司的》，尼尔·休姆，《金融时报》，2021年2月13日。——编者注

---

[1] Flutter Entertainment，是一家全球性的体育博彩、游戏和娱乐提供商。——编者注

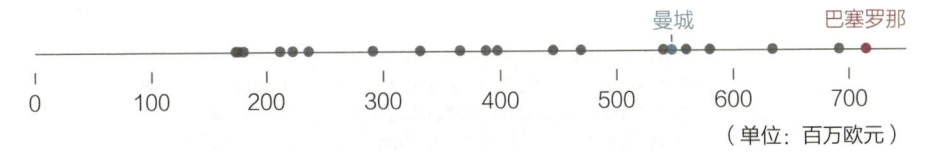

图 9-3　2019—2020 赛季收入排名前 20 的足球俱乐部（点状条纹图）

资料来源：德勤事务所。

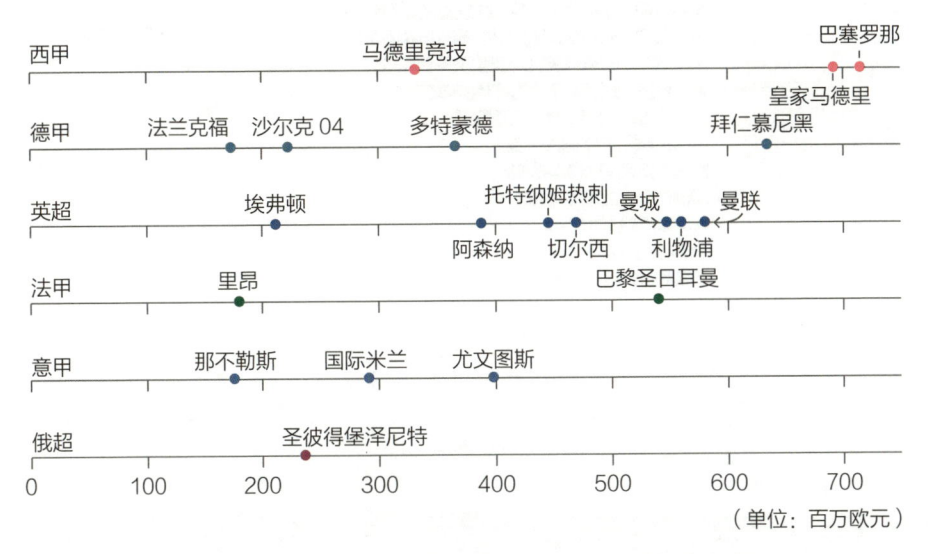

图 9-4　2019—2020 赛季收入排名前 20 的足球俱乐部

资料来源：德勤事务所。

数据排序的重要性

当然，我们也可以使用柱形图，根据具体的数值进行排序。图 9-5 表明，排序关系往往可以当作可视化其他统计关系（如本例中俱乐部收入的幅度关系）的一种补充，以提高图表的清晰性。

请注意，如果数据是按俱乐部名的字母表顺序，而不是按照收入排序，我们会得到一个参差不齐的图形（图 9-6）。这时候，阅读图表、比较数值

图表的力量
信息高效传达之术

按收入排序

俱乐部	
巴塞罗那	
皇家马德里	
拜仁慕尼黑	
曼联	
利物浦	
曼城	
巴黎圣日耳曼	
切尔西	
托特纳姆热刺	
尤文图斯	
阿森纳	
多特蒙德	
马德里竞技	
国际米兰	
圣彼得堡泽尼特	
沙尔克 04	
埃弗顿	
里昂	
那不勒斯	
法兰克福	

（单位：百万欧元）

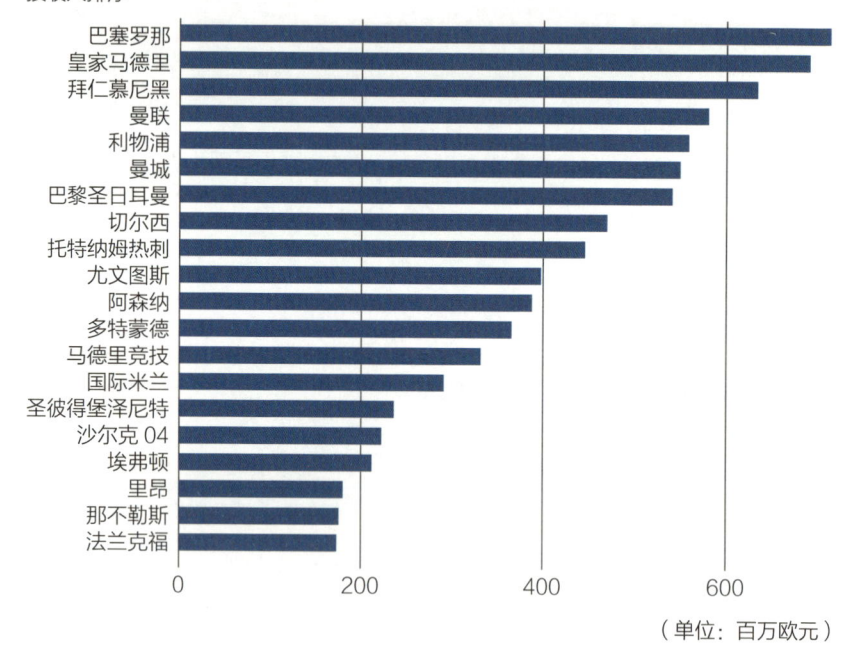

图 9-5　2019—2020 赛季收入排名前 20 的足球俱乐部（柱形图）
资料来源：德勤事务所。

以及识别名次就会变得更加困难。为了说明这个问题，我们尝试使用下面的图表，来找出收入第七高的俱乐部。尽管我们可能最终会把它找出来，但这确实不是一件容易事（这可能要求读者具备一定的心算能力）。

有时，按照字母表顺序排序也是非常有用的，特别是当我们可能非常希望读者能够快速扫视数据，以查询到特定数据的时候。不过，这种情况下，最合适的数据呈现形式是表格，而不是图表。

按数值进行排序的方法至少可以提高图表的可读性。比如，成对条形图图 9-7 显示了美国各银行的股息变化，在美联储压力测试之后，美国许多大型银行都提高了派息。它与用字母表顺序排序的俱乐部收入图都存在类似的问题。只不过，这一次的数据排列毫无逻辑可言。这张图表还

第一部分
了解图表

按俱乐部名的字母表顺序排序

俱乐部	
阿森纳	
马德里竞技	
拜仁慕尼黑	
多特蒙德	
切尔西	
法兰克福	
埃弗顿	
巴塞罗那	
圣彼得堡泽尼特	
国际米兰	
尤文图斯	
利物浦	
曼城	
曼联	
那不勒斯	
里昂	
巴黎圣日耳曼	
皇家马德里	
沙尔克04	
托特纳姆热刺	

（单位：百万欧元）

图 9-6　2019—2020 赛季收入排名前 20 的足球俱乐部

资料来源：德勤事务所。

加入了时演关系要素，以对比前后股息变化。这进一步降低了图表的可读性。

我们再看一看下面这张按照新股息值大小排列后的图表（图 9-8）。相比之下，这张图表更容易看懂。我们同样能够发现，那些新旧股息差别较大的银行（如摩根士丹利）更加显眼。我们只需要简单地对数据进行排序，就能收获这样的效果。

但是，我们千万不要以为只有这样的图表才能体现名次的变化。使用成对条形图进行排序的一大缺点是，我们只能根据一个标准（如过去的值，或者现在的值）进行排序。

成对条形图不可能同时呈现两个时期的排名。例如，在这张显示生产率增长的图表中，数据是根据 1996—2005 年的增长率大小进行排序

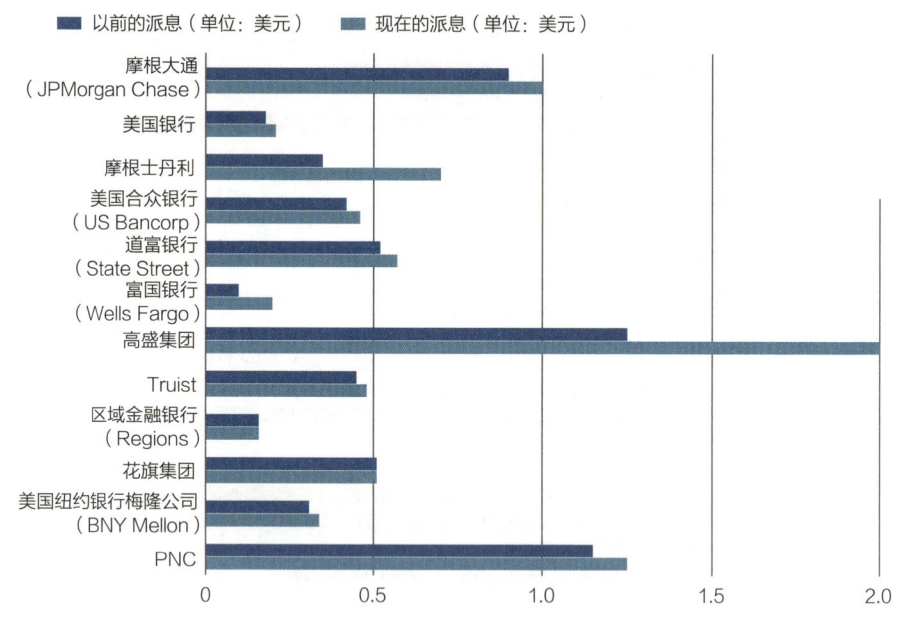

图 9-7 美国各银行的股息变化

资料来源：各银行的公开声明，节选自《美国各银行总共将额外支付 20 亿美元的季度股息》，约书亚·富兰克林（Joshua Franklin），伊马尼·莫伊兹（Imani Moise），《金融时报》，2021年6月29日。

按新股息值大小排序

图 9-8 美国各银行的股息变化

资料来源：各银行的公开声明，节选自《美国各银行总共将额外支付 20 亿美元的季度股息》，约书亚·富兰克林，伊马尼·莫伊兹，《金融时报》，2021年6月29日。

的（图 9-9）。我们能够从中清楚地看到这段时间的排名，但要了解后面一段历史时期的增长率排名，我们就又不得不利用"心算和记忆"，在大脑中拼凑出这段时间的名次。

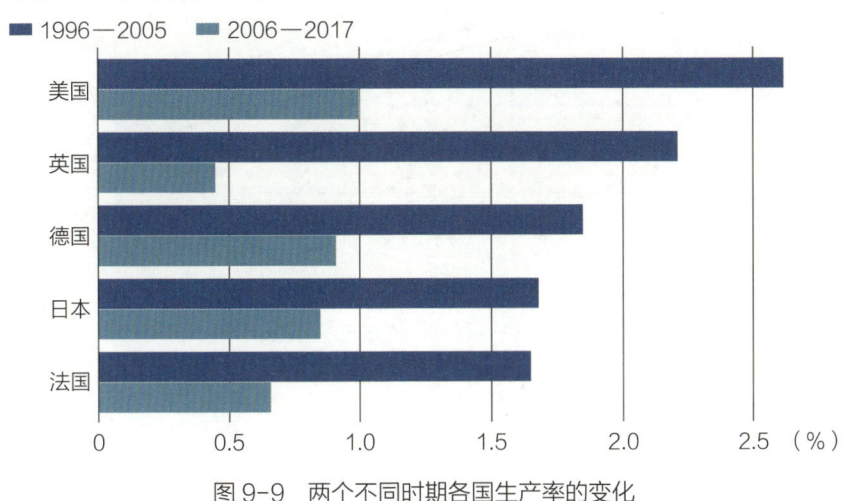

劳动生产率的年度变化（%）
■ 1996—2005　■ 2006—2017

图 9-9　两个不同时期各国生产率的变化

资料来源：牛津大学（University of Oxford），节选自《如何实现持久的经济复苏》。

坡度图

我们可以使用相同的数据制作一张坡度图，来解决上面的问题（图 9-10）。从这张图上，我们可以清楚地观察到数据值的大小，变化趋势和排名，2005 年后，主要经济体的生产率增长大幅下降。

注意，我们可以清楚地观察到各国在两个时期的增长率排名。虽美国仍然位居榜首，但英国的排名从第二降到第五（榜单末尾）。与成对条形图相比，我们的注意力更容易被吸引到这种前后变化上。

这张坡度图也更能体现图表的标题，直线陡峭的程度反映了生产率的大幅下降。坡度图是一种非常有效、可读性强，但又容易被忽视的一种图表。

图表的力量
信息高效传达之术

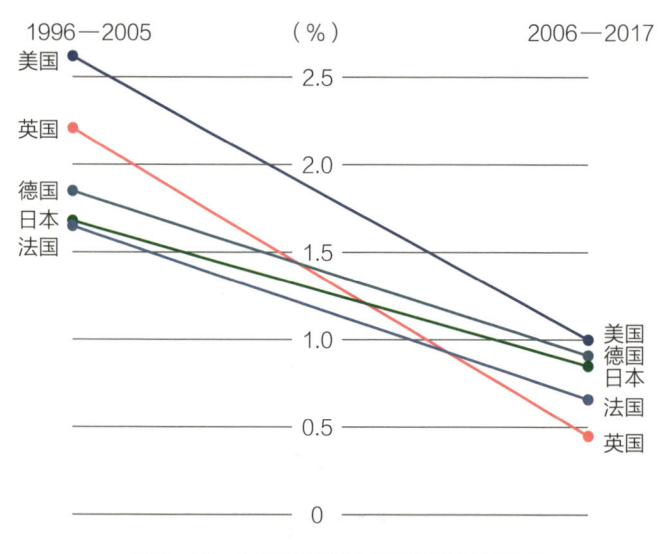

图 9-10 各国在两个时期的劳动生产率

资料来源：牛津大学，节选自《如何实现持久的经济复苏》。

在图表设计中，颜色是一个重要的因素，它尤其适用于排序图。我们可以在一张图表中运用颜色，引入额外的信息，如图 9-11 中的空间信息。

对于名次，我们最感兴趣的往往是排在最前或者最后的。因此，有时候，我们也通过设置不同的颜色来突出我们感兴趣的排名（图 9-12）。设置完颜色后，我们能够注意到，图表的标题和图表内容起到了互相强化的作用，清晰地表明了图表的意图。

表格

最后，我们不能因为追求对数据进行可视化，而忘记了表格也是一种排序工具。表格的结构化形式非常便于读者快速识别出数据的排名。毕竟，名次非常重要，这也是几十年来球迷们喜欢研究积分榜的原因。

虽然人们认为表格只是一串数字，但是，就像对待图表一样，我们也

第一部分 了解图表

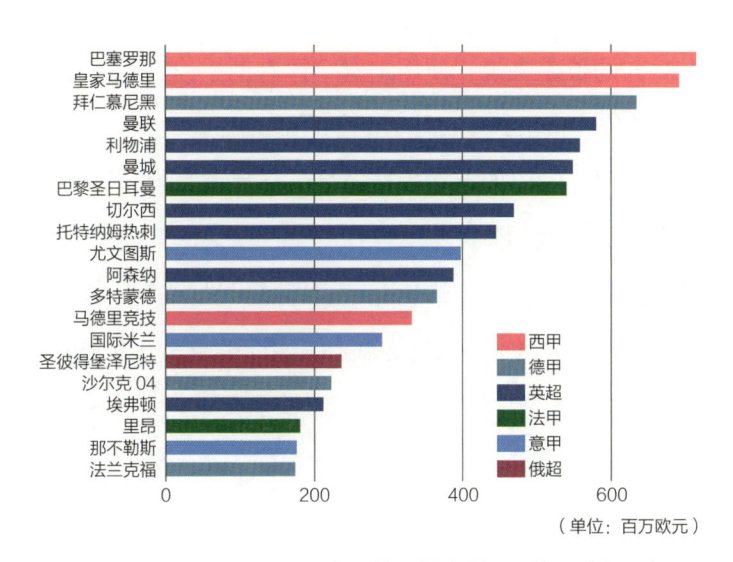

图 9-11 2019—2020 赛季收入排名前 20 的足球俱乐部

资料来源：德勤事务所。

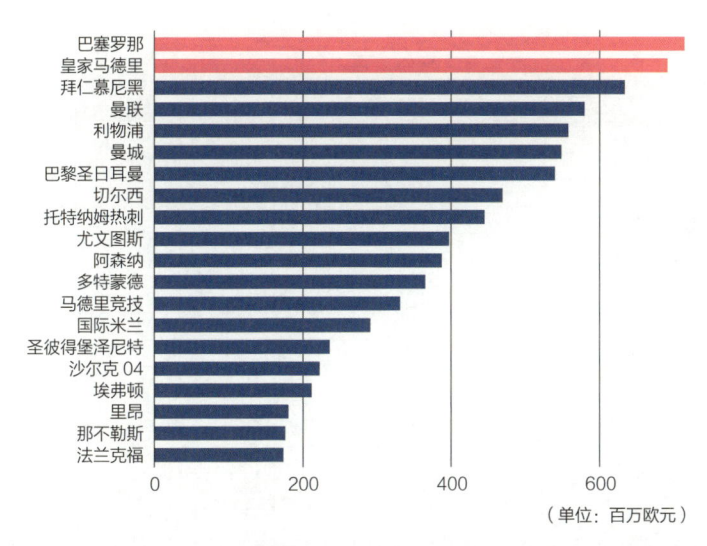

图 9-12 2019—2020 赛季收入排名前 20 的足球俱乐部（改变颜色）

资料来源：德勤事务所。

图表的力量
信息高效传达之术

可以通过一些技巧来提高表格的可读性：

对于右对齐的数字来说，使用定宽字体有助于读者扫视数字，同时保持单位（如小数位、十位数或百位数）竖直对齐。

使用相同的精度，比如上述表格的进失球比就都保留了小数点后三位数字，即使这个数字是整数 1。

另外，与图表一样，在表的顶部和底部突出显示我们感兴趣的行，可以将读者的注意力吸引到主要的兴趣点上（如谁是赢家，谁是输家）。

这张年代久远的表格反映了名次的重要性（表 9-1）。后来，足球的计分标准发生了变化。到 20 世纪 80 年代，胜一场积 2 分，变成了胜一场积 3 分，进失球比标准也被净胜球标准所取代。但这些都不重要，对冠军朴次茅斯、降级球队曼城和伯明翰城队的球迷来说，名次比其他任何数字都要重要。

表 9-1　英格兰甲级联赛 1949—1950 赛季最终积分排名

排名	球队名	场次	胜	平	负	进球数	失球数	进失球比	积分	
1	朴次茅斯	42	22	9	11	74	38	1.947	53	冠军
2	伍尔弗汉普顿流浪者队	42	20	13	9	76	49	1.551	53	
3	桑德兰	42	21	10	11	83	62	1.339	52	
4	曼联	42	18	14	10	69	44	1.568	50	
5	纽卡斯尔	42	19	12	11	77	55	1.400	50	
6	阿森纳	42	19	11	12	79	55	1.436	49	
7	布莱克浦	42	17	15	10	46	35	1.314	49	
8	利物浦	42	17	14	11	64	54	1.185	48	
9	米德尔斯堡	42	20	7	15	59	48	1.229	47	
10	伯恩利	42	16	13	13	40	40	1.000	45	
11	德比郡	42	17	10	15	69	61	1.131	44	
12	阿斯顿维拉	42	15	12	15	61	61	1.000	42	
13	切尔西	42	12	16	14	58	65	0.892	40	
14	西布罗姆维奇	42	14	12	16	47	53	0.887	40	
15	哈德斯菲尔德	42	14	9	19	52	73	0.712	37	
16	博尔顿漫游者	42	10	14	18	45	59	0.763	34	
17	富勒姆	42	10	14	18	41	54	0.759	34	
18	埃弗顿	42	10	14	18	42	66	0.636	34	
19	斯托克城	42	11	12	19	45	75	0.600	34	
20	查尔顿竞技	42	13	6	23	53	65	0.815	32	
21	曼城	42	8	13	21	36	68	0.529	29	降级
22	伯明翰城	42	7	14	21	31	67	0.463	28	降级

第一部分
了解图表

10 离差图

离差图强调的是数据相对于一个固定参考值的偏差（或正或负）。一般来说，这个参考值为零，但也可能是某个目标值或长期平均值。离差图也可用来表明人们的立场（赞同、中立或反对）。

2014年，我受联合国教科文组织（UNESCO）委托，对有关亚太地区受教育机会的一系列报告进行审查。我的任务是审查报告中出现的图表。就这样，我与一群知识渊博、才华横溢的人一起合作，在曼谷度过了愉快的一周。我们花了大部分时间讨论为什么他们报告中的图表都很糟糕。

比如图题为"2009年调整后的小学净入学率"的一张图。图10-1节选自一份有关初等教育普及的报告。

这张图表违反了数据可视化的首要原则之一——完整独立性。你需要阅读完这份73页的报告，才能理解它所显示的内容。即使我们知道性别平等指数是什么，我们也弄不懂图表中神秘的灰色区域代表什么含义。

更糟糕的是，要读懂这张图表，你需要扭曲自己的脊柱，才能看清楚旋转放置的文字标签。这样做弄不好还会扭伤你的身体。还有，图表里使用了明亮鲜艳的红色，与报告封面的红色背景相一致，但是这样做过于碍眼。

图表的力量
信息高效传达之术

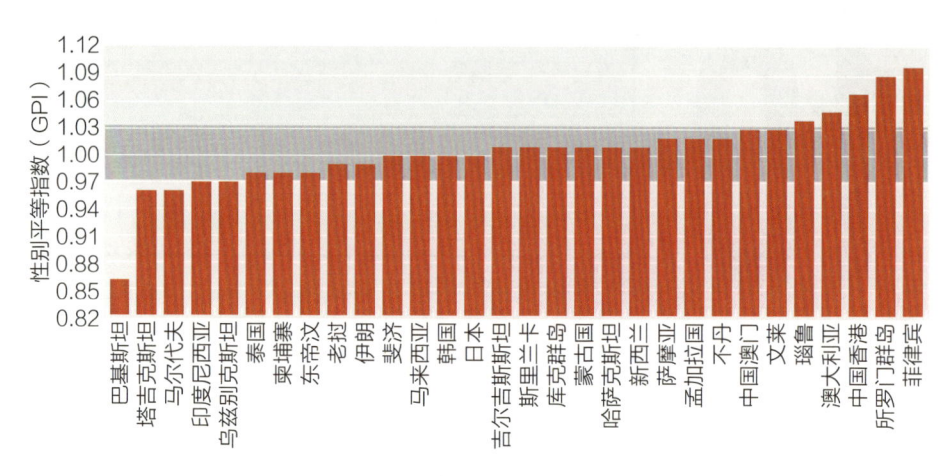

图 10-1　2009 年调整后的小学净入学率

资料来源：教科文组织统计研究所 2011 年统计报表 2，节选自《初等教育普及》。

如何用这些数据生成更有效的图表呢？

与往常一样，我们首先要思考的应该是我们最感兴趣的数据之间的关系。考虑到这一点，我们先看看图表的纵轴。这里的 GPI 为什么从 0.82 开始，到 1.12 结束？当然，原因只有一个——这是软件的默认设置。

GPI 是衡量初等教育机会方面性别平等的指标，其值为 1 表示男孩和女孩的受教育机会平等。因此，我们真正感兴趣的不是每个国家的得分多少（即幅度关系），而是它与 1 的差距有多大。认识到这一点，我们就可以大胆地对图表进行重新设计。

分向条形图

首先，我们将图表上矩形条与 GPI 等于 1 的竖线对齐，而高于和低于这个中间值的矩形条分别在相反的方向放置，以体现数据与 1 的离差。

这样，我们就能重新调整图表的方向，方便读者阅读各地区名字标签。

第一部分 了解图表

另外，我们还用简单的数轴标签和箭头向读者解释矩形条长度和方向的含义（图10-2）。

接下来，我们可以重新引入神秘的灰色阴影区域，它代表教科文组织的绩效目标。这是一个重要的信息，因为它使我们能够在一个有意义的背景下看待每个地区的表现。

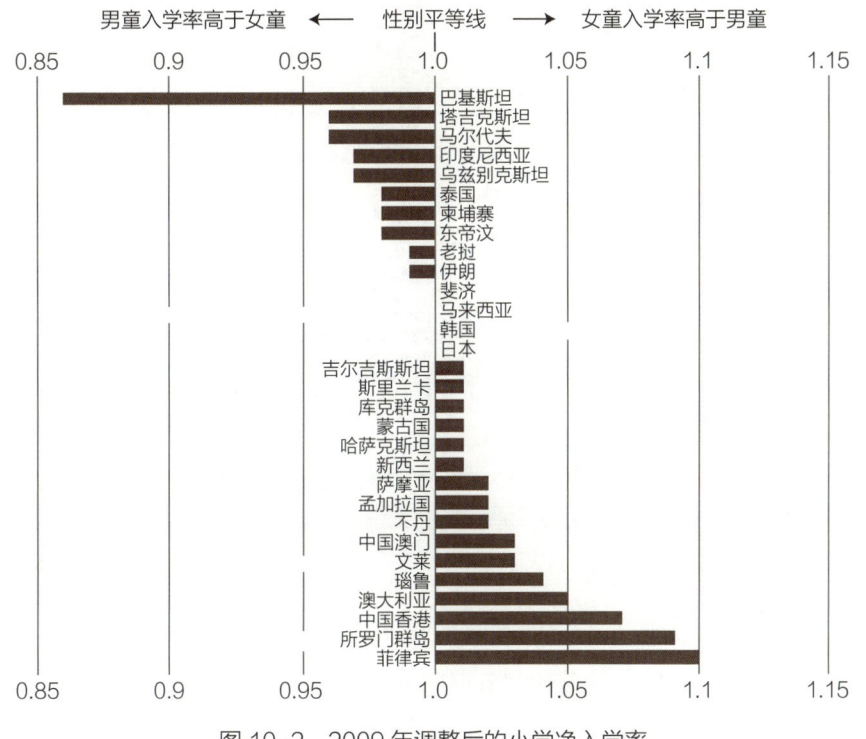

图 10-2　2009 年调整后的小学净入学率

资料来源：联合国教科文组织统计研究所 2011 年统计报表 2，节选自《数据可视化的误区以及如何避免这些误区》。

接着，我们可以重新添加彩色，以突出显示那些没有达到教科文组织目标的地区。不同的颜色清楚地表明，未达成目标有两种原因。另外，图表的注释简明扼要地强调了图表突出显示的目的（图 10-3）。

图表的力量
信息高效传达之术

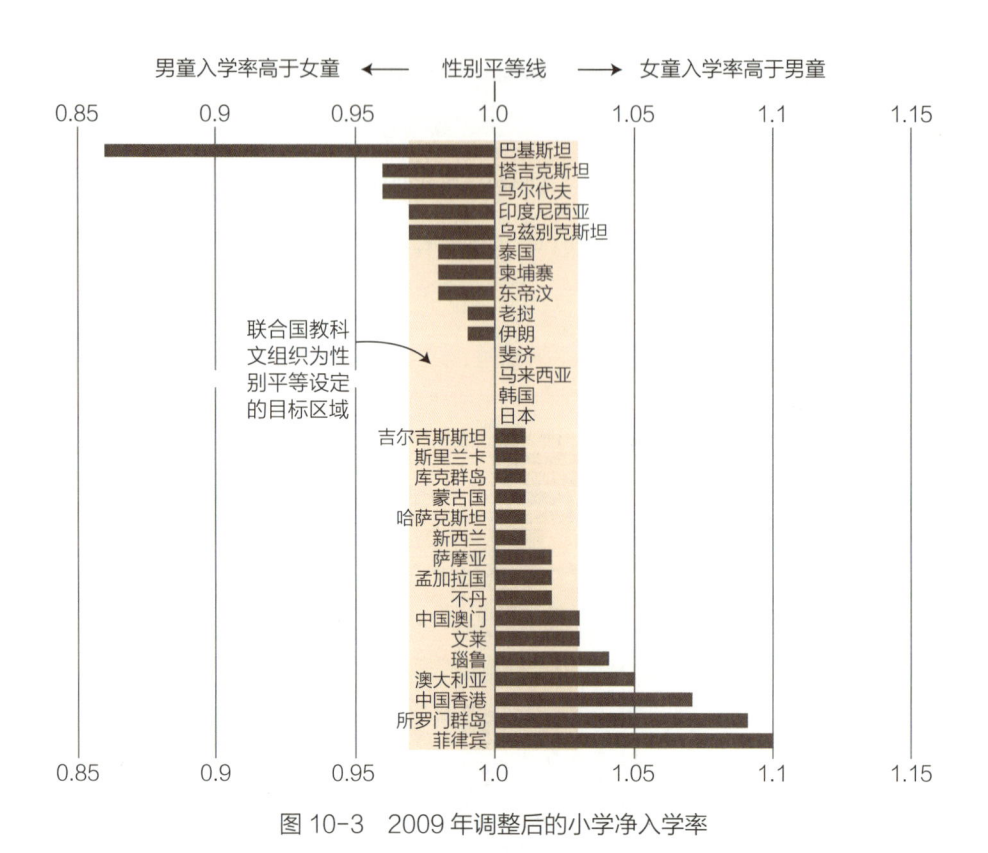

图 10-3 2009 年调整后的小学净入学率

资料来源：联合国教科文组织统计研究所 2011 年统计报表 2，节选自《数据可视化的误区以及如何避免这些误区》。

最后，给图表加上一个内容明确的标题，就可以帮助读者关注图表的相应内容（图 10-4）。技术性细节可以放在副标题和脚注上。虽然它们包含重要的信息，但不一定是读者第一眼就应该关注的事情。

如果我们比较一下这张图的原始版本和重新设计的版本，我们几乎不会相信两者使用了相同的数据。在原始图表上，巴基斯坦非常不显眼，而新的图表令读者更加关注该国女童的劣势地位。

事实上，只有对这张原始图表进行重新设计，才能体现出数据的价值。很多图表无法通过这种方式进行调整，这说明了一个重要问题：图表制作者应该秉承"少而精"的理念。

第一部分
了解图表

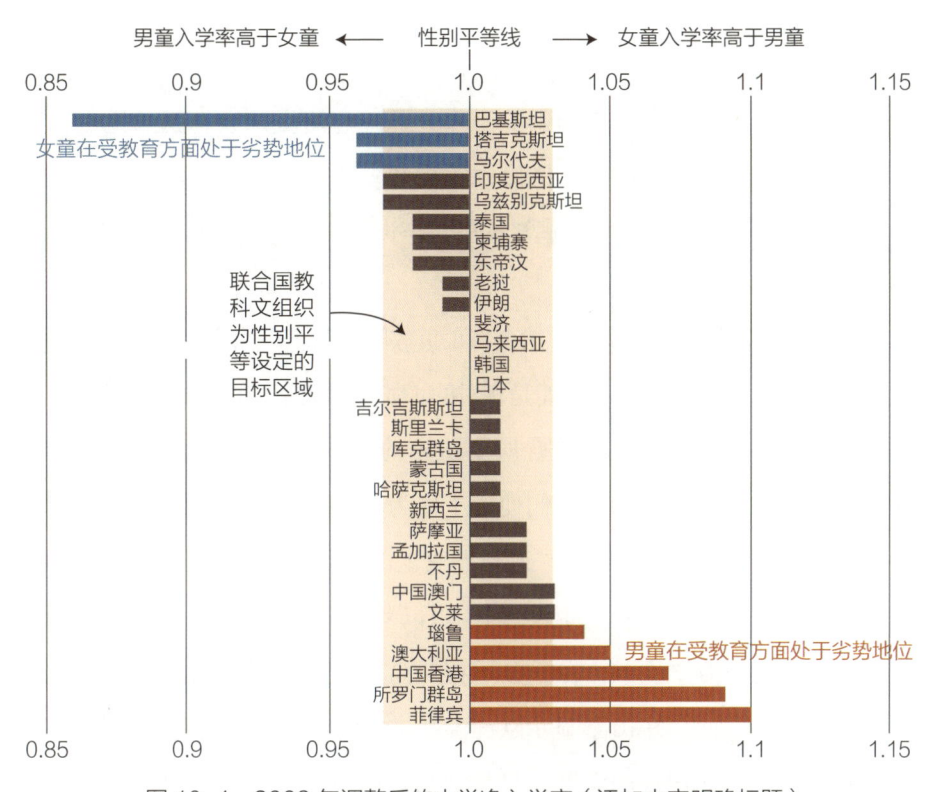

男童入学率高于女童 ← 性别平等线 → 女童入学率高于男童

女童在受教育方面处于劣势地位：巴基斯坦、塔吉克斯坦、马尔代夫

联合国教科文组织为性别平等设定的目标区域：印度尼西亚、乌兹别克斯坦、泰国、柬埔寨、东帝汶、老挝、伊朗、斐济、马来西亚、韩国、日本、吉尔吉斯斯坦、斯里兰卡、库克群岛、蒙古国、哈萨克斯坦、新西兰、萨摩亚、孟加拉国、不丹、中国澳门、文莱

男童在受教育方面处于劣势地位：瑙鲁、澳大利亚、中国香港、所罗门群岛、菲律宾

图 10-4 2009 年调整后的小学净入学率（添加内容明确标题）

资料来源：联合国教科文组织统计研究所 2011 年统计报表 2，节选自《数据可视化的误区以及如何避免这些误区》。

知识点

撰写更好的报告

人们可以用精心制作的图表解决"是什么"和"何种程度"的问题，从而将报告的主要内容集中在更深入的问题上，如"原因是什么"，"未来会怎样"。通过同时构思报告的文字和图片，作者可以重组内容结构，将其转变成更可读、更简洁，也更可信的文章。

图表的力量
信息高效传达之术

> **知识点**
>
> 另外,教科文组织的工作人员虚心接受建议,愿意优化自己的材料,这样的态度也很重要。除非人们内心真正愿意对报告进行优化,否则再多的外部咨询也无法提高报告的质量。

在考虑离差关系时,我们自然会将正负数联系起来。而离差既有可能是绝对的(如利润、亏损),也有可能是相对的(如实际数字与目标数字的差)。

不过,任何数字,只要符合所要研究的背景,都可作为离差参考点。在前面性别平等指数图上,我们使用 1 作为离差参考点,是因为它代表男女童接受教育的机会是均等的。确保图表上的原始指标(即 GPI 值)不变,也意味着我们在描述图表上的模式时,可以参考基础数据。

但是,我们需要注意,在只显示相对离差的图表上,我们是无法看到原始数据的。比如,图 10-5 显示欧洲温度异常的图表上,我们发现纵轴(y 轴)并不代表实际记录的温度,只是观测数据与长期平均值的偏差。从这张图上我们看不出 2016 年 6 月的平均气温是多少,因为这张图的重点是呈现离差,而不是幅度。

但它依然是非常有用的图表。我们注意到,这张图表使用了红色矩形柱来突出显示我们感兴趣的偏差,并反映出最炎热的 6 月是最近几年才出现的。

盈亏填充线图

有些情况下,离差参考点并不固定。这时,我们可以使用盈亏填充线,来跟踪高于和低于参考点的数据。受威廉·普莱费尔启发,我们在前文"时序图"中使用了盈亏填充线图来处理进出口等经济数据。我们同样可以利用这种图表比较其他时间数列,以达到强烈对比的主要目标(图 10-6)。

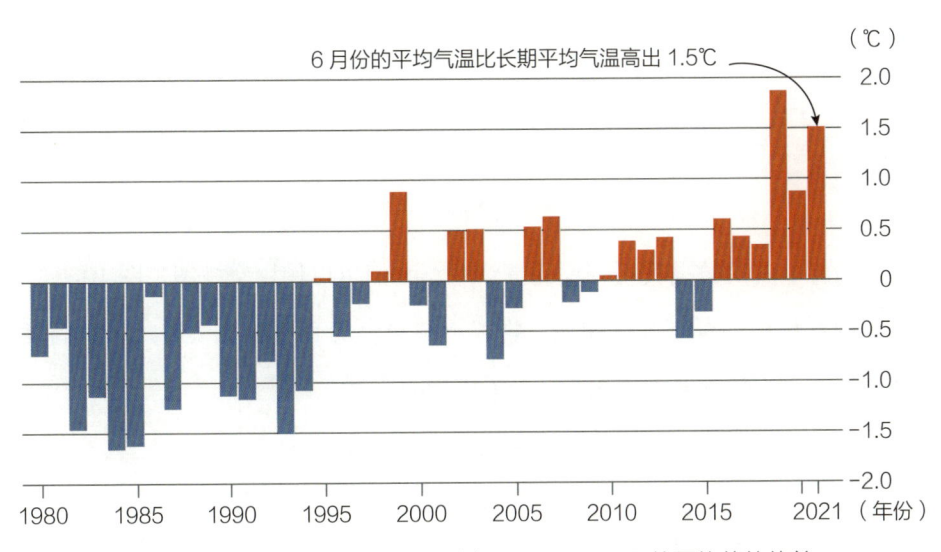

图 10-5 欧洲六月份的平均温度与 1991—2020 的平均值的偏差

制图：史蒂文·伯纳德。

资料来源：欧洲中期天气预报中心（ECMWF）哥白尼项目（Copernicus），节选自《北美和欧洲六月份创纪录的高温与气候变化有关》，莱斯利·胡克（Leslie Hook），史蒂文·伯纳德，《金融时报》，2021 年 7 月 9 日。

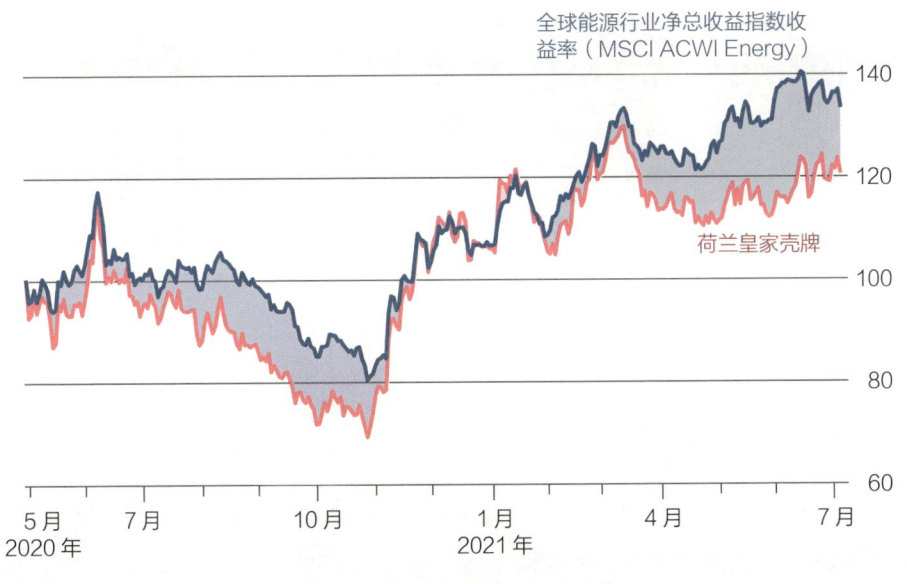

图 10-6 荷兰皇家壳牌股价走势

资料来源：路孚特，节选自《壳牌在派息问题上犹豫不决，干扰了市场判断》，2021 年 7 月 7 日。

自削减派息以来，荷兰皇家壳牌的表现逊于同行。

脊柱图

当要呈现的数据代表相反的情绪时，我们可以使用脊柱图。图 10-7 反映人们对疫苗怀疑态度的图表，将"不清楚"的态度放在一边，使我们能够将注意力放在各国支持和反对疫苗接种的比例上。

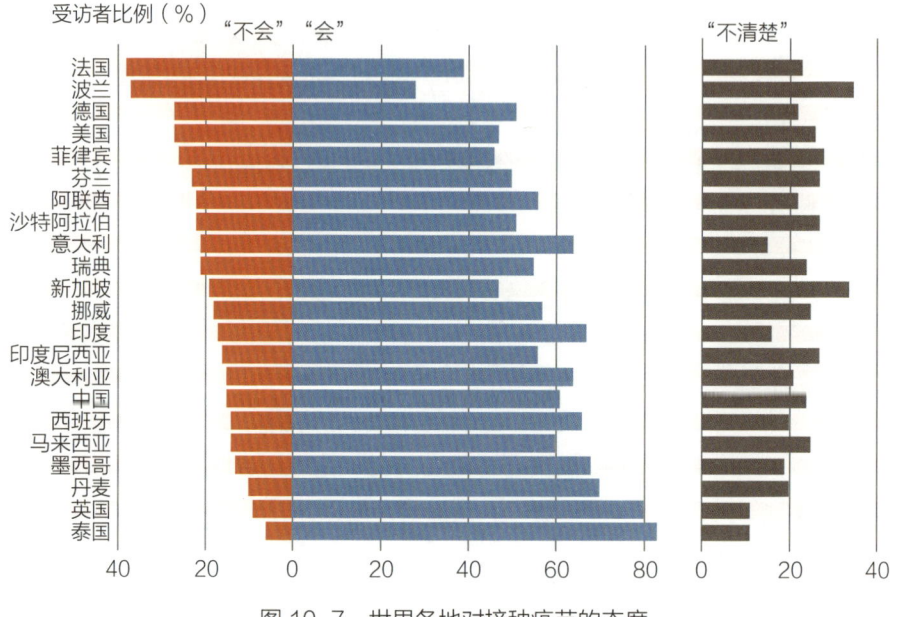

图 10-7 世界各地对接种疫苗的态度

资料来源：奥观调查网（YouGov，2020 年 11 月 17 日至 2021 年 1 月 10 日），节选自《如何反击新冠阴谋论》，大卫·罗伯特·格莱姆斯，《金融时报》，2021 年 2 月 5 日。

经《金融时报》有限公司授权使用。

当数据按一定顺序（本例中为回答"不会"的人所占比例）排列时，这种图表的效果更好。这个例子同样说明，当我们使用一种图表呈现某种关系时，排序可以发挥补充作用，增强图表的可读性。

这个例子使用了简单的"会""不会"和"不知道"这三种回答选项，但对于大多数使用对称性回答选项（如，非常不赞同、不赞同、中立、赞同、非常赞同）的调查数据来说，脊柱图依然十分有效。顺便说一句，这种对称性回答选项，也叫作李克特量表（"Likert" scale）。

下面，我们利用相同数据绘制典型的堆叠条形图，然后与脊柱图进行比较（图10-8）。我们发现，堆叠条形图重点强调部分与整体的关系（对每个国家和地区来说，回答"会""不会"和"不清楚"的比例加起来等于100%）。在这方面，堆叠条形图非常有效，但它无法明显地反映出赞同者和反对者的差异。

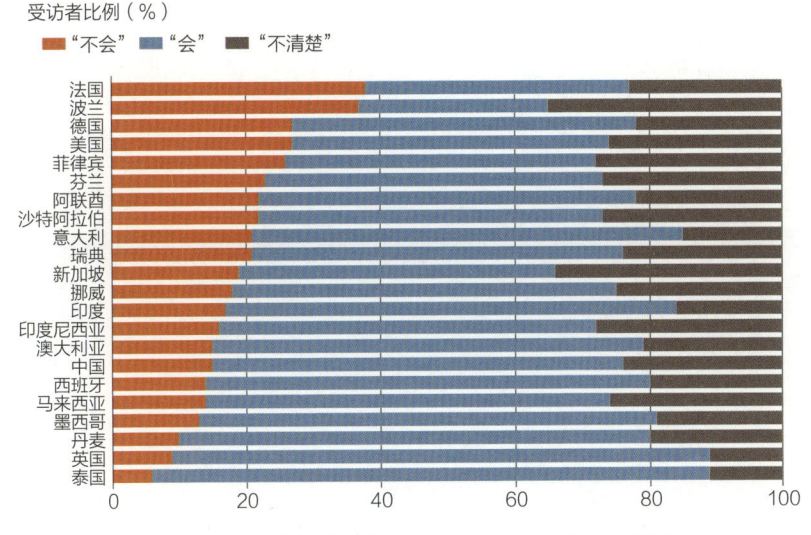

图 10-8 世界各地对接种疫苗的态度（堆叠条形图）

资料来源：奥观调查网（2020年11月17日至2021年1月10日），节选自《如何反击新冠阴谋论》，大卫·罗伯特·格莱姆斯，《金融时报》，2021年2月5日。

经《金融时报》有限公司授权使用。

第一部分
了解图表

11 整体与部分关系图

整体与部分关系图用以呈现总体与各组成部分的关系。如果只是想了解个别组成部分的规模，可以考虑将其改为幅度图。

饼图

饼图可以说是世界上最具争议的图表类型。一些数据化领域的专家将其比作图表世界的 Comic Sans（微软开发的一种字体）。尽管到处可见这种字体，但一些字体发烧友对它深恶痛绝。基于同样的理由，一些人认为，抛弃饼图将是世界的一大进步。

不过，虽然很多人讨厌饼图，但它依然常出现在从教室到会议室的信息生态系统中，没有任何绝迹的迹象。不管对错与否，饼图始终是人们使用最频繁的图表之一。

饼图出现在《金融时报》图表术语库中，会让很多人感到惊讶。其实这种被过度使用的图表在严格的使用条件下，依然是一种非常有效的图表。要理解其中的原因，我们就必须理解为什么威廉·普莱费尔在两个多世纪前煞费苦心地发明了它。

图表的力量
信息高效传达之术

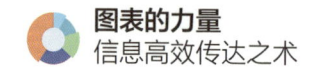

　　饼图能够反映整体与部分的关系，也就是说它能展示组成整体的各个元素的相对大小。

　　理解整体与部分的关系，可以帮助我们了解数据的构成结构，比如一个教室里学生眼睛的颜色，再比如一个企业各部门的收入（图11-1）。不管是在教室还是会议室，饼图随处可见。

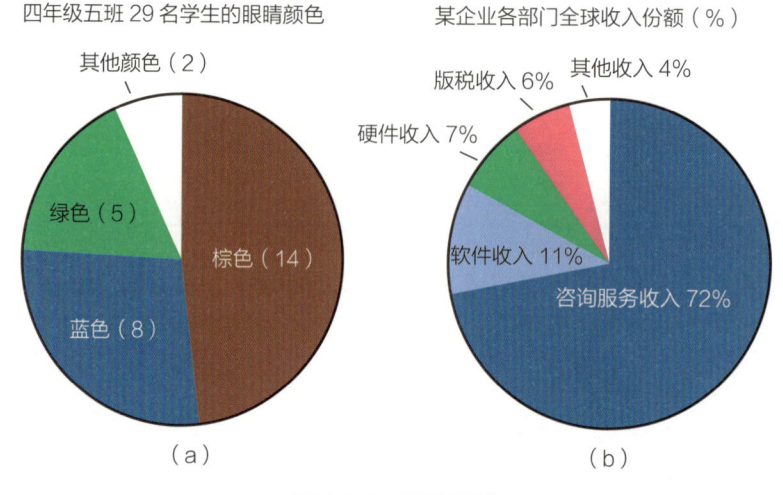

四年级五班29名学生的眼睛颜色　　　某企业各部门全球收入份额（%）

其他颜色（2）　　　　　　　　　　版税收入 6%　其他收入 4%
绿色（5）　　　　　　　　　　　　硬件收入 7%
棕色（14）
蓝色（8）　　　　　　　　　　　　软件收入 11%
　　　　　　　　　　　　　　　　咨询服务收入 72%

（a）　　　　　　　　　　　　　　　（b）

图 11-1　饼图举例

　　正如这两个例子所示，饼图既可以显示百分比值，也可以显示幅度数值。

　　由于读者从中很难估计精确数值，因此饼图不能像条形图那样，有效地显示各组成部分的绝对大小（我们将在后文"好图表背后的科学"里分析其中的原因）。事实上，就像上面的两个例子一样，饼图几乎只能通过文字标签，来呈现每个扇形的值，这说明我们默认了对饼图的感知缺陷。

　　不过，饼图之所以能够在我们图表术语库中占据一席之地，是因为它的设计特点比任何其他类型的图表，都更能强调各个组成部分。不管是一个班里每个人的眼睛颜色，还是一家跨国公司的各部门年收入额，它们共同构成一个完整的总体。很多证据都表明，饼图在这个方面能够传递非常强的视觉信号。

首先，饼图在世界各地的名称不尽相同，但几乎每个名称都能让人们联想到整体与部分关系。法国人管它叫"卡芒贝尔奶酪图"，葡萄牙人管它叫"披萨图"。从中可以看出，这种图表被深深地打上了美食的烙印。

其次，大多数人在小时候，甚至在小学阶段，就掌握了饼图。也许世界上不存在绝对"直观"的图表类型，但从小就接触过的图表可能是仅次于绝对"直观"图表的最佳选择。

最后，为了加深我们对饼图作用原理的综合理解，我要提醒读者，一旦使用不当，饼图有可能会引起人们的一片哗然。

2009年11月，福克斯新闻（Fox News）发布了一张有关共和党总统候选人支持率的饼图，图上的3个扇区分别标注了"佩林（Palin）（70%）""赫卡比（Huckabee）（63%）""罗姆尼（Romney）（60%）"，3个数加起来竟然等于193%。这引起了公众的强烈不满，因为每个人从小学时期就知道，饼图各扇区的总和应该是100%。

这是滥用饼图的一个典型案例。但是，严格来说，由于四舍五入的缘故，饼图上所标注的数字之和不一定刚好等于100%。因此，99.9%或者100.1%是可以接受的，但193%绝对不可以接受。

2016年，德鲁·斯考（Drew Skau）和罗伯特·科萨拉开展的一项研究加深了我们对如何阅读饼图的理解。根据他们的研究，饼图中的扇形可以通过多种方式，比如使用弧长、角度和面积的组合，来代表不同的信息（图11-2）。

令人惊讶的是，他们发现，对于读者来说，角度是最不重要的视觉元素，而弧长（饼图扇区的外弧）可能是最重要的元素。

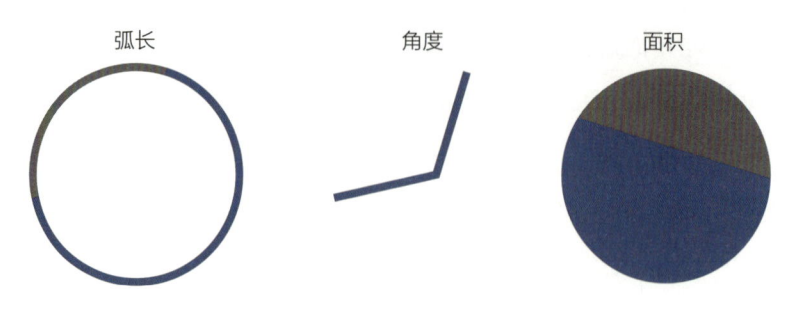

图 11-2　饼图中的视觉信息表达方式

注：图片改编自德鲁·斯考和罗伯特·科萨拉 2016 年的论文。

圆环图

圆环图与饼图非常相似。它的便利之处在于人们可以在圆环的中心，对总数或其他总体信息作出说明（图 11-3）。这有助于强调数据的背景，而这些背景信息有时是非常特殊的。

图 11-3　Wirecard 公司会计问题调查

资料来源：《金融时报》相关调查，《Wirecard 公司会计问题调查》，丹·麦克拉姆（Dan McCrum），《金融时报》，2019 年 10 月 15 日。

有趣的是，斯考和科萨拉发现，人们能够像阅读饼图一样，准确地读懂圆环图，原因也许是两种形式的弧长是一致的。

在绘制饼图或者圆环图时，遵循下面的原则有助于避免错误。

①"100%原则"，确保饼图或圆环图呈现的是一组完整的数据。

②避免使用分离饼图或者三维饼图，这不仅仅是基于美学的考量。斯考和科萨拉发现，分离饼图容易导致读者产生误判（扇区分离造成的外弧不连续会影响人们的判断）。

③尽可能直接在扇区上标注文字，同时，要避免显示过多的扇区。这是因为读者可能很难在阅读标签的同时，观察到区段间的细微差异。

最重要的是，从图表术语库的角度来看，饼图和圆环图并不是呈现整体与部分关系的唯一工具。在特定的情况下我们可以使用更加有效的图表，从而减少对饼图的滥用。

比如，一些蕴含整体与部分关系的数据集中存在负值，饼图甚至都不能有效显示数值为零的区段，更不用说负数了。

瀑布图

由于瀑布图能够反映数据集中的正数和负数，因此《金融时报》经常使用它来呈现英国财政大臣公布的年度预算（图11-4）。

图11-5显示了一家已破产航空公司所有者可能获得的收益，在变卖完所有资产后，所有权人能从这家破产公司获得1500万英镑收益。这两个例子充分说明了瀑布图可以用来呈现饼图所无法呈现的数据。

旭日图

我们可以对饼图进行改进，使其能够用于展示多个层次的整体与部分

（单位：英镑）

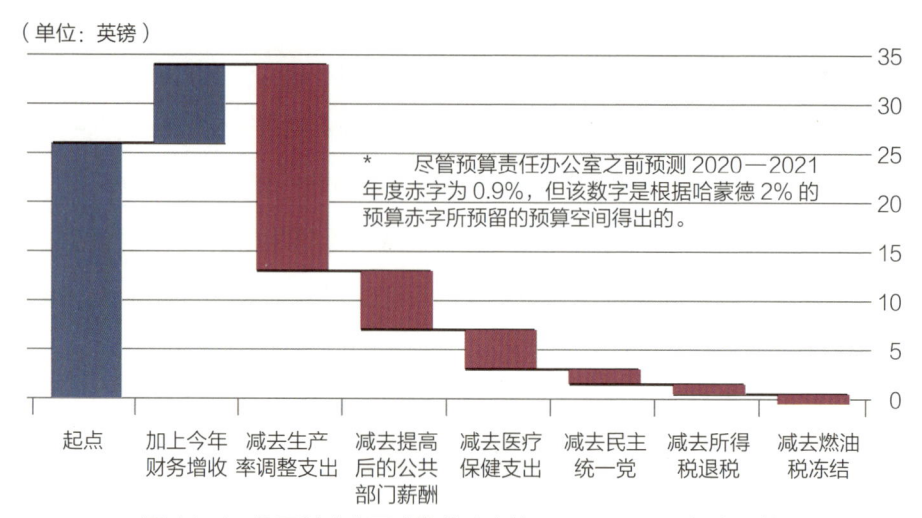

* 尽管预算责任办公室之前预测 2020—2021 年度赤字为 0.9%，但该数字是根据哈蒙德 2% 的预算赤字所预留的预算空间得出的。

起点　加上今年财务增收　减去生产率调整支出　减去提高后的公共部门薪酬　减去医疗保健支出　减去民主统一党　减去所得税退税　减去燃油税冻结

图 11-4　英国财政大臣哈蒙德公布的 2020—2021 年度预算

资料来源：节选自《英国脱欧与国家预算：哈蒙德建议实施更大胆的预算政策》，乔治·帕克（伦敦），克里斯·贾尔斯（伦敦），2017 年 11 月 14 日。

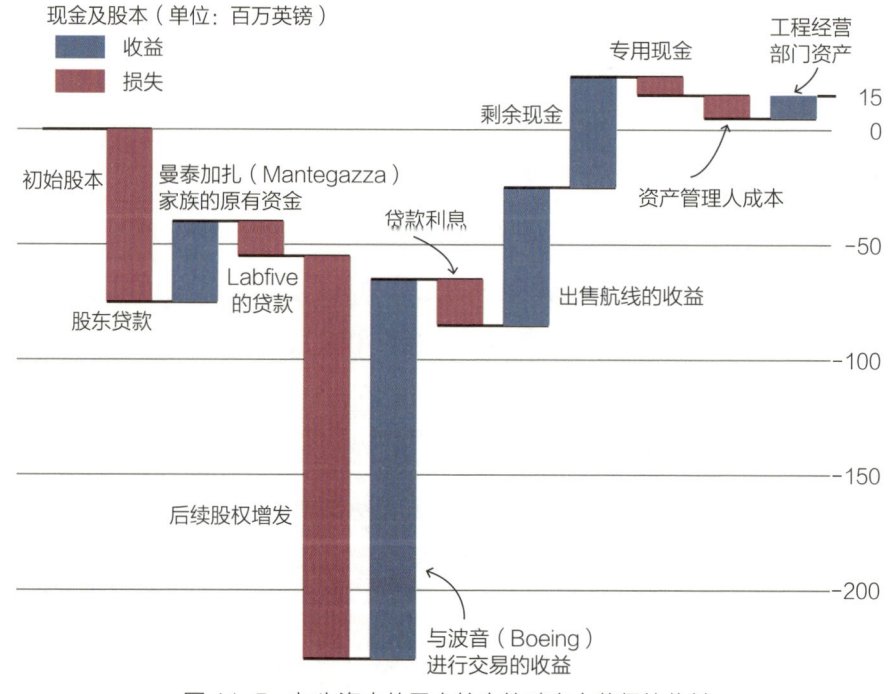

现金及股本（单位：百万英镑）
- 收益
- 损失

初始股本　曼泰加扎（Mantegazza）家族的原有资金　股东贷款　Labfive 的贷款　贷款利息　后续股权增发　与波音（Boeing）进行交易的收益　出售航线的收益　剩余现金　专用现金　资产管理人成本　工程经营部门资产

图 11-5　灰牛资本从君主航空的破产中获得的收益

资料来源：《金融时报》相关调查，节选自《尽管君主航空破产，灰牛资本仍能赚上一笔》。

第一部分 了解图表

的结构，这种变体也叫作旭日图。旭日图图 11-6 显示了英国伦敦证券交易所（LSE）的各项收入。图中，外层共有 10 个扇区，分别归入了 3 个大类中。有时候，我们很难在扇区上直接标注文字，只能使用"指引线"将文字与它们所对应的扇区连接起来。

LSE 2020 年收入组成（单位，百万美元）

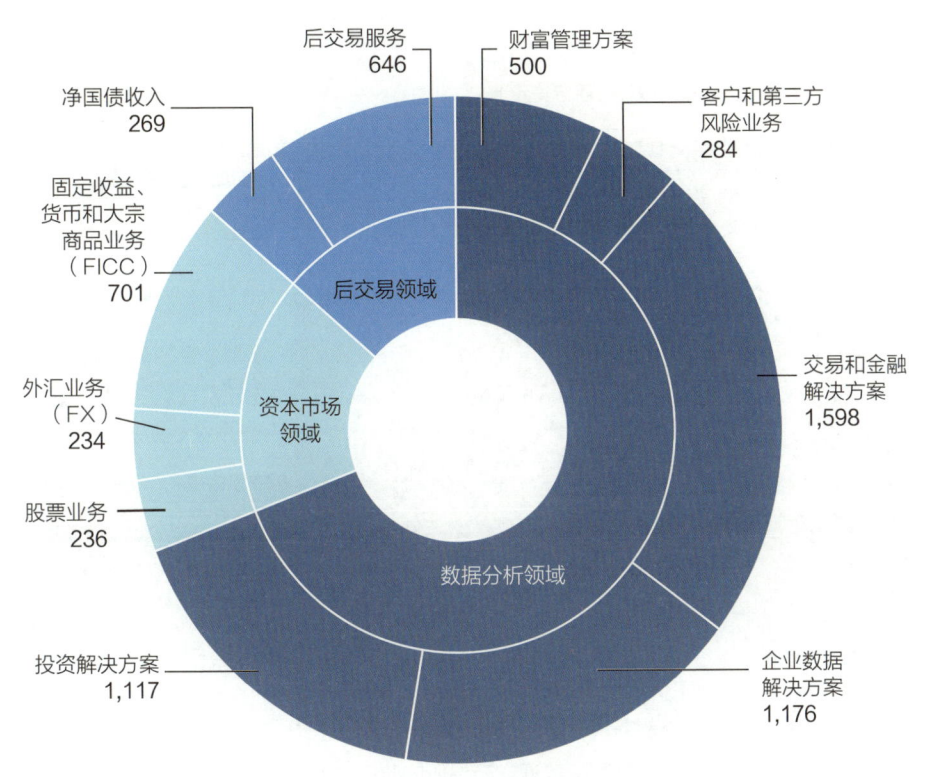

图 11-6 英国伦敦证券交易所的收入来源

资料来源：相关公司，节选自《困难增多令伦敦证交所失去了对路孚特交易的兴趣》，菲利普·斯塔福德（Philip Stafford），亚历克斯·巴克，《金融时报》，2021 年 6 月 30 日。

图表的力量
信息高效传达之术

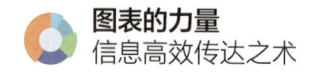

矩形树图

矩形树图利用空间填充算法来生成图表，它用不同层级的矩形代表不同层次的数据。我们使用上个示例的数据制作了一张矩形树图（图11-7）。注意，这张图上的文字都是直接标记在图上的，这点不同于前面的旭日图。

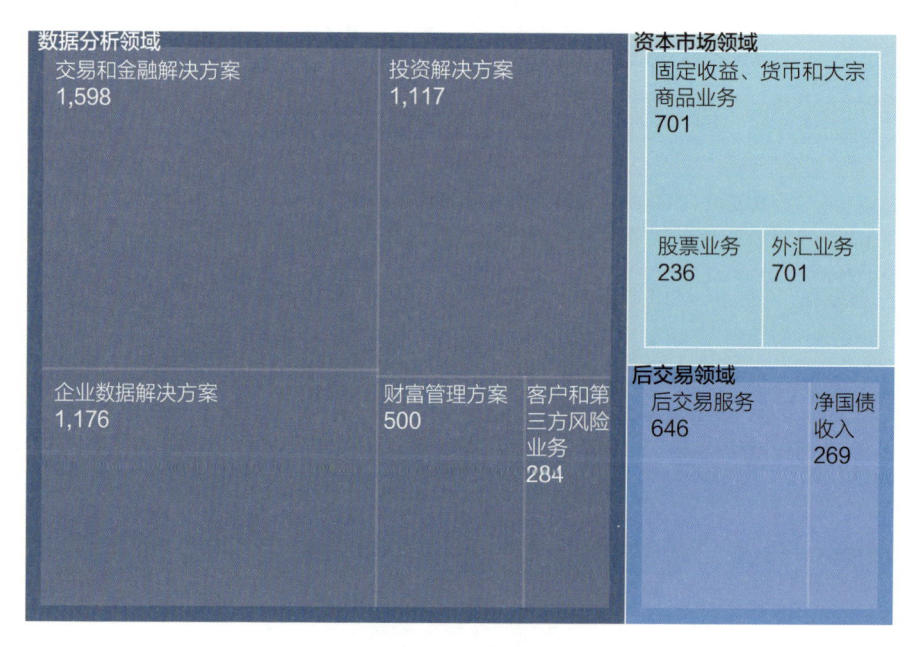

LSE 2020 年收入组成（单位，百万美元）

数据分析领域		资本市场领域	
交易和金融解决方案 1,598	投资解决方案 1,117	固定收益、货币和大宗商品业务 701	
		股票业务 236	外汇业务 701
		后交易领域	
企业数据解决方案 1,176	财富管理方案 500	客户和第三方风险业务 284	后交易服务 646	净国债收入 269

图 11-7　英国伦敦证券交易所的收入来源（矩形树图）

资料来源：相关公司，节选自《问题增多令伦敦证交所失去了对路孚特交易的兴趣》，菲利普·斯塔福德（Philip Stafford），亚历克斯·巴克，《金融时报》，2021 年 6 月 30 日。

当连读出现多个饼图时，你要想想读者需要花多大精力去比较各个扇区……

这种数据呈现方式给读者造成了很大的记忆负担。况且上面的示例里只有 3 张饼图，每个饼图也都只有 3 个扇区。一旦数据更复杂，这种问题就更加严重。

网格图

如图 11-8 所示，使用三饼图来显示欧洲商学院毕业生所取得的职业发展成就。

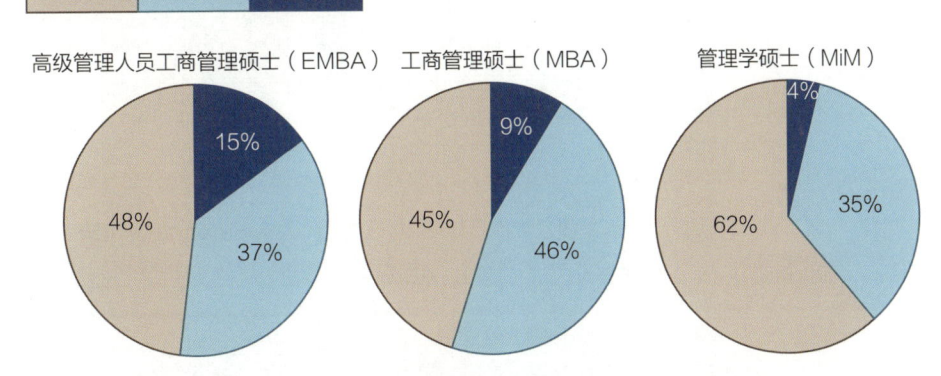

图 11-8　欧洲商学院毕业生所取得的职业发展成就

注：根据毕业生毕业三年后的调查。
资料来源：《金融时报》商学教育数据，节选自《用图表带你了解欧洲商学院毕业生所取得的职业发展成就》，利奥·克雷莫内西（Leo Cremonezi），山姆·斯蒂芬斯（Sam Stephens），《金融时报》，2000 年 12 月 6 日。

克里斯·坎贝尔使用上述饼图中的 9 个数据绘制了一张网格图，从而更加连贯地呈现出了信息结构。图中的每个子图都是由一个个方格排列而成。详见图 11-9。注意，网格图还有另一个优点：每个格子代表一个百分点，这能方便读者计数。

网格图的结构也非常灵活，我们可以根据需要设置网格布局（比如，10×10 或 5×20 的布局）。对于多个整体与部分关系的比较来说，它是一种非常有用的工具。

图表的力量
信息高效传达之术

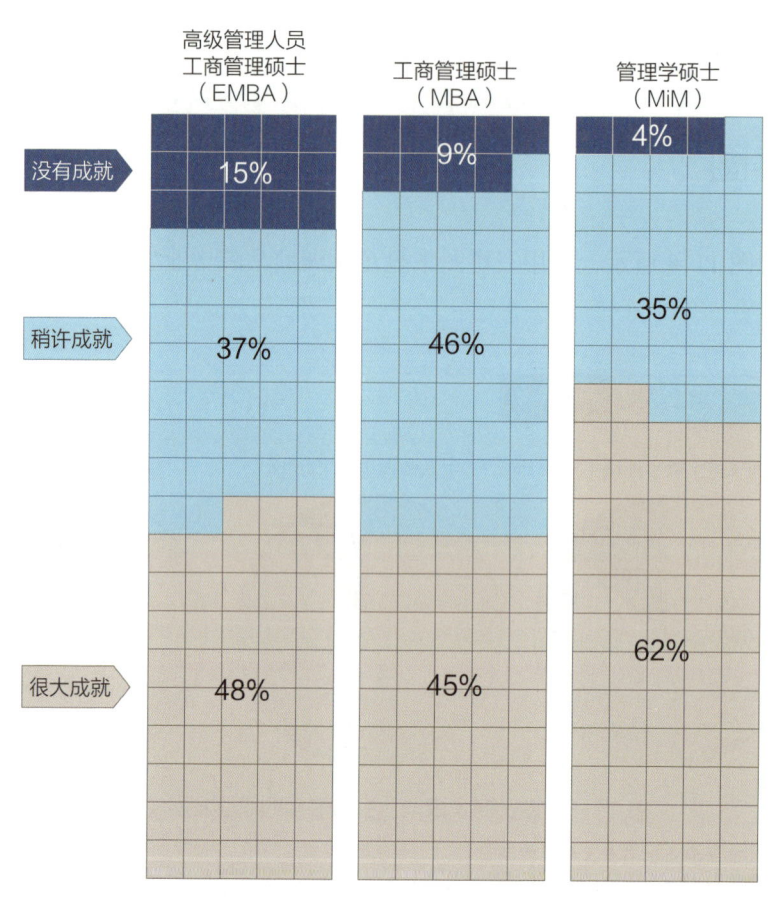

	高级管理人员 工商管理硕士 （EMBA）	工商管理硕士 （MBA）	管理学硕士 （MiM）
没有成就	15%	9%	4%
稍许成就	37%	46%	35%
很大成就	48%	45%	62%

图 11-9 欧洲商学院毕业生所取得的职业发展成就（网络布局图）

注：根据毕业生毕业三年后的调查。
资料来源：《金融时报》商学教育数据，节选自《用图表带你了解欧洲商学院毕业生所取得的职业发展成就》，利奥·克雷莫内西，山姆·斯蒂芬斯，《金融时报》，2000 年 12 月 6 日。

堆叠条形图

堆叠条形图是饼图的另一个有效替代选择，可以呈现一个或多个整体与部分关系。我们可以在它上面使用传统图表用到的数轴，这意味着我们无须像对待饼图那样，给每个单独的区段标记上相应的数值，其文字标签也更加整洁（图 11-10）。

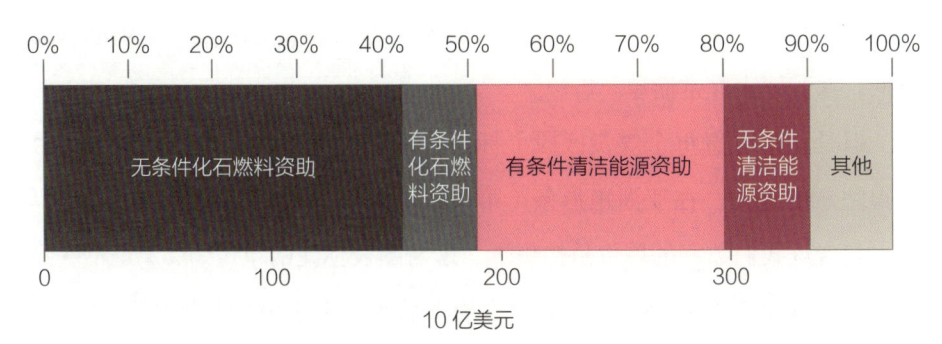

图 11-10　2020 年 1 月至 2021 年 3 月七国集团在能源上投入的公共资金份额

资料来源：泪水基金会（Tearfund），《新冠疫情期间，七国集团因实施没有附加"绿色条件"的财政援助政策饱受批评》，卡米拉·霍奇森，《金融时报》，2021 年 6 月 2 日。

最后，让我们看看能够同时呈现部分到整体关系以及其他关系的图表。

图 11-11 显示了煤炭在世界能源供应中的地位。乍一看，这是一张简

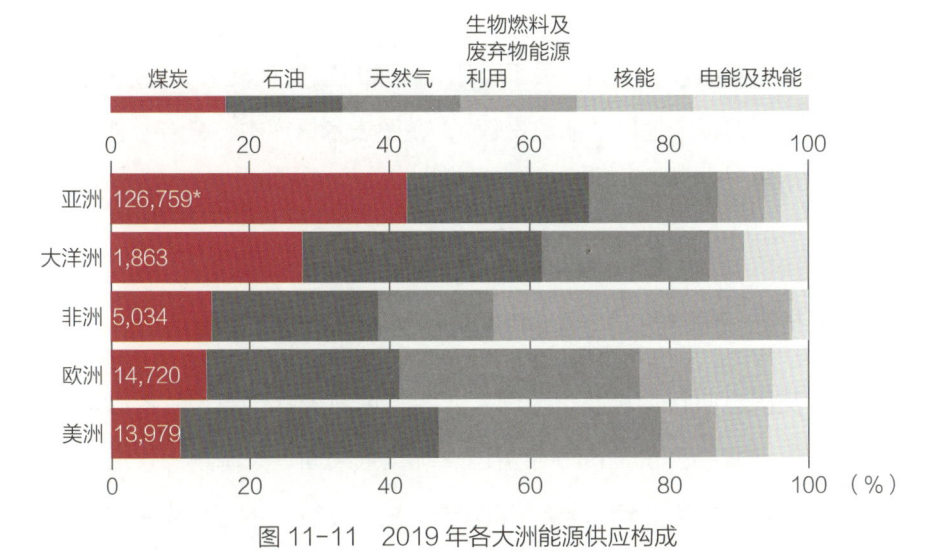

图 11-11　2019 年各大洲能源供应构成

* Petajoules 拍焦耳（千万亿焦耳）。

资料来源：联合国统计司（UNSD）。

单的堆叠条形图，每个矩形条代表一个地区，各个区段加起来等于100%。对比煤炭区段的长度，我们发现亚洲是煤炭占比最高的地区，而美洲占比最低。这张图表非常简单。

但是，请注意每个煤炭区段上标注的数字。有时候，星号是图表中最值得注意的地方。在亚洲矩形条（第一行）煤炭区段的星号指向了一个脚注，它告诉我们数字的单位是拍焦耳。这与图表标注的单位（%）是不一致的。仔细观察各煤炭区段，我们会发现矛盾点：大洋洲较长区段代表1863拍焦耳，而欧洲和美洲较短的区段分别代表14720拍焦耳和13979拍焦耳，这是为什么呢？

这张图表的制作者遇到了数据可视化中最令人头疼，也最常见的难题，即如何在一张图表上显示多个总量数据及其各部分组成。这是我们在数据可视化过程中遇到的超级难题，人们不得不靠胡乱添加星号和一堆不匹配的饼图勉强应付。

那么，怎么解决这个问题呢？

我们希望既能够显示幅度关系（比较能源供应的规模），又显示整体与部分关系（了解每个地区的能源份额），在图表术语库中，只有一种图表兼具这两种功能，它就是神奇的马赛克图。

马赛克图

马赛克图也叫比例堆叠条形图，或者"玛莉美歌"图。后者源自芬兰的一家家具和服装公司。1960年美国总统竞选期间，杰奎琳·肯尼迪曾经靠一身带有明亮重复图案的玛莉美歌服饰，重新定义了自己的形象。

我们可以将马赛克图看作一种带有一条附加数轴的堆叠条形图。图表上既包含一条表示百分比的轴，又包含一条代表总量的轴，从而方便我们

第一部分
了解图表

使用面积来表示总体能源供应量（图11-12）。这样一来，读者既可以比较总量，又可以观察其组成部分。

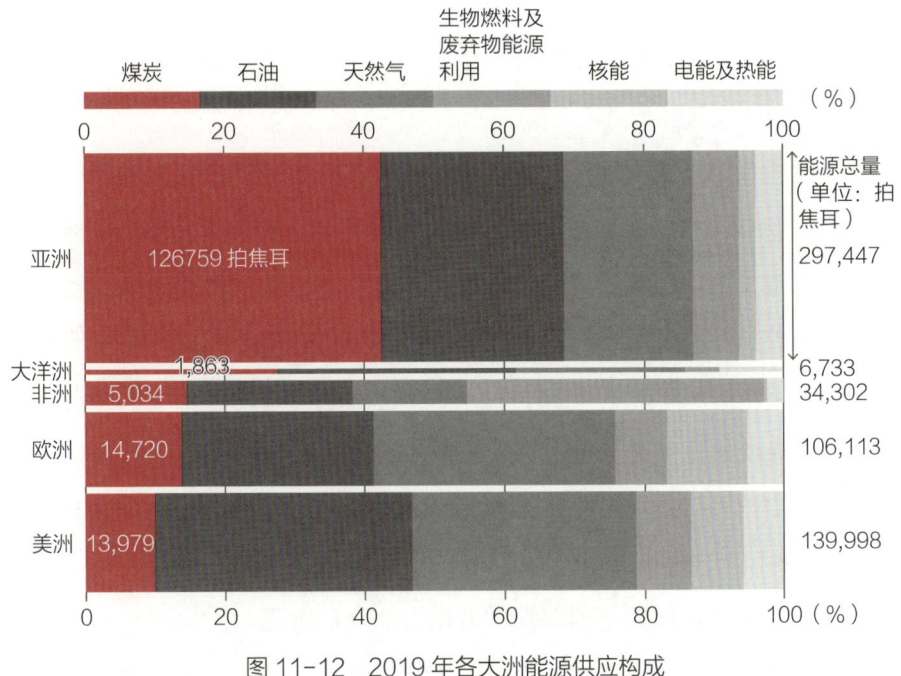

图 11-12　2019年各大洲能源供应构成

资料来源：联合国统计司。

这张经过重新制作的图表显示了煤炭在亚洲能源供应中的绝对主导地位，亚洲相应的区段面积比其他地区的总和还要大。尽管大洋洲的煤炭供应比重排在第二位，但我们可以发现，它的煤炭总体能源供应量是几个地区中最低的。至于非洲和欧洲，虽然它们煤炭供应比重相差不多，但是欧洲的煤炭绝对供应量要大得多。

任何一种旨在显示两种及以上统计关系的图表都会有所取舍，马赛克图也是如此。商务智能和信息设计专家史蒂文·菲尤恰如其分地指出，马赛克图使用面积表达数值，可能存在问题。相对于二维差异（如面积差异），人类的感知系统能够更有效地感知到一维差异（如长度差异、点在轴上的位置差异）。

菲尤还认为，马赛克图"还存在一个与堆叠条形图相同的问题"，即："读者很难准确比较没有沿着共同基线对齐的矩形条宽度或高度"。这些合理的观点表明，读者很难观察到马赛克图各个区段的细微差异。数据集越大，这种问题也就越严重。

菲尤建议对马赛克图进行重新设计，将其分解成多个独立的、更常规的图表，令不同的图表重点呈现不同的数据关系。从功能上讲，这种做法是非常有意义的。但我认为，读者仅凭一张马赛克图，就能观察到整个数据集中的整体与部分关系，而且能够留下深刻的印象。因此，我依然将它列入数据可视化工具箱中。有时候，这个优点比呈现细微差异更为重要。

我曾经使用过一张马赛克图，来显示全球金融危机中各国对银行业的救助规模（图11-13）。图中的横轴表示各国救助规模占其国内GDP的比重，纵轴表示各国的经济规模。

为了方便读者比较塞浦路斯（救助金230亿美元，占比20%）和美国（救助金17.4万亿美元，占比4.3%）之间的巨大差异，我纵向拉长了这张图表。如图所示，由于图表太高，很难将其放在一页纸上。不过这张图表能在带有滚动条的网页上完整显示出来。拉长的图表也留出了很多空间，方便我在图表上引述他人的评述，从而对数据添加背景信息。另外一个设计技巧是，图上使用了重复图案底纹，以便放大显示美国从救助贷款中收回的资金。这种做法间接借鉴了马赛克图的起源——纺织图案。

马赛克图与图表术语库中的很多其他类型图表一样，不可能是解决所有可视化问题的万能药。但在特定情况下，它能够有效地反映总体的重要组成。

第一部分
了解图表

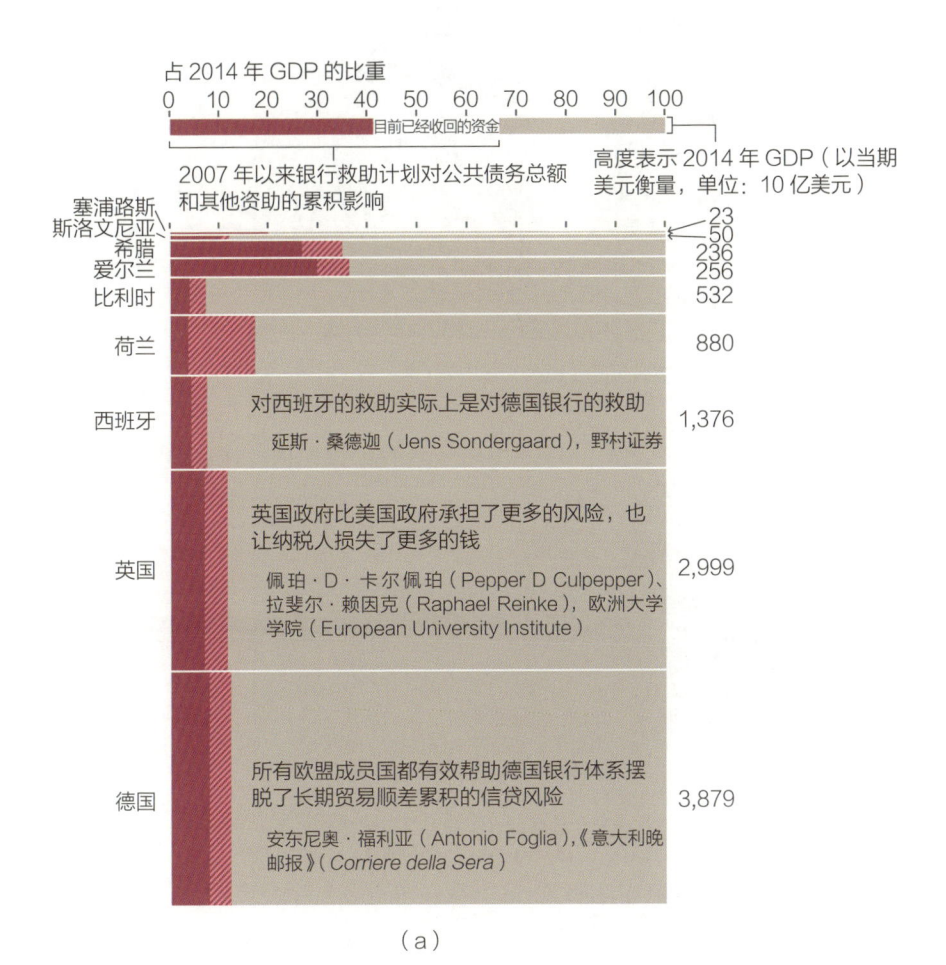

占 2014 年 GDP 的比重
0 10 20 30 40 50 60 70 80 90 100

目前已经收回的资金

2007 年以来银行救助计划对公共债务总额和其他资助的累积影响

高度表示 2014 年 GDP（以当期美元衡量，单位：10 亿美元）

塞浦路斯 23
斯洛文尼亚 50
希腊 236
爱尔兰 256
比利时 532
荷兰 880

西班牙 1,376

> 对西班牙的救助实际上是对德国银行的救助
> 延斯·桑德迦（Jens Sondergaard），野村证券

英国 2,999

> 英国政府比美国政府承担了更多的风险，也让纳税人损失了更多的钱
> 佩珀·D·卡尔佩珀（Pepper D Culpepper）、拉斐尔·赖因克（Raphael Reinke），欧洲大学学院（European University Institute）

德国 3,879

> 所有欧盟成员国都有效帮助德国银行体系摆脱了长期贸易顺差累积的信贷风险
> 安东尼奥·福利亚（Antonio Foglia），《意大利晚邮报》（*Corriere della Sera*）

（a）

图表的力量
信息高效传达之术

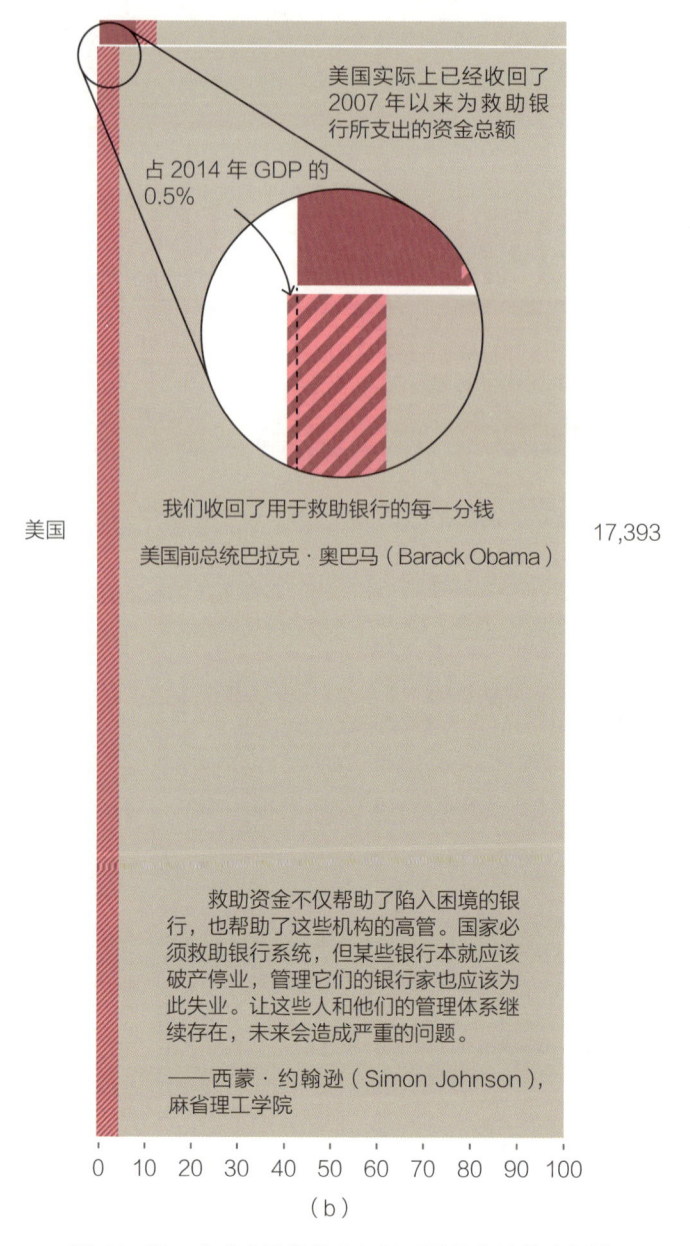

美国实际上已经收回了2007年以来为救助银行所支出的资金总额

占 2014 年 GDP 的 0.5%

我们收回了用于救助银行的每一分钱

美国前总统巴拉克·奥巴马（Barack Obama）

美国　　　　　　　　　　　　　　　　　　17,393

救助资金不仅帮助了陷入困境的银行，也帮助了这些机构的高管。国家必须救助银行系统，但某些银行本就应该破产停业，管理它们的银行家也应该为此失业。让这些人和他们的管理体系继续存在，未来会造成严重的问题。

——西蒙·约翰逊（Simon Johnson），麻省理工学院

0　10　20　30　40　50　60　70　80　90　100
(b)

图 11-13　全球金融危机中各国对银行业的救助规模

制图：艾伦·史密斯，史蒂芬·福利（Stephen Foley），本图节选自《银行救助成本将成为未来多年的负担》，《金融时报》，2017 年 8 月 8 日。

12 地理空间图

第一部分
了解图表

地理空间图着重强调数据中的精确位置和地理分布规律。

地图是我进入数据可视化领域的起点。在就读地理专业时，我认真研读了雅克·贝尔坦（Jacques Bertin）等制图学家的著作。贝尔坦的《图形符号学》（*Semiologie Graphique*，1967年出版）是一部划时代的著作。不仅启发了当时梦想成为一名地图制图师的我，也对整个信息可视化领域产生了重要影响。

贝尔坦融汇了几何、色彩和图案元素，提出了"视觉变量"的概念。现在这一概念依然是包括图表术语库在内的众多数据可视化工具包的基础。

到《金融时报》工作后，我同样受到了很多人的启发。我的同事史蒂文·伯纳德就是一名制图专家。他绘制的地图，不仅精美，而且极具吸引力。史蒂文的图表展现了地图的优势：将真实世界浓缩到一张画布上，既吸引了读者，又传递了信息。

图12-1这张令人赞叹的图表显示了纽约曼哈顿区新建成的豪华房产。它充分表明地图可以很自然地将信息置于背景之上，这是其他任何形式的数据可视化工具都无法比拟的。

图表的力量
信息高效传达之术

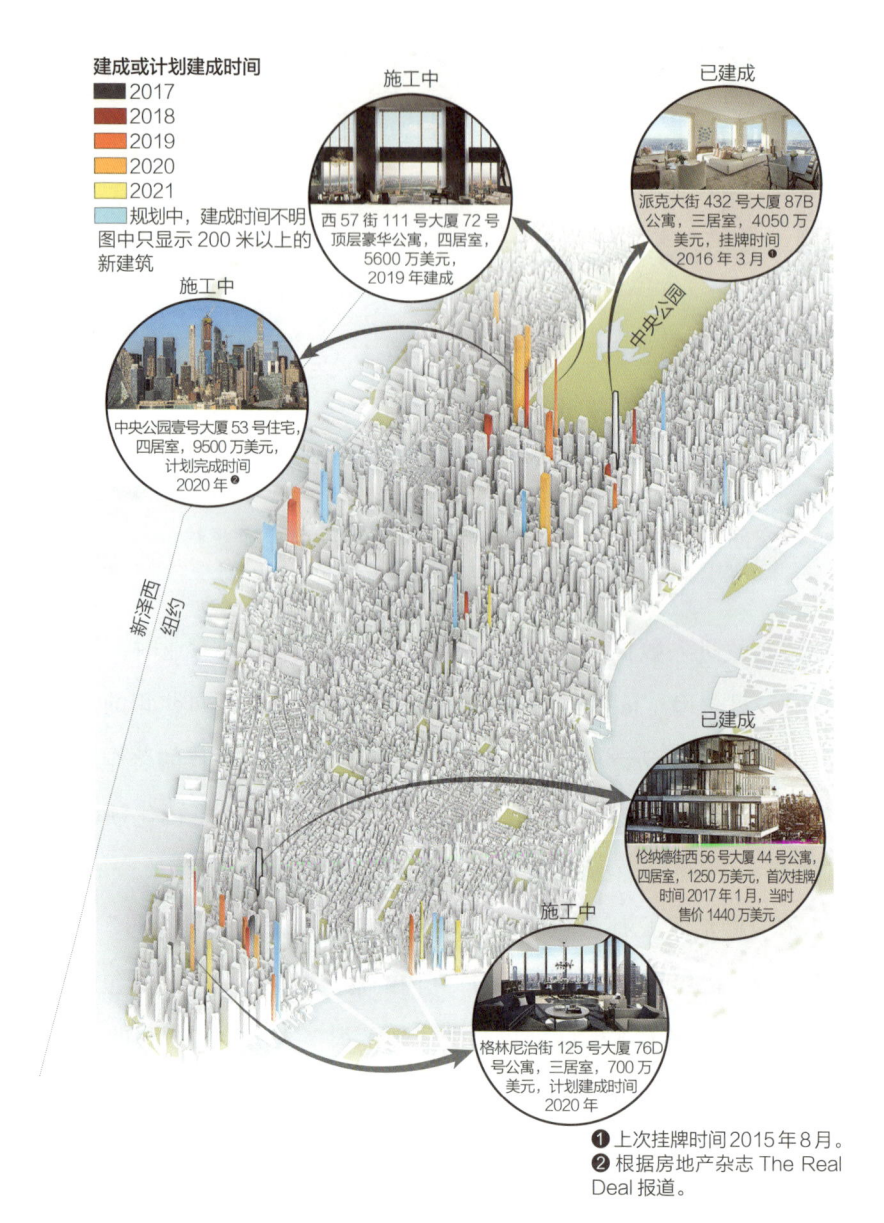

建成或计划建成时间
- 2017
- 2018
- 2019
- 2020
- 2021
- 规划中，建成时间不明

图中只显示 200 米以上的新建筑

施工中
西 57 街 111 号大厦 72 号顶层豪华公寓，四居室，5600 万美元，2019 年建成

已建成
派克大街 432 号大厦 87B 公寓，三居室，4050 万美元，挂牌时间 2016 年 3 月 ❶

施工中
中央公园壹号大厦 53 号住宅，四居室，9500 万美元，计划完成时间 2020 年 ❷

中央公园

新泽西 纽约

已建成
伦纳德街西 56 号大厦 44 号公寓，四居室，1250 万美元，首次挂牌时间 2017 年 1 月，当时售价 1440 万美元

施工中
格林尼治街 125 号大厦 76D 号公寓，三居室，700 万美元，计划建成时间 2020 年

❶ 上次挂牌时间 2015 年 8 月。
❷ 根据房地产杂志 The Real Deal 报道。

图 12-1　纽约曼哈顿区的新建豪华房产分布图

制图：史蒂文·伯纳德。

资料来源：《曼哈顿是否正处于高档住宅的悬崖边缘》，雨果·考克斯（伦敦），2018 年 10 月 10 日。

第一部分
了解图表

虽然已经在《金融时报》工作了几十年，但史蒂文依旧记得，编辑部以前只能靠手工方法将纸质地图集上的图案描摹下来，后来才开始使用地理信息系统软件（GIS）制图。事实证明，这项技术创新大幅提高了制图效率，尤其是针对那些涉及统计计算的地图。它让我们突然之间拥有了一种快速将电子表格转变为"主题地图"的方法。

当然，能力越大责任越大。掌握了快速制作地图的能力，也意味着我们比以往任何时候都更应该遵守地图设计原则。

> **知识点**
>
> **奇妙的制图学**
>
> 制图学是一套庞大的知识体系，这一领域有大量优秀文献能指导人们进行图表制作。我并不打算在本章剩余部分带领大家全面了解这一学科，但我会将主题地图作为图表术语库中的一个组成加以探讨。
>
> 想要更深入了解统计地图相关知识，读者可以参考肯尼斯·菲尔德（Kenneth Field）撰写的《主题地图制作：101种绝妙的经验数据可视化方法》（*101 Inspiring Ways to Visualise Empirical Data by Kenneth Field*）。

分级统计图

分级统计图或许是最知名的一种主题地图。这类地图将人们感兴趣的区域分割成一个个小单元，每个单元代表一个小区域，然后根据相关的统计值对每个小格子加以符号化（往往使用不同的颜色）。

图表的力量
信息高效传达之术

图 12-2 这张表现美国阿片类药物处方数的图，就是一个典型的例子。它显示了美国县一级行政地区每 100 人的处方数。颜色越深，处方率就越高。

图 12-2　美国阿片类药物处方数图

制图：艾伦·史密斯，费德里卡·科科。
资料来源：美国疾控中心。

这张图使用不同的颜色来代表五"级"（或类）数据。在处于前两个等级的县（即每一百人处方数在 100—150 和 150—505 之间的县），阿片类药物处方数比人口还多。

分级统计图最适合揭示数据中所蕴含的重要或者令人惊讶的空间模式。

图 12-3 显示出了整个英格兰最贫穷的地区之一。刚好处于国民收入谱两端的两个社区紧密地靠在一起。

与前面那张阿片类药物处方率图不同，这张图显示的是排序数据。它用不同的颜色代表每个小区域在全国贫穷程度中的排名。

现在看来，这是一张信息丰富的图。但我们在阅读分级统计图时需要注意两个棘手的问题。

首先，我们必须认识到分级统计图上的"级"，在功能上与直方图中的"组"（参见第 7 章"分布图"）非常相似。在直方图上，组的宽度和数量会对图表所能呈现的信息产生很大影响。分级统计图上的"级"，也具有这样的特点。

第一部分
了解图表

图 12-3　2019 年全英格兰贫穷程度排名

资料来源：住房、地方社区和地方政府部。

现在，有大量的分级方法可供我们选择。了解不同方法的影响有助于提高我们的读图和制图素养。首先，让我们来看看两种最知名、最常用的方法：

①等距法，能够确保每个级的数值间隔相等。

②等数法（分位数法），能够确保每个级所包含的地理区域相同。

为了说明这两种分级方法对分级统计图造成的不同影响，我们使用英格兰和威尔士部分地区的家庭收入数据绘制两张分级统计图（图 12-4）。

我们首先观察一下使用等距法绘制的地图。有趣的是，我们很难从中发现数据蕴含的模式，这因为地图都被第二浅和第三浅的颜色所覆盖。属于其他级的区域非常少，尤其是收入最高的区域。事实上，在全国范围内的地图上，我们很难看到有任何被最暗颜色覆盖的区域。

再看一下右侧用等数法绘制的地图。由于每个级包含的地理区域相同，

图 12-4　使用相同数据、不同分级方式绘制的两张图

资料来源：英国国家统计局。

因此，我们能从收入数据中看到更多的空间变化。因为收入越高，颜色越深，因此，我们能够很容易发现英格兰和威尔士之间的收入差异，而这种差异在第一张图上并不明显。

这个对比或许会使你认为等数法优于等距法。在这个案例中，确实如此。

比例符号地图

我们在第 4 章"幅度图"中介绍了比例符号的使用，这是一种在制图界普遍适用的方法。

比例符号地图适用于揭示数据中蕴含的地理空间模式。但是，人们很容易过度使用这类地图。比如，在新冠疫情的早期阶段，我们创建了大量比例符号地图，来显示哪些地方出现了局部的冠状病毒病例激增。但是，一旦病毒传播到世界大部分地区，在世界范围的地图上绘制一个个大圆圈，就显得没有意义了。于是，我们选择了其他可视化方法（特别是后面将要介绍的对数图），来帮助我们对疫情变化进行可视化。

第一部分
了解图表

为什么地图会令读者迷失重点

2016年，我的同事、时任《金融时报》投行记者的劳拉·努南，通过艰苦的调查，得到了一个数据集。里面的内容是一流金融企业在欧洲8个城市的存在形式。英国脱欧公投后，这些城市都在努力争夺伦敦作为金融中心的地位。

劳拉收集了近5000家银行实体的信息，根据这些信息计算出每家金融企业在每个城市的最高存在形式。

当开始对这些信息进行可视化处理的时候，我们最先围绕着地图展开讨论。这似乎再自然不过了，毕竟数据中包含地理信息（涉及银行在不同城市的存在形式）。

在我们考虑数据中的特定模式时，我们希望读者能够从地图上看到两个关键方面：

1. 通过银行的存在形式反映出每个城市的相对金融实力。
2. 每家银行在所有城市中的相对实力。

我制作了一张XY热图，来对比银行和城市之间的关系（图12-5）。

此图表仍然显示了与地图相同的信息，即每家银行在每个城市的最高存在形式。但是，通过将数据按照网格形式组织起来，并按照银行在行和列中存在的最高形式进行排序，数据的可读性大为改观。

与地图相比，我们也能从这张图上看出法兰克福的金融实力强于里斯本。但是这张图能够清楚地显示出汇丰银行强于高盛集团。

我向一些同事展示了重做后的图表，希望获得其他人对这张试验性图表的有价值反馈。因为，一旦图表制作完毕，你就很难再用中立的眼光看待它。

总的来说，对新图表的反馈都是正面的。但我确实收到了一些非常有

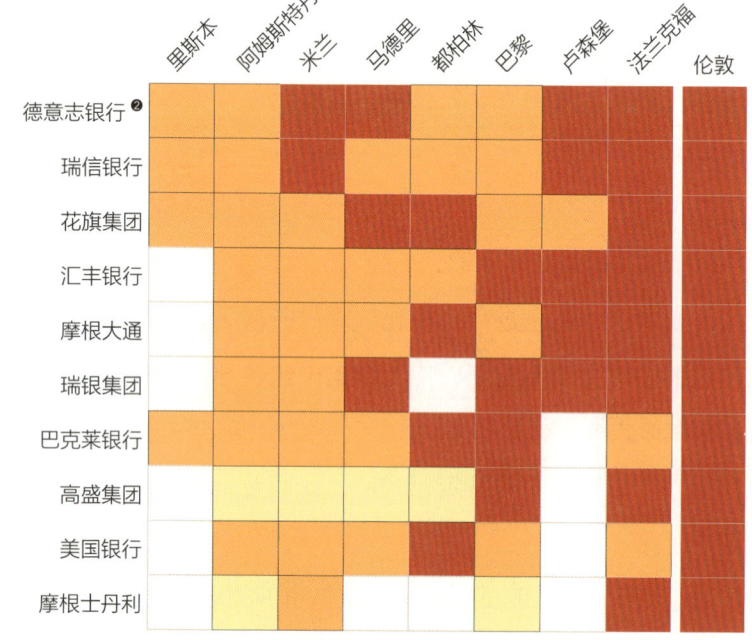

图表的力量
信息高效传达之术

独立的银行	金融企业在每		颜色较深的列表		颜色较深的行表
支行	个城市的最高		明该城市在金融		明该银行在各城
其他形式❶	存在形式		业的存在感强		市中的存在感强

	里斯本	阿姆斯特丹	米兰	马德里	都柏林	巴黎	卢森堡	法兰克福	伦敦
德意志银行❷									
瑞信银行									
花旗集团									
汇丰银行									
摩根大通									
瑞银集团									
巴克莱银行									
高盛集团									
美国银行									
摩根士丹利									

❶ 摩根士丹利和高盛将经纪交易商分支机构包括在内，理由是它们是其欧洲金融网络的重要组成部分。
❷ 德意志银行在伦敦有一家独立的子公司，但其主要实体是一家支行。

图 12-5　英国脱欧后各城市金融实力矩阵

制图：艾伦·史密斯，劳拉·努南。

资料来源：《金融时报》相关研究，节选自《地图就像一块好钢，要用在刀刃上》，艾伦·史密斯，《金融时报》，2016 年 10 月 20 日。

用的建议，包括添加注释来说明如何理解图表（如告诉读者列代表城市实力，行代表银行实力）。

负责保险业的记者也编辑了关于保险公司的类此信息，因此我再次使用网格图对这些数据进行了处理。我认为，在学会了如何阅读第一张图表之后，读者会发现第二张图表更容易理解。

因此，尽管地图既漂亮又灵活，但它并不能解决涉及地理数据的所有可视化问题。我们的图表术语库也强调，地理空间关系只是数据中蕴含的众多可能关系之一。因此，当需要"强调数据中的精确位置和地理分布规律"时，我们才应该使用地图。忽略这个建议，我们制作出的图表可能会让读者迷失重点。

第二部分
优化图表
PART 2

13 好图表背后的科学

尽管很难想象商业交流没有了图表会是什么样子，但是，我们阅读图表的效率到底有多高呢？

图表使用各种视觉元素，如位置、长度、面积、角度和颜色，对信息进行编码，将所要呈现的数据转换为页面上的墨点或像素。但是在反映数字的重要差异方面，这些编码方法不一定同样有效。

2019年，我和同事凯尔·蒂尔福德、卡罗琳·内维特决定在《金融时报》的读者中间进行一个小实验。

《金融时报》的许多读者都熟悉商业和金融领域，因此，对图表并不陌生。有了这样一群图表素养很高的读者，我们很想知道，他们从图表中读懂信息的能力会在多大程度上受到图表形式的影响。

实验分为三个部分。首先我们测试了不同视觉编码方式对读者读图能力的影响。

第一部分：饼图是否更加有效？

许多人在小学时期就学会了如何阅读饼图，而在商业领域，饼图几乎无处不在。但它在反映数据重要差异方面的效率有多高呢?

我们向读者展示了5个饼图(图13-1)。对于每个饼图,我们都要求读者回答这样一个问题:哪个扇区是最大的?

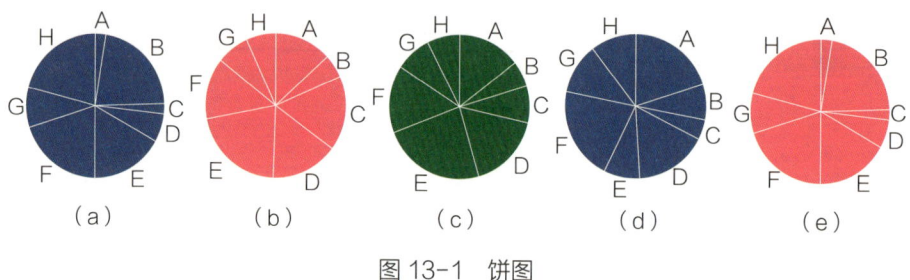

(a) (b) (c) (d) (e)

图13-1 饼图

资料来源:《金融时报》,节选自《好图表背后的科学》,凯尔·蒂尔福德,艾伦·史密斯,卡罗琳·内维特,2019年1月22日。

接下来,我们要求读者执行同样的任务——找出第三大的元素。只不过,这一次图表换成了5个柱形图(图13-2)。

我们并没有告诉读者5个饼图中的数据与柱形图完全相同,以便他们能够独立完成每个任务。

利用这个互动实验,我们收集了读者对这些问题的答案。最终,我们分析了超过12000个答案,得出结论——饼图在这方面的表现并不好。

不到五分之一的读者准确识别出了5个饼图中的第三大扇区。有超过五分之四的读者能够从用相同数据制作的柱形图中,正确识别出所有柱形图中第三大的矩形柱。

对于单个数据的比较(幅度比较),基线相同的矩形柱或矩形条,往往比饼图更加有效,特别是当每个元素的数值只有微弱差异时。

事实上,我认为许多人都能直观感受到,估计饼图扇区的值是相当困难的。这也是为什么我们实际看到的大多数饼图都标注了确切的数值。这当然很好,但这也失去了我们使用图表而不是表格的本意。

第二部分
优化图表

（a）

（b）

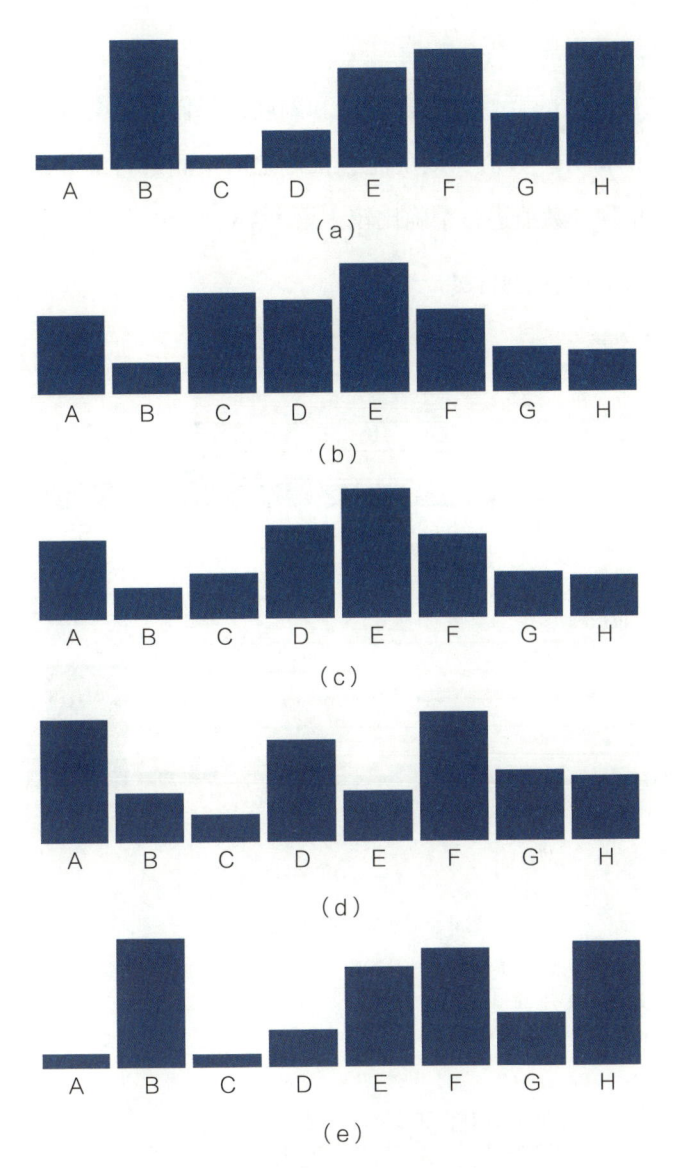

（c）

（d）

（e）

图 13-2　柱状图

资料来源:《金融时报》，节选自《好图表背后的科学》，凯尔·蒂尔福德，艾伦·史密斯，卡罗琳·内维特，2019 年 1 月 22 日。

图表的力量
信息高效传达之术

为什么我们很难从饼图中发现细微的差异呢？我们后面将会了解到，饼图的视觉编码非常复杂。

如果在矩形柱的背景上设置数轴和刻度，我们可能会进一步提高柱形图识别任务的得分。数值和刻度能够很好地对空间进行细分，这有助于读者对图表所呈现的数值进行精确比较（图13-3）。

不同得分的读者比例（%）

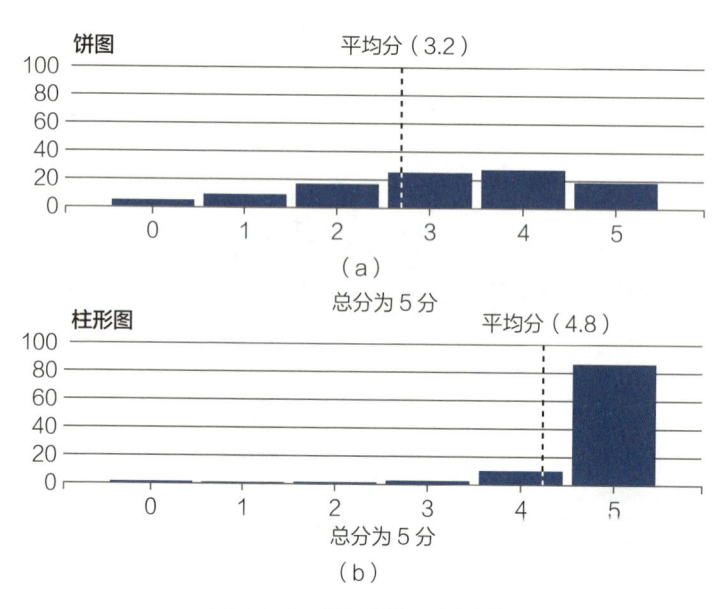

饼图　　　　　　　　平均分（3.2）

（a）
总分为5分

柱形图　　　　　　　平均分（4.8）

（b）
总分为5分

图 13-3　饼图和柱形图对比

资料来源：《金融时报》，节选自《好图表背后的科学》，凯尔·蒂尔福德，艾伦·史密斯，卡罗琳·内维特，2019年1月22日。

第二部分：空间识别能力

有关饼图和柱形图的第一轮测试，只是要求读者对区段大小进行排名，找出第三大的区段。但有时候，我们不仅仅想知道哪个最大，还想知道到底大多少。

第二部分
优化图表

在接下来的测试中,我们要求读者比较两个形状,并告诉我们,形状 A 比形状 B 大多少倍。

首先,我们展示了一个柱形图,使用高度作为比较指标(一维比较);然后,以面积为指标,对圆进行比较;最后,我们在二维屏幕上呈现出一个三维的球体,要求读者比较球体的体积(图 13-4)。

同样,我们没有告诉读者在上面所有的例子中,形状 A 和形状 B 之间的比例是相同的,都是 8∶1。

我们从 12,000 多个答案中得出一个令人惊讶的结果(图 13-5)。对高度和面积测试来说,答案的平均值相当准确,而体积测试的答案平均值约等于 6,这意味着读者在一定程度上低估了体积差异。但是,平均值掩盖的信

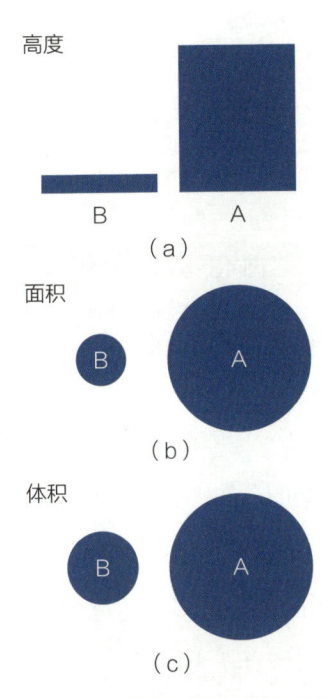

图 13-4 高度、面积和体积测试

资料来源:《金融时报》,节选自《好图表背后的科学》,凯尔·蒂尔福德,艾伦·史密斯,卡罗琳·内维特,2019 年 1 月 22 日。

图表的力量
信息高效传达之术

横轴表示读者对两者倍率的估计值，纵轴表示读者百分比

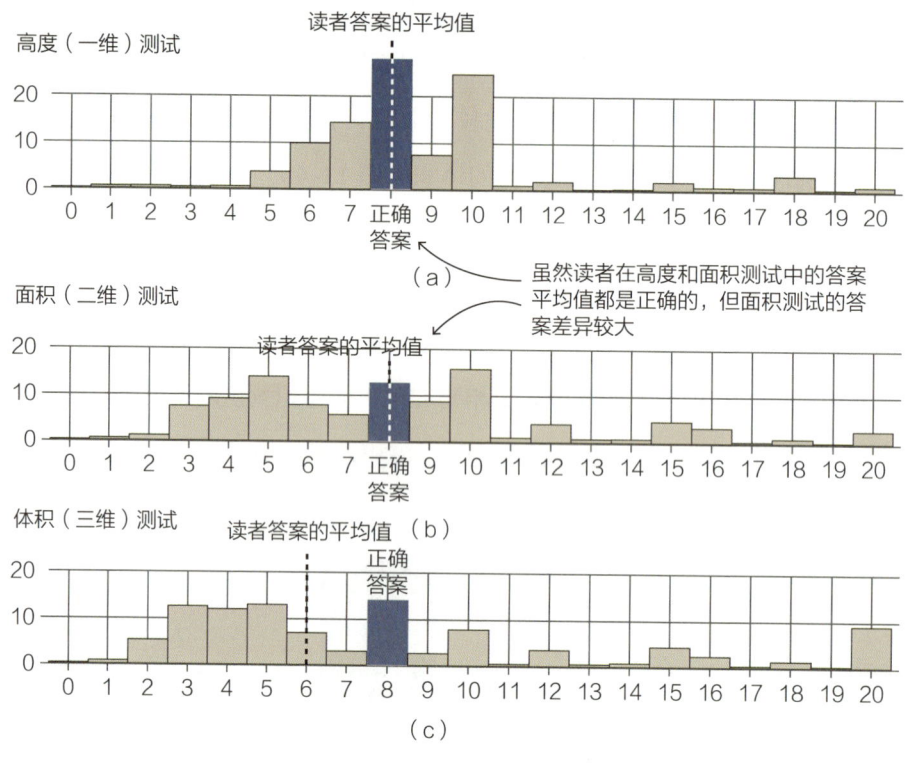

高度（一维）测试 读者答案的平均值

（a）正确答案

面积（二维）测试 读者答案的平均值

虽然读者在高度和面积测试中的答案平均值都是正确的，但面积测试的答案差异较大

（b）正确答案

体积（三维）测试 读者答案的平均值

（c）正确答案

图 13-5　测试结果

资料来源：《金融时报》2019—2020 年对 12500 名读者估计值的分析，节选自《好图表背后的科学》，凯尔·蒂尔福德，艾伦·史密斯，卡罗琳·内维特，2019 年 1 月 22 日。

息往往多于它所反映出来的。

我们看看高度测试答案的分布，并将它与面积测试进行比较，可以看到，面积测试的答案差异更大。观察"正确"答案的左侧，你会发现，更多读者所估计的圆 A 面积比实际面积小得多，超过 15% 的人认为圆 A 的面积只有圆 B 的 3 到 4 倍。几乎没有读者认为矩形 A 的高度是矩形 B 的 3 到 4 倍。

最令读者头疼的是"体积"，读者在这个问题上只能胡乱猜测。同样，我们先看一下答案值的分布。近十分之一的读者认为球 A 是球 B 的 20 倍，

与那些认为只有 3 倍大的读者比例相近。

除此之外，这些结果表明，尽管更复杂的形状可能更加美观（大多数人可能会认为球体比矩形更好看），但在数据可视化方面，它们可能会造成一些问题。形状越复杂，越难进行比较。

想让图表更加美观并不是一件坏事。事实上，这样做也大有好处，原因是我们的眼睛很容易被美丽和有趣的东西所吸引。但是，通过使用更复杂的视觉要素（特别是不必要的三维图形）来实现这个目的，有可能会模糊图表所要传达的信息。信息图的严重误用总是从重视风格轻视信息传达开始。

但是，这并不意味着我们应该在商务信息沟通中摒弃圆形和球体。例如，有时候，我们可能只想看看某物比另一物是大还是小，在这种情况下，我们就可以使用圆形了。

第三部分：眼见未必为实

我们给读者的最后一个测试是感知力测试（图 13-6）。

图 13-6 感知力测试

资料来源：《金融时报》，节选自《好图表背后的科学》，2019 年 1 月 22 日。

接受这一测试的《金融时报》读者中，40% 的人认为这种说法是正确的。对这些人来说，正确的答案（矩形条的颜色没有变化），肯定令他们意想不到。我也确实收到了这样的反馈。

这说明，我们的视觉感知依赖于环境，我们不善于观察孤立的事物。人们之所以觉得，里面的矩形条颜色逐渐变化，是因为外部矩形框中有一个相反方向的渐变。

人类感知力易受环境影响，适用于一系列视觉属性，而不仅仅是颜色属性。著名的缪勒 – 莱尔错觉（Müller–Lyer illusion）就是另一个环境效应的案例（图 13-7）。在这个案例中，箭头影响了我们对连接箭头的直线长度的感知。

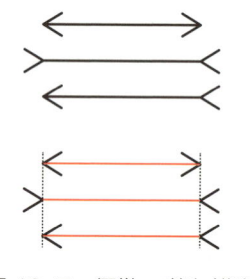

图 13-7　缪勒 – 莱尔错觉

总结

虽然这些测试可能简单且有趣，但总的来说，它们表明了一个重要的观点：为了有效地进行数据传达，我们需要理解人们是如何阅读或者误读视觉信息的。否则，我们就永远无法回答一些看似简单的问题，比如什么样的图表才是好图表？

折线图、条形图和饼图已经有二百多年的历史了，但直到不久前，人们才开始对不同可视化方法的有效性等问题进行专门的研究。

威廉·克利夫兰（William Cleveland）和罗伯特·麦吉尔（Robert McGill）1984 年发表了论文《图形感知：图形方法开发的理论、试验和

第二部分
优化图表

应用》(*Graphical Perception: Theory, Experimentation and Application to the Development of Graphical Methods*)。这或许是人们对常见的感知活动，以及它与数据可视化之间的关系所进行的第一次重要研究。当然，在此前不久，爱德华·塔夫特曾发表了一篇很有影响力的文章——《量化信息的可视化展示》(*The Visual Display of Quantitative Information*)。但这是一篇篇幅较短的论文。克利夫兰和麦吉尔则提出了一种基于证据的数据可视化理论，这一理论至今依然具有重大影响力。

它开创了这一领域的先河，此后便涌现出大量丰富且卓有成效的学术研究工作。如今，我们可以轻松查阅这篇论文。

数据可视化软件公司 Tableau 的资深研究专家罗伯特·科萨拉认为，提高人们对数据可视化科学的认识是提高图形沟通流畅性的关键。

他指出，"由于人们很难接触到可视化研究，因此许多人好像认为，20世纪80年代以来，这一领域没有什么进展。但事实上，有一大批学者正在积极开展新研究"。

科萨拉与西北大学的杰西卡·赫尔曼（Jessica Hullman）、科罗拉多大学（University of Colorado）的丹尼尔·绍菲尔（Danielle Szafir）以及纽约大学（New York University）的恩里科·贝尔蒂尼（Enrico Bertini）合作，建立了一个博客来重点介绍数据可视化研究的最新成果。他解释道，"借助我们的博客 Multiple Views，我们希望那些对此感兴趣的人能够访问这些成果"。

> **知识点**
>
> **可视化数据沟通背后的科学：什么样的图表更有效**
>
> 另一个很好的资源是一篇关于如何提高数据可视化清晰性的报告以及相关研究。作者是史蒂夫·弗兰科内里（Steve Franconeri）、拉切·帕迪拉（Lace Padilla）、普丽蒂·沙阿（Priti Shah）、杰夫·扎克斯（Jeff Zacks）和杰西卡·赫尔曼。对于那些希望深入理解有效数据可视化背后科学的读者来说，这是一篇必读文章。

第二部分
优化图表

14 合理使用数轴与刻度

多大才算大？

在谷歌（Google）搜索框中输入"汤姆·克鲁斯（Tom Cruise）"，搜索引擎的预测自动补全算法会显示，这位著名演员的身高和他的票房收入一样受人关注（图 14–1）。

快速搜索一下互联网电影数据库，我们会发现汤姆身高 1.7 米。但这个身高到底有多高呢？让我们看看其他著名演员的身高，并与汤姆做个比较。

我们按照演员身高从高到低依次排列在柱形图上（图 14–2）。图的两端是两位出演了《权力的游戏》（*Games of Thrones*）的演员哈弗波·朱利尔斯·比昂森（曾获得过世界大力士冠军）和彼特·丁拉基。他们代表了成年人身高的两个极限。

比汤姆高的演员，包括他的前妻妮可·基德曼，排在左边。再看右侧，令一些人可能感到惊讶的是，《哈利·波特》男主角丹尼尔·雷德克里夫，实际上比这位矮小的《碟中谍》（*Mission: Impossible*）男主角稍矮一点。

从图表上看，一切似乎都没什么问题。但对于毫无警惕心的读者来说，这里面暗藏着一个不小的问题。

图表的力量
信息高效传达之术

图 14-1 "汤姆·克鲁斯"的谷歌浏览器上的搜索结果

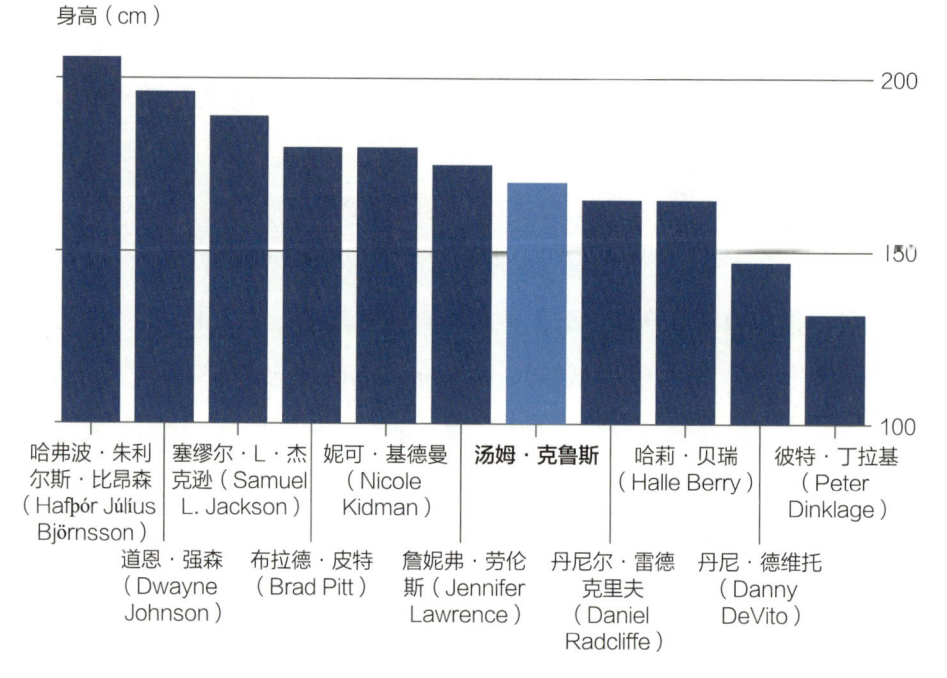

图 14-2 其他知名演员与汤姆·克鲁斯的身高对比

资料来源：谷歌，IMDB，经艾伦·史密斯授权使用。

214

第二部分
优化图表

  这张图表的初衷是直观地解决这个问题:"如何比较这些知名演员的身高?"用图表术语库中的语言来说,这张图表呈现的是幅度关系,通俗地讲,就是"比较起来,这些对象到底有多大?"。从这方面看,这张图欺骗了我们。

  比较一下出演了《权力的游戏》的两个演员,我们发现,丁拉基的矩形柱高度只有他的合作演员的 30%。比昂森身高 2.06 米,这令他非常适合在这部 HBO 热播剧中出演"魔山"格雷果·克里冈。但是,如果我们把图表中的身高比例应用到现实中,那么,丁拉基的身高将只有 61 厘米。丁拉基确实很矮,但也没有那么矮。事实上,他的真实身高(1.32 米)是这个高度的两倍多。问题到底出在哪里?

  这种错误的印象是由图表的纵轴(y 轴)造成的。仔细看数轴,你会发现,它是从 100 厘米开始的,但我们不能假设所有人都注意到了这一点。这意味着,图表上每一个矩形柱的高度不是等比例的,原因是每个演员的身高有 1 米的高度被图表掩盖了。为了让读者得到对演员相对身高的正确印象,我们应当将矩形条延伸到测量的起点——地面(0cm 处)(图 14-3)。

  将类似的图表延伸到从零开始,就能够修正我们对比例的印象。但这样产生了一个新问题,演员身高之间的差异更细微了,从而令人感到有些沉闷。

  但是,通常情况下,事物的绝对大小(幅度)并不是我们最关心的问题。我们感兴趣的往往是事物间的差异,或者用图表术语库里的话说,事物与已知点的离差。因此,也许我们可以稍微修改一下,将我们的问题变成"其他演员比汤姆·克鲁斯高或矮多少?"。

  通过改变我们用图表呈现的关系,我们不再关注演员的绝对身高,而是关注他们之间的相对差异。

  在计算完每个演员与克鲁斯身高的离差后,我们将数轴设定在略微超过 74 厘米的区间,区间长度为最高和最矮演员的身高差。从视觉上看,我

图表的力量
信息高效传达之术

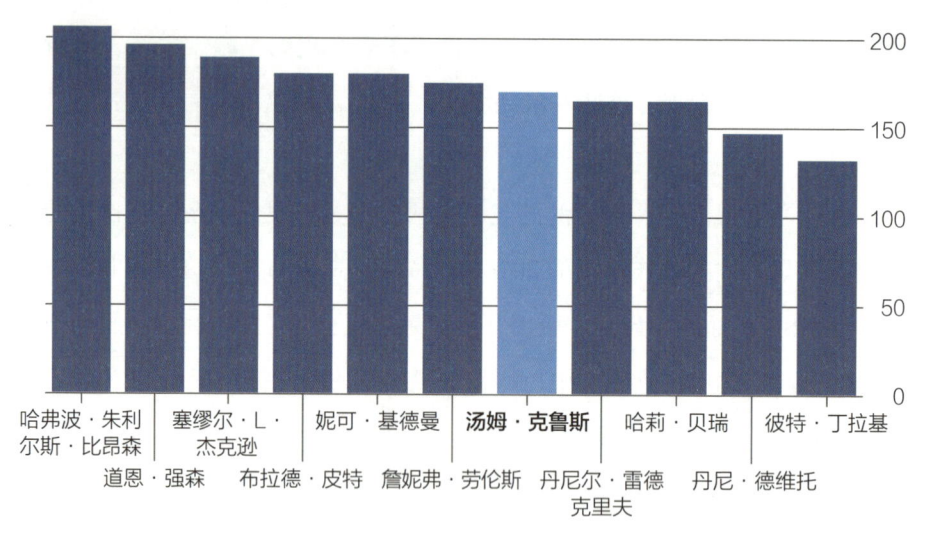

身高（cm）

图 14-3 其他知名演员与汤姆·克鲁斯的身高对比（变更坐标起点值）
资料来源：谷歌，IMDB，经艾伦·史密斯授权使用。

们放大了图表。现在，代表零点（即克鲁斯的身高）的中间水平线，成了我们的视觉焦点（图 14-4）。

这样做的一个好处是，对于身高矮于克鲁斯的演员，矩形柱朝下延伸（因为离差是负数），而对于高于克鲁斯的演员，矩形柱向上延伸。这样，我们就能更轻松区分这两个群体。

这个例子看起来有些故意卖弄的味道，毕竟，稍微扭曲一下好莱坞演员的身高，又有什么问题呢？但是，如果这个图表呈现的是一个不同的数据集，目的是为某个重大决策提供信息，而且图表上的单位代表数百万美元，或者事关上万人的福祉，情况还会一样吗？这时候，由于坐标轴不是从零开始而造成的感知扭曲，就成了一个严重的问题。

这个有关名人身高的警示案例给我们的主要启示是什么？显示幅度比较的图表通常应该以零作为坐标轴的起点，但是，正如接下来我们要学习

第二部分
优化图表

每个演员与克鲁斯的身高差（单位：cm）

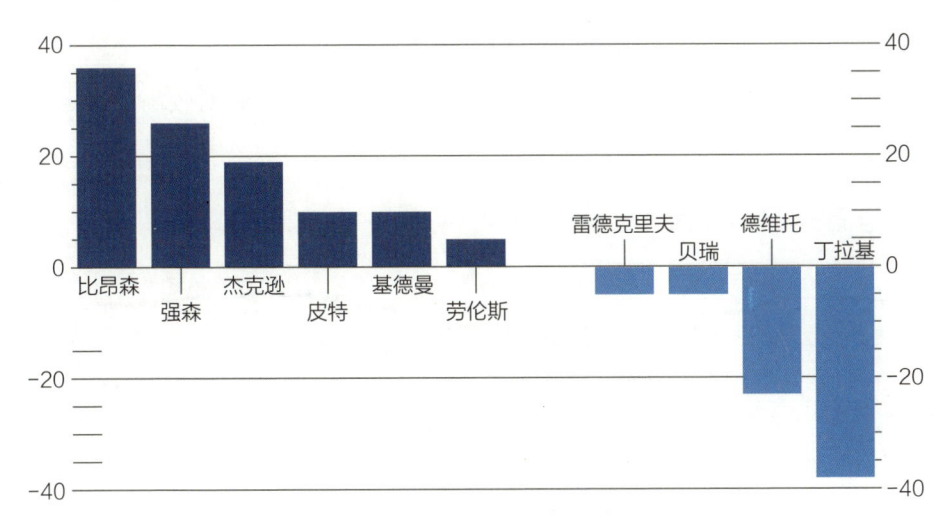

图 14-4　其他知名演员与汤姆·克鲁斯的身高对比

资料来源：谷歌，IMDB，经艾伦·史密斯授权使用。

的，这个规则只适用于图表术语库中的幅度关系，并不适用于所有图表。

坐标轴的起点设置至关重要

几十年来，疫苗接种一直是全球卫生事业的一个重要话题。而蔓延全球的新冠疫情又使它进一步成了人们关注的焦点。

最近几十年，英国公共卫生部一直定期发布各种疫苗的接种数据。根据这些数据，我们可以很轻松地绘制出图表，来显示疫苗接种率是如何随时间变化的。例如，折线图图 14-5 显示了麻疹、腮腺炎和风疹联合疫苗（MMR）接种率的变化。粗略看一下，我们似乎会觉得没有什么变化。图表显示，近几十年来，接种率一直很高，而且一直保持在高位，只有很小的波动。但是，让我们认真思考一下，我们所要呈现的疫苗接种数据，会涉及哪些重要方面：

图表的力量
信息高效传达之术

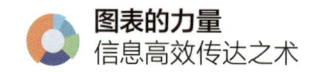

①要实现有助于疫情控制的群体免疫，就需要较高的疫苗接种率。就麻疹而言，世界卫生组织建议的疫苗接种率为 95%。

②在英国这样的发达国家，我们预计疫苗接种率会相对较高，肯定不会低于 50%。

英国两岁前接种 MMR 疫苗的儿童比例（%）❶

❶ 已完成第一轮接种的儿童。

图 14-5　英国（MMR）疫苗接种率随时间变化图

资料来源：COVER 项目，英国公共卫生部（Public Health England），节选自《如何绘制不会被数据洪流淹没的图表》，艾伦·史密斯，2016 年 1 月 25 日。

这两点都意味着，我们将纵轴起点设为零，会导致大部分区域都留给了不重要的内容，而不太可能呈现任何有价值的数据。这样，很多信息都被隐藏了起来。

我们试着调整数轴，将其放大一点。这样，它就不再显示 0 到 80 之间的值，而是显示 80 到 100 之间的区间（图 14-6）。记住，这与第一张图表中显示的数据相同，唯一的区别是，我们修改了数轴刻度并添加了疫苗接种目标的信息。在这张新的图表上，我们可以发现，80% 的接种率是一个较低的水平。在这个背景信息下，确实如此。

第二部分 优化图表

这两个图表差异很大，我们甚至很难相信两者使用了相同的数据。现在，我们可以观察到，从 20 世纪 90 年代末到 21 世纪 00 年代中期，疫苗接种率呈现出显著、迅速的下降趋势，实际水平远远低于群体免疫所需的水平。随后，接种率上升，形成了"V"形回升趋势。而这一"V"形趋势与一篇不可信的论文有关。这篇 1998 年发表在《柳叶刀》（The Lancet）的论文提出，MMR 疫苗与自闭症之间存在联系。2010 年，《柳叶刀》撤回了这篇论文。

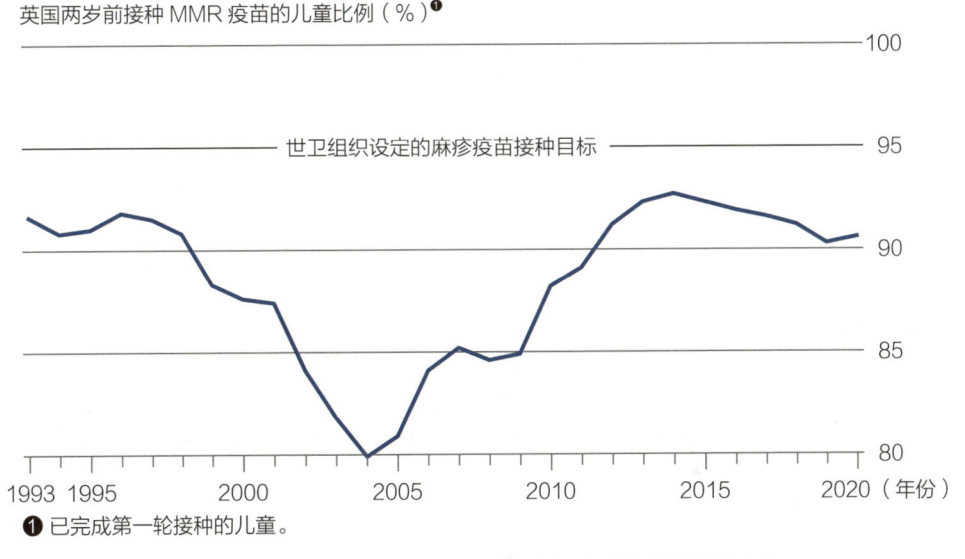

英国两岁前接种 MMR 疫苗的儿童比例（%）❶

❶ 已完成第一轮接种的儿童。

图 14-6　英国疫苗接种率随时间变化图（修改纵轴起点）

资料来源：COVER 项目，英国公共卫生部，节选自《如何绘制不会被数据洪流淹没的图表》，艾伦·史密斯，2016 年 1 月 25 日。

这样，我们通过缩短数轴，呈现出了幅度关系图所无法呈现的信息。那么，这两种图形之间到底有什么根本不同呢？

最重要的不同是，我们要呈现的数据不是简单的数量（如演员身高、人数、美元数、石油桶数）。换句话说，我们要展现的不是幅度关系。

我们要研究的是疫苗接种率（每 100 名儿童中接种疫苗的人数）是如

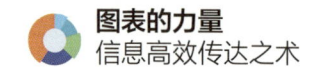

何随着时间变化的。在这种情况下，我们拉进"镜头"（即数轴），将图表放大以显示正常、预期或"目标"数据范围。这样做是完全合理的。

当然，在报告或汇报演示中使用两张图表是完全可行的。我们可以用第一张图进行概述（如"总体而言，接种率似乎相当高……"），用第二张图表进行详细说明（如"……但是，如果我们将图表放大，就会看到问题所在"）。但是，如果你只能根据一张图表来作出重要的决定，那就选择后者。

数轴是图表编辑者的重要工具

我曾经与一位拒绝修改图表坐标轴的分析师进行过沟通，她给出的理由是，"人们会指责我带有偏见"。

很多人认为，只要自己遵从软件的默认设定，就可以免除掉信息传达的任何责任。但事实上，并没有所谓的中立图表。制作图表是图表编辑者的决定，不制作图表也是。

我们在设计图表时，应该保证图表能够对争论或决定有所启示，这正是图表的作用所在。

图 14-7 是根据世界银行在线统计数据库自动生成的原始图表，它显示了全球女性在议会中所占的席位比例。

这张图表显示了女性在议会中的比例随时间变化的趋势。我们从中可以发现，这个比例从 1997 年的近 12%，上升到 2020 年的 25% 左右。同样，不看数轴的刻度（有些读者确实会这样做），人们可能会认为，世界似乎已经解决了性别平等的问题，因为折线都已经一直延伸到了图表的右上角。

当我们使用计算机软件制作图表时，软件向导通常会对如何缩放图表

第二部分
优化图表

世界各国议会中女性所占席位比例(%)

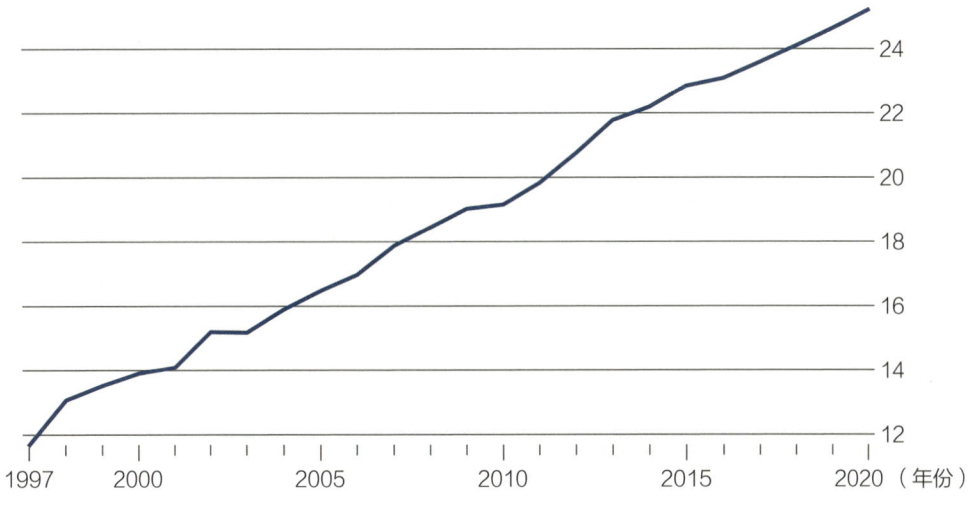

图 14-7　世界各国议会中女性占比趋势变化

资料来源：世界银行（The World Bank）。

数轴进行"合理的推测"，尤其是像这样自动生成的图表。计算机软件是通过检查所绘制数据的最小值（在本例中为12%）和最大值（25.2%），做到这一点的。有时，软件还会将数据四舍五入，使图表更加整洁。

但软件并不知道它所显示的信息代表什么，也不知道我们为什么要制作图表。接受软件的默认设置，我们会生成带有误导性的图表。让我们来解决这个问题。

我们一开始为什么要制作这个图表呢？我们的目的是衡量议会在性别平等方面取得的进展。那么，什么是性别平等呢？答案或许是女性在议会中占据大约一半（即50%）的席位。

我们将纵轴（y轴）上限设定到这个水平，得到了一个非常不同的图表（图14-8）。事实体现在图表的空白部分，它表明性别平等问题没有什么显著进展，女性在政治代表权上实现平等还需要几十年的时间。同样，与麻疹疫苗接种率案例一样，我们很难相信，我们看到的是相同的数据。在这种（缓慢且恒定的）进展速度下，蓝线将需要几十年的时间才能触及50%的水平。

世界各国议会中女性所占席位比例（%）

图 14-8　世界各国议会中女性占比趋势变化

资料来源：世界银行，经艾伦·史密斯授权使用。

当然，也许性别平等不是你的政策考量。如果是这样，那你继续改变数轴大小，直到它匹配你想要的点（图 14-9）。

线性刻度与对数刻度

在 2020 年新冠疫情早期阶段，新闻机构竭尽全力向公众解释迅速升级的疫情规模。为此，他们将图表推上了媒体舞台的中心。2020 年 10 月，BBC（英国广播公司）体育节目主持人加里·莱因克尔（Gary Lineker）在推特上表示，"在这场疫情灾难中，我能想到的唯一积极的事情是，我们中的一些人可能学会了阅读图表"。

第二部分
优化图表

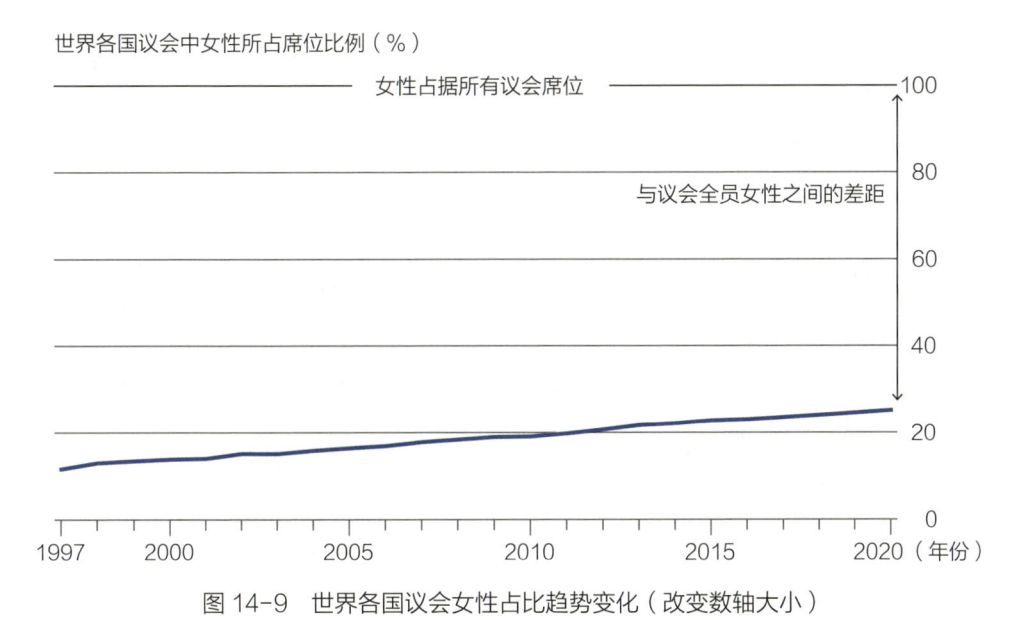

世界各国议会中女性所占席位比例（%）

女性占据所有议会席位

与议会全员女性之间的差距

1997　2000　　　2005　　　　2010　　　　2015　　　2020（年份）

图 14-9　世界各国议会女性占比趋势变化（改变数轴大小）

资料来源：世界银行，经艾伦·史密斯授权使用。

我的同事约翰·伯恩 – 默多克发布的一张图表，迅速流传开来，并成为一张报道死亡率的明星图表。一位读者在推特上写道，他在网上搜索"《金融时报》死亡图表制作人"，搜索引擎给出的结果正是约翰。

约翰设计新冠病毒致死人数变化图的目的，是让读者了解疫情在世界不同地区传播的速度。在图 14-10 的纵轴上，他选择了一个"对数刻度"来表示新冠肺炎死亡病例数。

通过比较用相同的疫情数据绘制出的两个图表，我们可以发现使用对数刻度对视觉造成的巨大影响。这两个图表一个使用了我们所熟悉的线性刻度数轴（数字按照顺序均匀增加），另一个则使用了对数刻度轴（图 14-11）。

在显示新冠疫情早期病例快速增加趋势方面，对数刻度图表现很好。通过对数刻度图，我们发现，在疫情发生之前的短暂时间内，意大利和韩国的增长轨迹相似。而在线性刻度图上，我们很难看出韩国发生过疫情。

223

图表的力量
信息高效传达之术

对数刻度轴上的每个主刻度都是前一个刻度的若干倍，在本例中为 10 倍

一个数轴上使用对数刻度，而另一个使用线性刻度的图表叫作半对数图

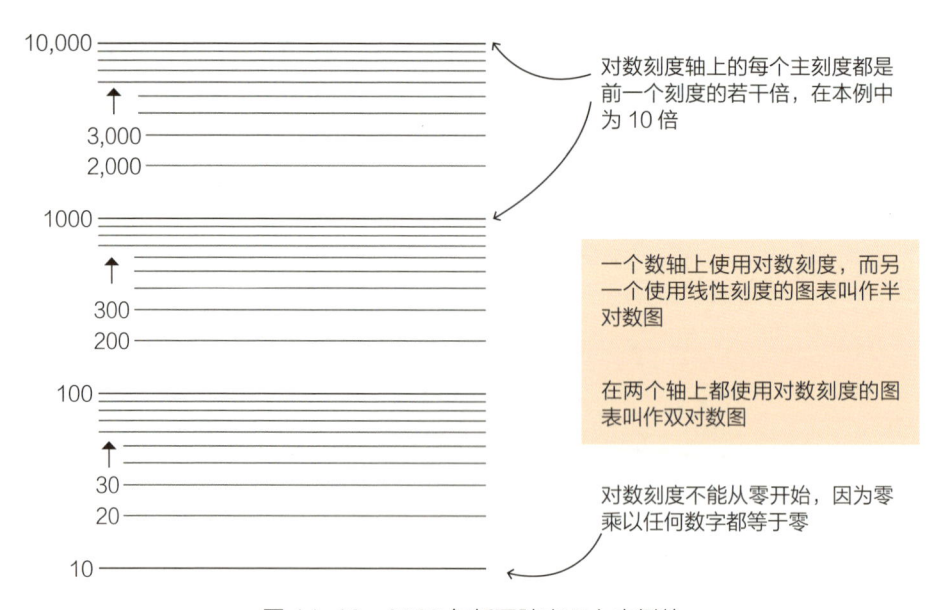

在两个轴上都使用对数刻度的图表叫作双对数图

对数刻度不能从零开始，因为零乘以任何数字都等于零

图 14-10　2020 年新冠肺炎死亡病例数

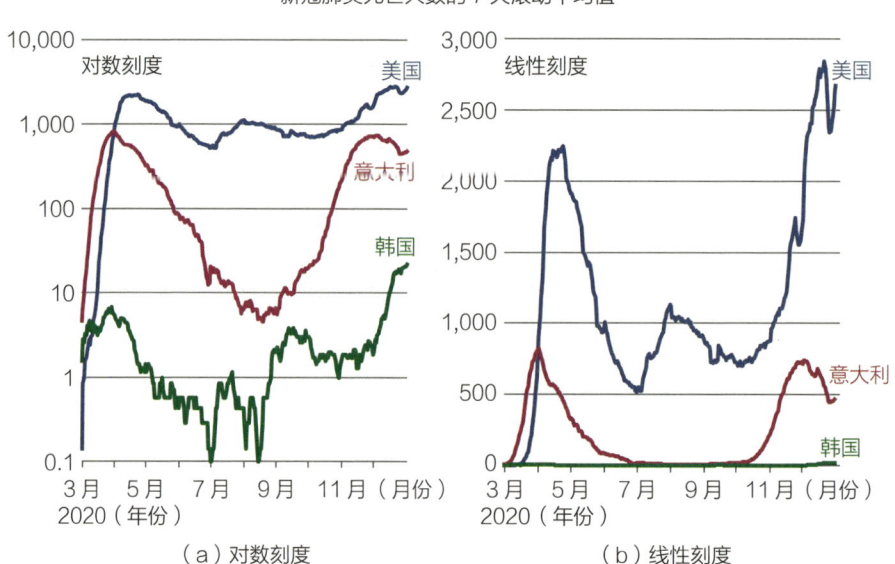

新冠肺炎死亡人数的 7 天滚动平均值

（a）对数刻度　　　　　　（b）线性刻度

图 14-11　2020 年新冠疫情死亡病例数的对数刻度与线性刻度对比

资料来源：改编自 ft.com/covid19 上的《金融时报》图表。

第二部分
优化图表

约翰每天都会对图表进行更新,这些图表产生了巨大影响力。世界各地的新闻机构也都在使用类似的图表。在美国第一波疫情期间,这些图表是社交媒体上的主角。

在很大程度上,多亏了约翰的努力,对数刻度图现在流行起来,甚至无处不在。谷歌搜索趋势显示,随着疫情的升级,"对数刻度"的全球搜索热度在2020年3月底激增(图14-12)。这或许是因为封控期间,读者们都在试图积极了解这种从未接触过的刻度轴。

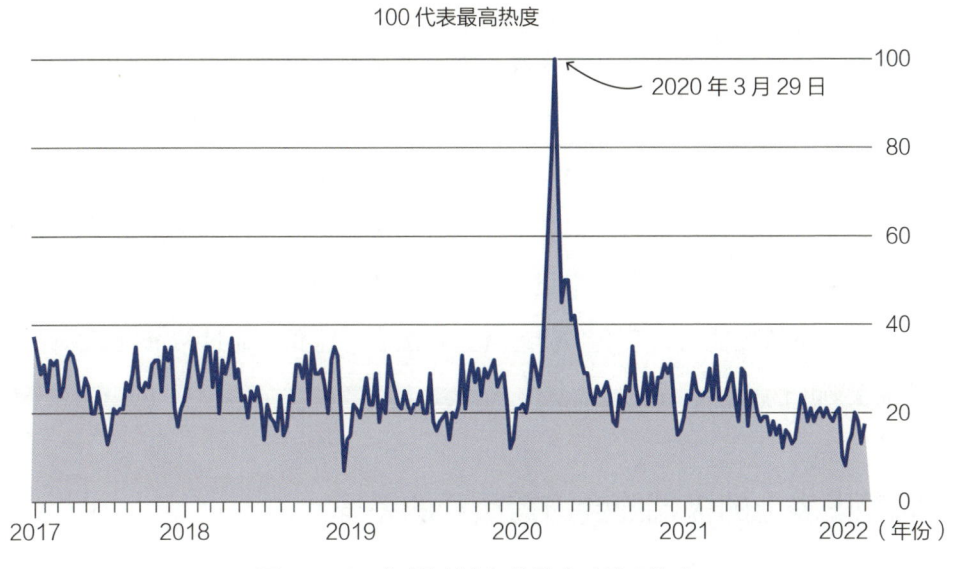

图 14-12 "对数刻度"谷歌全球搜索热度

资料来源:谷歌。

但这也引出了一个问题,阅读过对数刻度图的读者是否真正理解这类图表?伦敦经济学院(London School of Economics)的研究人员对此进行了调查,并得出了否定的结论。

研究人员发现,更令人担忧的是,对数刻度图影响了人们对疫情的态度。他们发现,与传统的线性图表相比,读者"觉得对数刻度图上的曲线

（似乎）更平坦、更令人放心"。伦敦经济学院的研究人员最后建议，"大众媒体和政策制定者应该使用线性刻度图，或者至少同时使用两个刻度的图表，来说明疫情的演变趋势"。

当然，我们欢迎这样的研究。因为，我们希望不断加深对读者理解图表方式的认识。但也有可能是，这项研究的重点偏离了对对数刻度价值的判断。例如，研究人员要求参与者回答"是某一周内死亡人数更多，还是另一周内死亡人数更多？"，这个问题显然更适合线性刻度，因为它关注的是相对值。

此外，这项研究并没有让许多数据可视化专家感到惊讶。他们以前也曾经不断向困惑的读者解释对数刻度。因此，我们很容易根据这些经历和这项新研究得出这样一个结论：我们永远都不应该使用对数刻度。

但是，经验告诉我们，相对于没什么起伏变化的线性刻度图来说，有时候对数刻度轴能够揭示出隐藏在前者之下的关键信息。因此，我们应该提高自己的读图能力，学会如何理解这种图表。让我们通过两个例子来结束有关刻度的这一章节。

隐藏图表上的极端值会掩盖重要的差异

著名的统计学家、TED 演讲者汉斯·罗斯林（Hans Rosling），同时也是一名图表专家。他发现对数刻度图还有另一个优点：它能够通过放大细节来帮助我们理解数据中的关键模式。如果不采用对数刻度，这些细节有可能会被少数几个极端值（即统计学中所说的"异常值"）所掩盖。

在图 14-13 中，我们用散点图比较了一系列新兴经济体和发达经济体的人均 GDP 与预期寿命的关系。正如我们所料，经济上越富裕的国家，人口的预期寿命往往也越长。

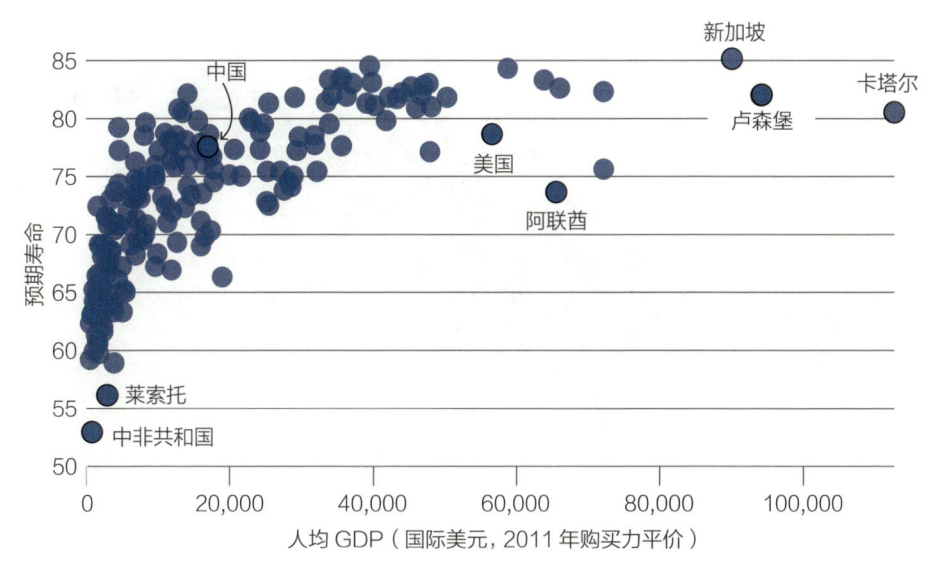

图 14-13　2019 年各国收入与出生时预期寿命的关系（散点图）

数据来源：Gapminder（其数据包括世界银行、麦迪森林格伦、国际货币基金组织等提供的数据）。经艾伦·史密斯授权使用。

但重要的是，我们要理解发展中国家的收入差异。100 美元和 1000 美元之间相差了 900 美元，39100 美元和 40000 美元之间也相差了 900 美元。同样是 900 美元，前者的差异更大。但是，在这里，我们再次发现了线性刻度的问题——低收入国家集中出现在图表的左侧。原因是，刻度范围只有足够大，才能在图表上显示卢森堡等富裕国家。对数刻度再一次帮助了我们。通过对数刻度图，我们可以清楚地观察到刚果和莱索托等低收入国家的细微差异。并且，GDP 和预期寿命之间关系所呈现出的一般模式也变得更加清晰（图 14-14）。

因此，尽管存在困难，人们仍然应该掌握对数刻度，并学会如何解读对数刻度图。在这个过程中，我们应该认识到，许多人对它并不熟悉，这也是为什么我们要在图表中对此作出详细解释，给出相应的背景信息。

图表的力量
信息高效传达之术

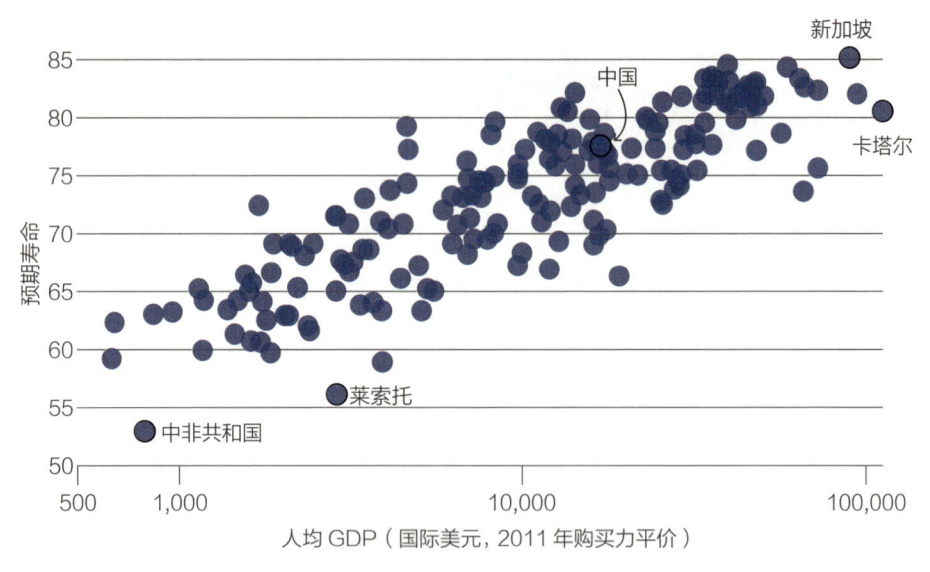

图 14-14　2019 年各国收入与出生时预期寿命的关系（对数刻度图）

数据来源：Gapminder（其数据包括世界银行、麦迪森林格伦、国际货币基金组织等提供的数据）。经艾伦·史密斯授权使用。

对数刻度图能够显示指数式增长的速度

道琼斯工业平均指数（Dow Jones Industrial Average）是世界上使用时间最长的金融指数之一。该指数首次出现于 1896 年，目的是跟踪 30 家在美国证交所上市的大公司的股市表现。如今，某些分析师似乎已经不再看重这一指数，而更看重那些能代表整个股市的其他指数。但道琼斯工业平均指数的悠久历史，也让公众一直对它抱有兴趣。

图 14-15 使用线性刻度来呈现该指数的完整时间序列。

这张图表存在什么问题呢？首先，它有效地掩盖了历史上最严重、持续时间最长的经济衰退对该指数的影响。道琼斯指数用了 25 年时间，才从 1929 年华尔街大崩盘的损失中恢复过来，但是，这张线性刻度图让我们几乎完全看不到这一时期的动荡。现在让我们用对数刻度图来观察相同的数据（图 14-16）。

第二部分
优化图表

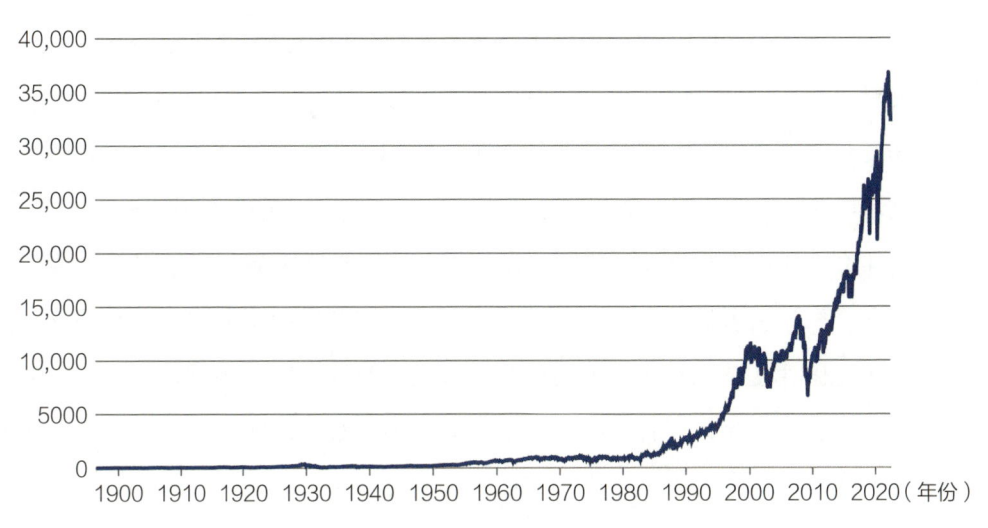

图 14-15　线性刻度下的道琼斯工业平均指数

资料来源：塞缪尔·H·威廉姆森，《从 1885 年至今的道琼斯平均指数的每日收盘价》（MeasuringWorth 网，2022 年），图表节选自《"另类事实"如何改写历史》，艾伦·史密斯，2017 年 1 月 31 日。

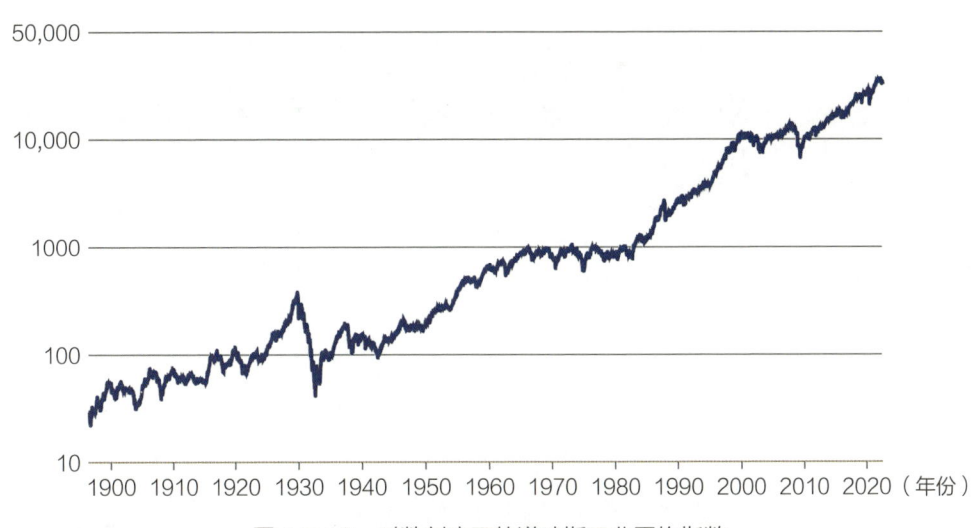

图 14-16　对数刻度下的道琼斯工业平均指数

资料来源：塞缪尔·H·威廉姆森，《从 1885 年至今的道琼斯平均指数的每日收盘价》（MeasuringWorth 网，2022 年），图表节选自《"另类事实"如何改写历史》，艾伦·史密斯，2017 年 1 月 31 日。

在这个例子中，对数刻度图无疑更加有效，因为我们感兴趣的是指数的相对差异，也就是说，我们对 100 和 200 之间差异的兴趣，与对 1000 和 2000 之间差异的兴趣，实际上是相同的，它们都表示翻了一番。这很像新冠疫情早期阶段的情况，对数刻度图能够有效反映出加速和减速阶段。

那么，我们怎么将这些见解，运用到《金融时报》新冠疫情对数刻度图上呢？根据读者们的反馈，我们创建了一个交互式版本的图表，允许读者在线性和对数刻度之间切换，同时也允许读者设置图表外观等。

我们认为，允许读者探索不同设置对图表外观的影响，能够提高读者的图表素养。

15 好图配好文

文字是图表的重要组成部分。我们需要用文字来说明和量化想要呈现的数据。没有这些文字，图表只不过是抽象的几何图形。

但是，公平地说，当讨论到一流图表制作者所需能力时，没有多少人认为写作技能是最重要的。研究表明，这种想法可能并不正确。

2015年，由不列颠哥伦比亚大学（University of British Columbia）的米歇尔·博尔金（Michelle Borkin）和麻省理工学院的卓娅·拜林斯基（Zoya Bylinskii）领导的研究团队，调查了人们是如何理解和记忆图表的。值得注意的是，研究者发现，文字起到了至关重要的作用。他们强调：

"标题和文本能够吸引人们的注意力，会在人们记忆编码的过程中驻留在大脑。因此，它们有助于人们理解和记忆图表。人们会花最多的时间阅读图表文本，更具体地说，阅读图表标题。"

因此，文字，特别是说明性文字，将图表的作用从向读者展示有可能记不住的数据，转变成向读者解释他们有可能记住的故事。我们不需要太多的文字就能令图表大为改观。

我们接下来要举的例子是英国烘焙连锁店 Greggs 的股价图（图 15-1）。这张简单的图表是由我的同事迈尔斯·麦考密克（Myles McCormick）使用《金融时报》记者专用图表工具 FastCharts 绘制的。

单位：便士

图 15-1　2018—2019 年 Greggs 公司股价趋势图

资料来源：路孚特，节选自《尽管供应存在压力，Greggs 还是提高了年度预测》，《金融时报》，2021 年 10 月 5 日。

现在，迈尔斯给标题中增加了细节，并添加了一个简洁的注释，指向了一个关键时刻——公司推出素食香肠卷的时间节点（图 15-2）。我们考虑一下这样做的影响。

哪个版本的图表会带来更好的阅读体验呢？答案是毫无疑问的。新标题和图表注释中的 20 来个字，会产生很大的不同。迈尔斯由此将这张图表变成了一个简洁有趣且令人难忘的"小故事"。

图表本身是完整独立的，这一点很重要。如果一个图表能够令读者不依赖上下文就能理解其基本信息，那么即使它脱离了其所属的文章、报告或者幻灯片，也能直接用于交流。举个例子，如果你想把图表用在自己的

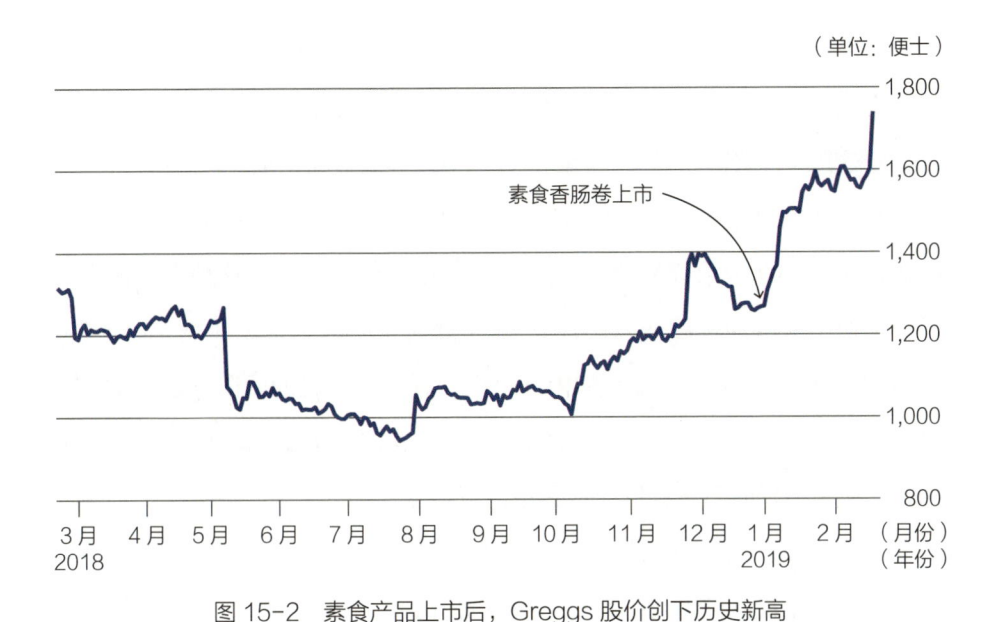

图 15-2　素食产品上市后，Greggs 股价创下历史新高

资料来源：路孚特，节选自《尽管供应存在压力，Greggs 还是提高了年度预测》，《金融时报》，2021 年 10 月 5 日。

社交媒体上，可以使用这种便捷的独立式图表。

《金融时报》的图表文字使用诀窍

《金融时报》视觉与数据新闻团队的同事们，对博尔金和拜林斯基的研究并没有感到意外。基于多年的新闻编辑经验，我们已经对图表文字的重要性有了自己的认识。实践当然很有帮助，另外，与业内最好的文字编辑一起合作，也让我的团队对图表文字不敢有一丝马虎。

标题

标题应该是我们在图表制作过程中创建的第一个元素。毕竟，如果一开始就确定图表应该显示的内容，我们就有了判断最终成品的依据。

实践中，我们可以先简单草拟一下标题。虽然在后续过程中，我们可以也应该对其进行编辑和修改，但是，我们应该养成提前草拟好标题的习惯。

在《金融时报》，大多数情况下，我们都会努力拟定一个记叙性图表标题，这样有助于给读者留下深刻印象，让其产生兴趣。这种形式的图表标题类似于故事的标题或者小标题。《金融时报》的汤姆·斯托克斯（Tom Stokes）开设了关于标题撰写的内部培训课程，并与我的团队一起花了不少时间，来培养我们自己的写作技能。汤姆让我们学会了如何撰写好的图表标题。他认为好的图表标题应该具备以下特点。

①令读者产生阅读兴趣。图表应该有自己的名字，而且名字应该足以吸引读者的注意力，否则读者会忽略掉图表。

②简单易懂且"独立完整"。它能够促使读者继续读下去，了解图表之外的其他信息。但是，了解其他信息应该是读者的后续活动，而不是理解图表的先决条件。

③包含关键字。读者浏览文字内容和关键词有助于他们了解内容。图表标题中的关键字也可以帮助读者通过搜索引擎和社交媒体，第一时间找到你的图表。

④准确、真实。在一个"假新闻"泛滥的时代，最重要的是确保你的图表经得起推敲。

⑤确保准确地表达出图表的原意。考虑到读者可能会首先阅读图表标题，图表的内容必须能够提供证据来加强和证明标题的正确性。在下面这张由克里斯·坎贝尔和帕特里克·马图林绘制的图表上，虽然内容的错综复杂与标题的简单直白形成强烈对比，但标题和图表在信息呈现方面完全一致（图15-3），大多数外卡网球运动员不会在第一场比赛中获胜。

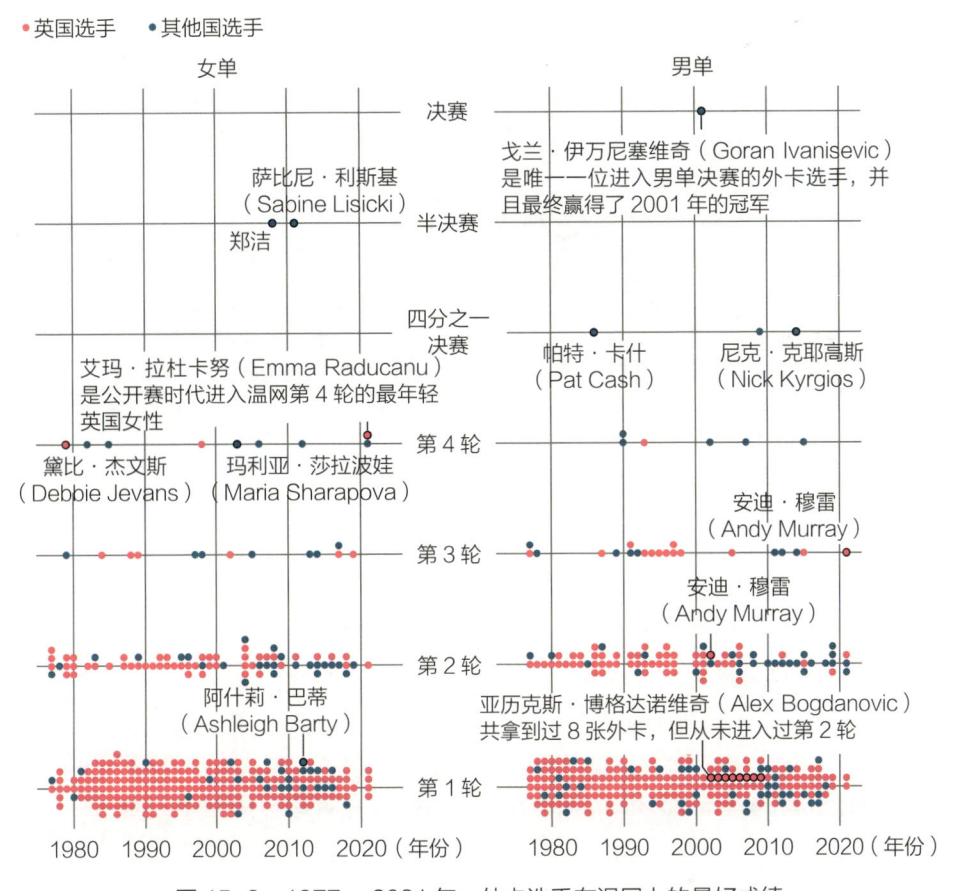

图 15-3　1977—2021 年，外卡选手在温网上的最好成绩

制图：克里斯·坎贝尔，帕特里克·马图林。

资料来源：温布尔登，节选自《少数温网外卡选手的成功并不能掩盖大多数外卡选手的财务窘境》，塞缪尔·阿基尼，克里斯·坎贝尔和帕特里克·马图林，《金融时报》，2021 年 7 月 10 日。

对于重点在解释问题的图表，应该考虑使用"如何"或者"为什么"之类的字眼，这有助于读者通过图表找到这些问题的答案。注意，带有箭头的注释有助于确保标题内容与图表信息相符。比如图 15-4，这张解释性图表上的文字，就能帮助我们更深入理解前一章所学的对数刻度。

在标题中，我们应尽量使用主动动词。好的主动动词可以给出图表的

图表的力量
信息高效传达之术

线性刻度

第二波疫情的起始阶段

当前一波疫情的起始阶段

疫情初期死亡人数增长趋势并不明显

（a）

对数刻度

第二波疫情的起始阶段

当前一波疫情的起始阶段

每一个刻度值都是前一个的10倍

疫情初期死亡人数的指数式增长趋势非常明显

（b）

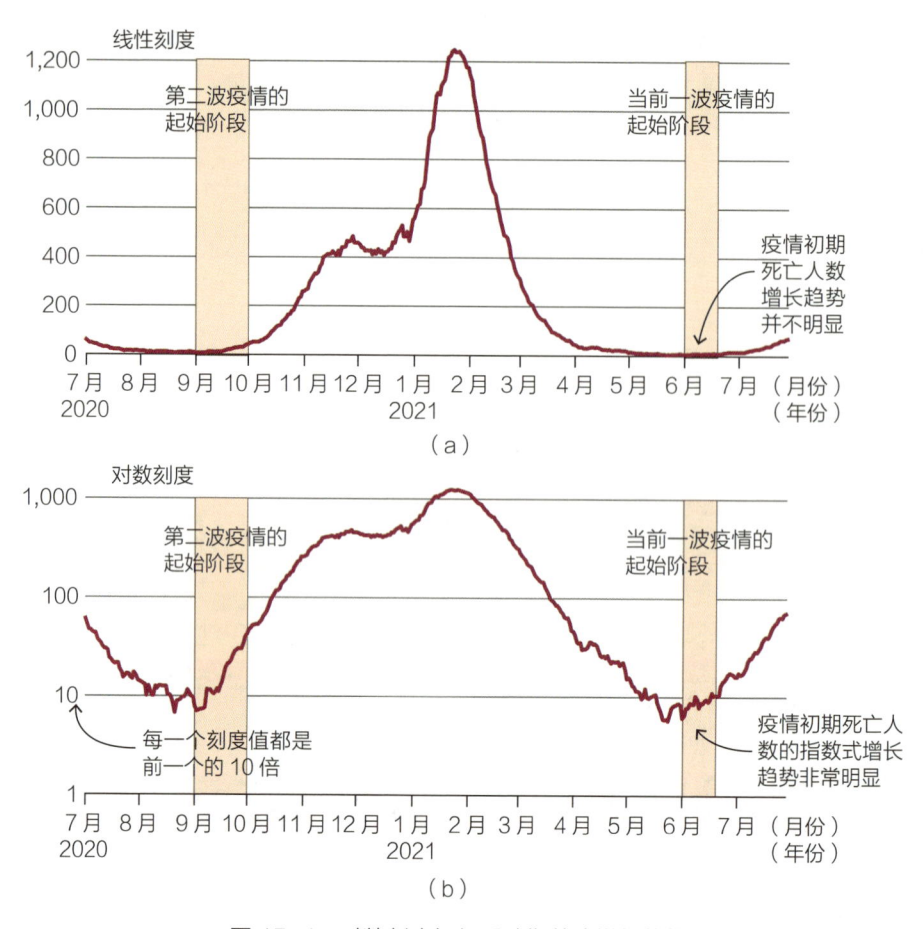

图 15-4　对数刻度如何反映指数式增长趋势

资料来源：《金融时报》新冠肺炎疫情追踪数据，节选自《新冠疫情追踪：各国努力抗击疫情复苏的最新数据》（可免费阅读），2021年12月20日。

重点，体现真正的叙事目的（图 15-5）。

如果使用被动性动词，标题将变成"英国房地产受到了海外买家的青睐"。从技术上讲，这没有什么问题，但不如前一个版本更有力道。

图表标题中恰当的动词可以反映图表术语库中的统计关系。例如"激增"表明时演关系，"升高"或"降低"有可能表明我们在强调"排序关系"。

有时我们可以直接使用图表术语库里的动词。比如图 15-6，这张图表

236

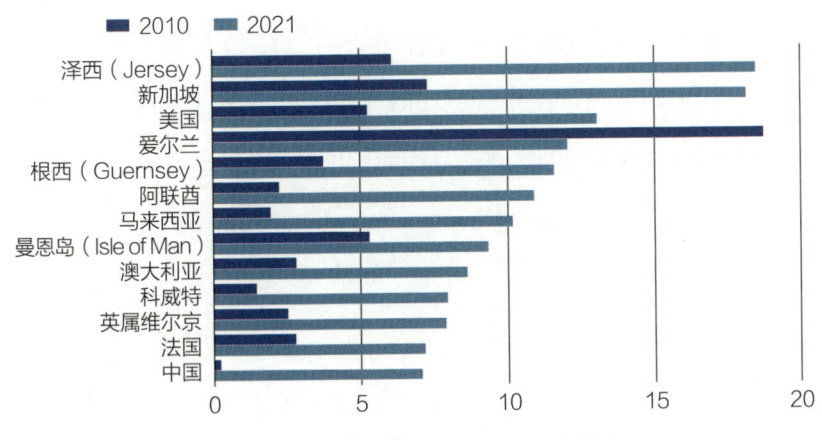

海外业主在土地注册处登记的所有权数量（英格兰和威尔士地区，单位：1000项）
■ 2010 ■ 2021

- 泽西（Jersey）
- 新加坡
- 美国
- 爱尔兰
- 根西（Guernsey）
- 阿联酋
- 马来西亚
- 曼恩岛（Isle of Man）
- 澳大利亚
- 科威特
- 英属维尔京
- 法国
- 中国

图 15-5　海外买家盯上了英国的房地产

资料来源：公共数据中心（Centre for Public Data），节选自《外国人在英格兰和威尔士拥有的房产增加了两倍》，乔治·哈蒙德，《金融时报》，2021年11月12日。

就恰当使用了"相关"一词，它可以让读者注意到他们感兴趣的数字比较。这也证明选择散点图来呈现这些数据是恰当的。

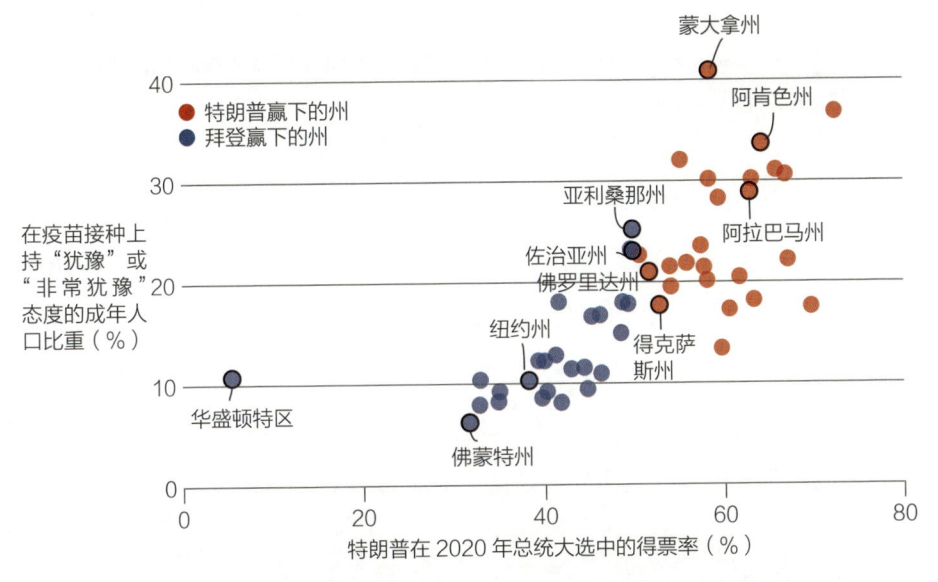

图 15-6　美国各州新冠疫苗"接种犹豫"与政治倾向高度相关

资料来源：美国卫生与公众服务部。

我们也可以设置标题颜色，突出图表中值得注意的关键信息，进一步提高标题的效果。由克里斯汀·张制作的图 15-7，在标题中使用了共和党标志色——红色，突显了图表要讲述的故事。虽然图例也解释了颜色的含义，但标题在第一时间提醒读者注意图表中的红色。

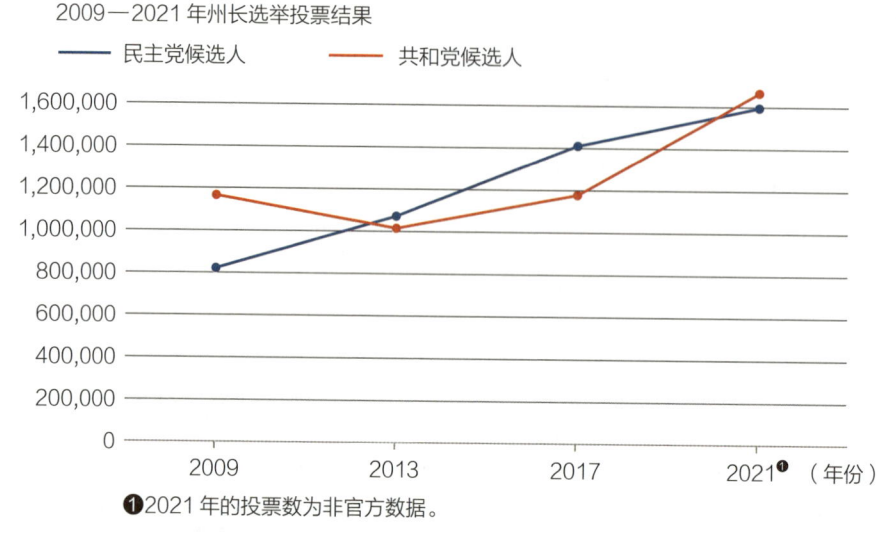

2009—2021 年州长选举投票结果

——民主党候选人 　　——共和党候选人

❶2021 年的投票数为非官方数据。

图 15-7　美国弗吉尼亚州州长竞选投票率创纪录杨金 [（Youngkin）险胜]
制图：克里斯汀·张。
资料来源：弗吉尼亚州选举部（Virginia Department of Elections）。

最后要说的是，《金融时报》是一家国际新闻机构，而我们很大一部分读者的第一语言并非英语。因此，我们往往极力避免在标题中使用双关语，或者玩弄文字游戏。然而，我们都是人，偶尔也会犯一下小毛病。比如，2018 年在给一张关于英国家庭水费的图表拟定标题时，我忍不住蹭了一下奥斯卡最佳影片《水形物语》（The Shape of Water）的热度。我知道我打破了自己的规则，但是，我格外喜欢这个标题（图 15-8）。

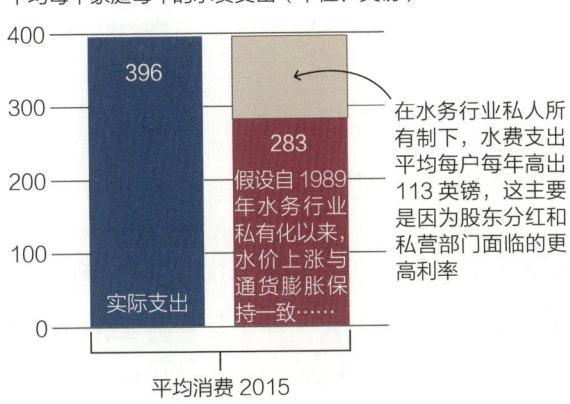

平均每个家庭每年的水费支出（单位：英镑）

396 实际支出

283 假设自1989年水务行业私有化以来，水价上涨与通货膨胀保持一致……

在水务行业私人所有制下，水费支出平均每户每年高出113英镑，这主要是因为股东分红和私营部门面临的更高利率

平均消费 2015

图 15-8　水价物语

资料来源：戴维·霍尔（David Hall），英国审计署（NAO），《英国私有化的公共服务是否应该重新国有化》。

副标题

为了确保图表的独立完整性，我们需要解释清楚图表上显示的是什么数据。副标题的作用就体现在这里。我们可以将副标题看作是图表元数据的"一站式入口"。它应该包含以下元素：

数据系列的名字，即调查对象是什么？如新冠疫苗接种率、营业利润或者犰狳种群。

数据的单位，如每100人、10亿美元、犰狳个数。

数据的范围或地理位置，如英国、标普500强、伦敦动物园。

如果图表内容反映不出时间，可以考虑添加时间信息，如截至12月31日、2019财年、最新动物园种群普查日期。

对于许多人来说，他们会将上述信息放入图表标题中。虽然这些信息对读者来说非常重要，但在大多数情况下，它的重要程度不足以用作图表的标题。如果我们想让图表向读者传达完整的信息，我们应该同时使用标

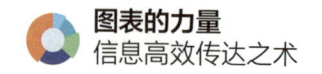

题和副标题，标题的作用是吸引人，副标题和图表的作用是提示读者、展示信息。

资料来源和注释

有时，数据的完整描述对于副标题来说，可能过于冗长。比如，图表数据涉及一些冗长的定义，这些定义并不是读者理解图表初始信息的必要条件，但又足以影响到信息的完整性和文章中的后续分析。这时候，注释就派上用场了。顾名思义，注释一般放在图表的底部，这样，标题和副标题在阅读顺序上就保持了最高优先级。

此外，在图表的底部，我们应该标注图表中所引用数据的来源。这样做能够提高图表的公开性和透明性。说明资料来源能使图表更加可靠，并有可能方便人们反复使用。如果数据可以通过网络获取，我们最好能够提供它的链接网址。

图例

由于图表使用颜色、大小、纹理等视觉元素来编码信息，因此，我们应该为读者提供说明，帮助他们理解这些元素表达的含义。这就是图例的功能。

在进行图表设计时，应该尽可能将图例放在图表的有效部位。例如，我们思考一下下面这张反映各国政府对新冠疫情干预措施的折线图（图15-9）。

我们从中可以看到，图例非常清晰，但由于图表上有很多折线，因此要理解信息，读者需要不断地在图表和图例之间来回扫视。阅读图表最终成为一项大量耗费记忆力的任务。

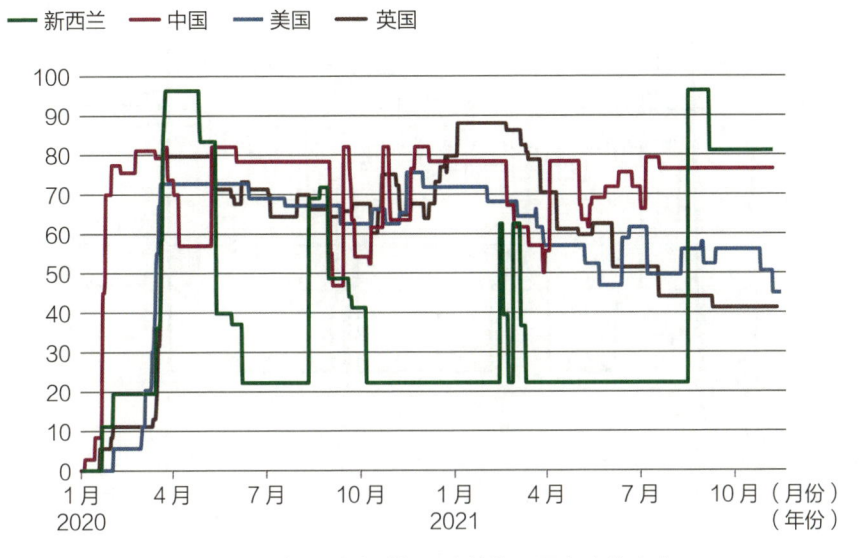

图 15-9　各国政府对新冠疫情的干预力度的变化

资料来源：牛津大学布拉瓦特尼克政府学院（Blavatnik School of Government, University of Oxford），《疫情干预措施对欧洲经济的打击小于春季》，瓦伦蒂娜·罗梅，《金融时报》，2020 年 11 月 11 日。

接下来看调整后的图表，这次是直接在折线上标注（图 15-10）。这样，我们就可以直接阅读每个标签，而不需要来回扫视。这种做法还有另外一个重要的优点：我们不需要再专门解释每种颜色代表的含义。

注释

很多人一提到图表写作就会担心不已。和我一起工作过的一位研究生告诉我，他们觉得我鼓励他们撰写"活力型标题"，并配上注释，好像是在鼓励他们在精彩的中性图表上信手涂鸦。

在这个问题上，我们首先要摒弃一种观点：不添加标题等文字会在某种程度上令图表更加中立。制作图表是图表编辑者决定的，这源于人们对

图表的力量
信息高效传达之术

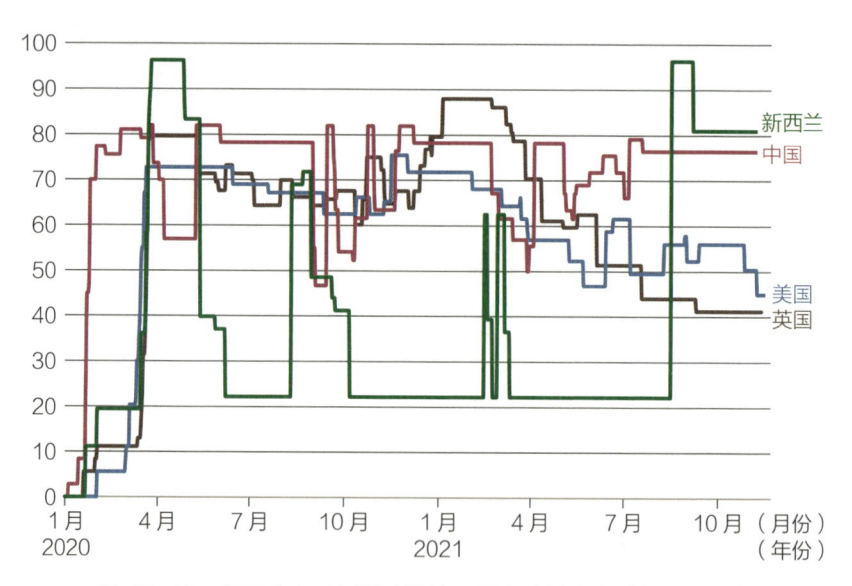

图 15-10　各国政府对新冠疫情的干预力度的变化（修改标注）

资料来源：牛津大学布拉瓦特尼克政府学院，《疫情干预措施对欧洲经济的打击小于春季》，瓦伦蒂娜·罗梅，《金融时报》，2020 年 11 月 11 日。

交流各自见解的渴望。不表达这些见解会使图表更难读懂，并妨碍知识的传播，而这些知识都是人们费尽辛苦得来的。同样的道理，我们也可以选择不制作图表，从而隐藏信息和见解。这样的决定未必是中立的。

曾在《纽约时报》担任图表编辑、多次获奖的数据新闻编辑阿曼达·考克斯说过，"添加注释是我们编辑们做的最重要的一件事……否则，我们就是把数据摆出来，让读者自己搞清楚"。如果你不相信我的观点，你可以仔细琢磨一下这句话。

注释将数据置于一定的背景信息下，并帮助读者理解图表中有关数据模式的关键信息。它可以显示目标，突出关键时刻，强调重要趋势。

在撰写注释方面，我们要遵循以下一般性原则。

①简明扼要，人们容易记住一句话，但很难记住一段话。

②如果注释有阅读顺序，我们需要使用编号或类似方法，让读者清楚

先后顺序。

③使用箭头、线条和其他指向性图形，确保读者清楚每个注释所指向的图表元素。

综合使用图表注释和其他文字，能帮助我们生成有趣、难忘、完整且独立的数据描述。下面是前一章中出现过的图表，不过，我们添加了注释，解释了读者需要知道的关键信息（图 15-11）。

英国两岁前接种 MMR 疫苗的儿童比例（%）[1]

世卫组织设定的麻疹疫苗接种目标

韦克菲尔德（Wakefield）发表在《柳叶刀》上的一篇论文，指出 MMR 疫苗和自闭症之间存在联系

《柳叶刀》撤回了这篇论文

1993 1995　　2000　　　2005　　　2010　　　2015　　　2020（年份）

[1] 已完成第一轮接种的儿童。

图 15-11　英国疫苗接种率随时间变化图

资料来源：COVER 项目，英国公共卫生部。

第二部分
优化图表

16 图表的设计

2010年，BBC的马克·伊斯顿（Mark Easton）报道了英国在老龄护理方面面临的地方和国家层面的挑战。为了说明这些问题，伊斯顿使用了英国国家统计局的一组交互式动画地图。而这个动画地图是当时我专门为"全国老年人日"制作的。

在提到我的作品时，马克亲切地称我为"获奖设计师艾伦·史密斯"。这很奇怪，因为此前我从不认为自己是"设计师"。看到BBC网站上的这篇文章，让我觉得自己是个骗子，欺骗了成千上万的读者。

不过，我越想越觉得，我一直误解了设计和数据可视化之间的关系。

设计师就是做设计的人。而图表，就比如本书里的图表，当然也需要设计。因此，就像时装设计、室内设计和软件设计一样，图表设计也是一个离不了专业设计师的领域。突然间，我的事业开始变得更有意义了。十多年后的今天，"图表设计师"比以往任何时候都要多，标志着这个领域进入了蓬勃发展的阶段。

本书当然不是一本探讨一般设计理论的书。但是，考虑到许多人在没有更广泛学习其他设计知识的情况下，就成了"图表设计师"，我认为有必要介绍一些核心设计原则，帮助读者制作更有效的图表。

颜色

可见光是电磁波谱的一小部分，颜色则是可见光给大脑耍的一个小把戏，它在我们日常生活中起着相当重要的作用。

颜色可以帮助也可以阻碍我们使用图表进行交流。因此，我们必须知道颜色到底是什么，我们必须懂得如何利用它来制作更好的图表。

许多人都知道，电脑屏幕是通过红、绿、蓝三种光的组合来显示颜色的。这三种色光组合在一起，就可以产生特定范围，或者说特定"色域"内的任何颜色。这种模型就是RGB颜色空间模型。而RGB模型与印刷机用到的CMY（K）模型刚好相反（图16-1）。

RGB模型
通过红、绿、蓝三光结合在一起来产生其他颜色。最大光强的三色光叠加在一起就产生了白色，这是一种加色模式

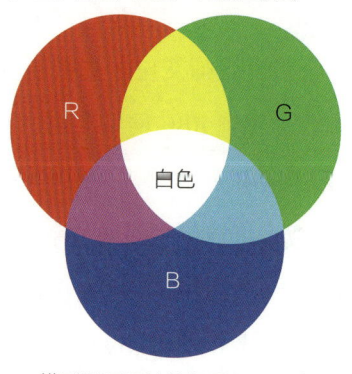

CMY(K)模型
通过青、品红、黄三色油墨组合来产生其他颜色。三色油墨混合在一起就形成了近似黑色的颜色，这是一种减色模型

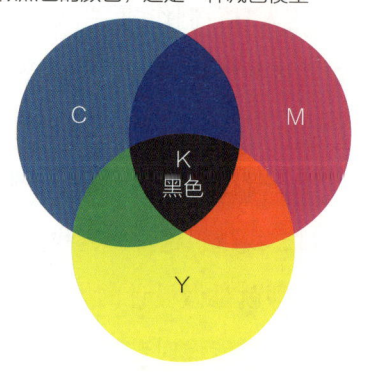

模型适用于计算机显示器，也就是网页上所采用的色彩模型

（a）

CMY（K）模型适用于打印或印刷。除了CMY三原色外，我们往往还需要一个专用的纯黑色印版（即黑版），来补充三原色的不足

（b）

图16-1 两种色彩模型的对比

需要注意的一点是，如上模型是一种简化形式。两种模型都可以用于显示多种原色或复色，但它们的实现方式截然不同。加色型RGB模型通过

细微调整 RGB 色光强度来呈现连续的色调，而减法型 CMY（K）模型则依赖于一种叫作"半色调"的印刷工艺。半色调图像上的连续色是通过细微改变 CMY（K）四色印版上的网点大小和位置模拟出来的。

坦白地讲，图 16-2 中的两张图片带有误导性。为了印刷这本书，我将电脑显示屏的 RGB 模式转化成 CMY（K）模式。这个过程不难实现，但需要注意的是 RGB 色域比 CMY（K）色域更宽。在屏幕上可以看到的某些颜色（往往是更鲜艳的颜色），是无法通过印刷再现出来的。这就是为什么对

(a)

(b)

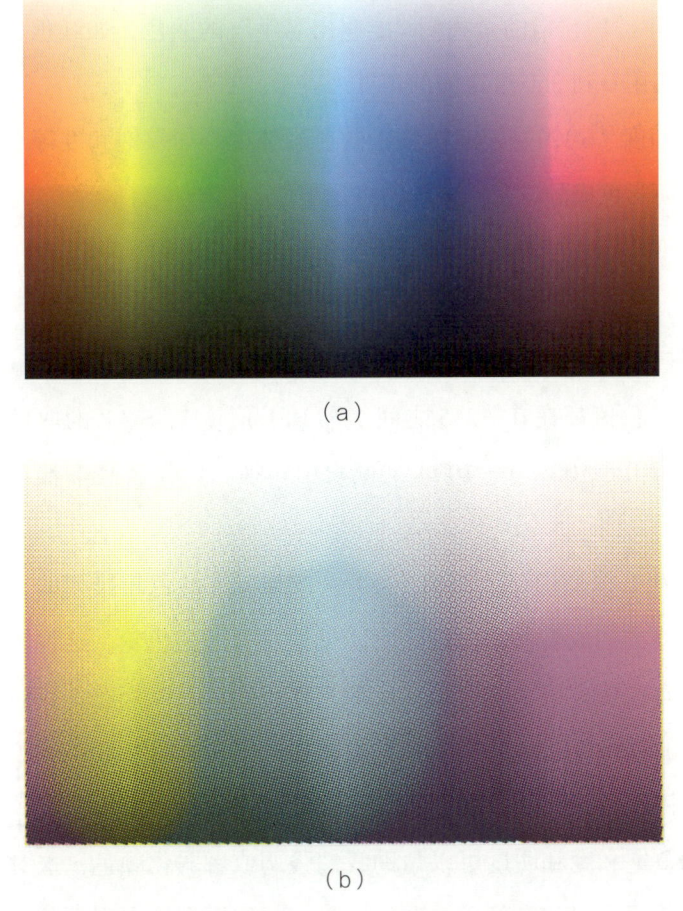

图 16-2　电脑显示屏上两种色彩模型的对比

大多数人来说，更好的做法是始终使用 RGB 模式，只在需要印刷时再转换为 CMY（K）模式。

生成 RGB 模式的颜色

大多数计算机软件都允许人们通过调整红绿蓝三色光的等级来指定颜色。实现方法非常简便，许多软件包中都有 RGB 模型的表示法——HSL 颜色模式，这对于图表制作者更有用（图 16-3）。这种模式共有三个参数：

①色相（H），指的是我们"能叫出名字"的颜色，如红色、黄色、绿色等。色相用 0 到 360 度之间的角度来表示。

②饱和度（S），是给定明度下的色彩纯度。如果饱和度等于零，颜色就没有任何彩色成分，我们看到的将是灰色。

③明度（L），它决定了光的传输量。当没有光时（明度为 0%），颜色呈现黑色。当明度达到 100% 时，颜色呈现白色。

使用一些在线工具，如 HSL 拾取器可以很轻松地在传统的 RGB 值（其中红绿蓝三色值都在 0—255 之间）和 HSL 值（H、S、L 的取值范围分别为 0—360，0—100，0—100）之间自由转换。为什么 HSL 颜色模型如此有用呢？

①在 HSL 模型中，色相角（H）是按照标准的色轮排列的，我们可能在选择涂漆方案或者做室内设计时，见到过这样的色轮。这种圆形排列方式对于创建配色方案非常有用。比如，要识别一对互补色，我们只需要看一下它们的色相角之差是否等于 180° 就可以了，因为在 HSL 模型中，互补色是直接相对的。

②调整饱和度和明度可以帮助我们强调或者弱化颜色，这对于设置高亮显示（使用高饱和度颜色）和低亮显示（使用低饱和度颜色）来说，是

50% 明度下的色相和饱和度

色相

色相角（0-360°）

左侧主图形简化为相隔22.5°的16个区段。实际上，色相和饱和度都是连续的

饱和度为零，色相角无论等于多少度，颜色都是灰色

饱和度

100%

100% ← 0% → 100%

100%

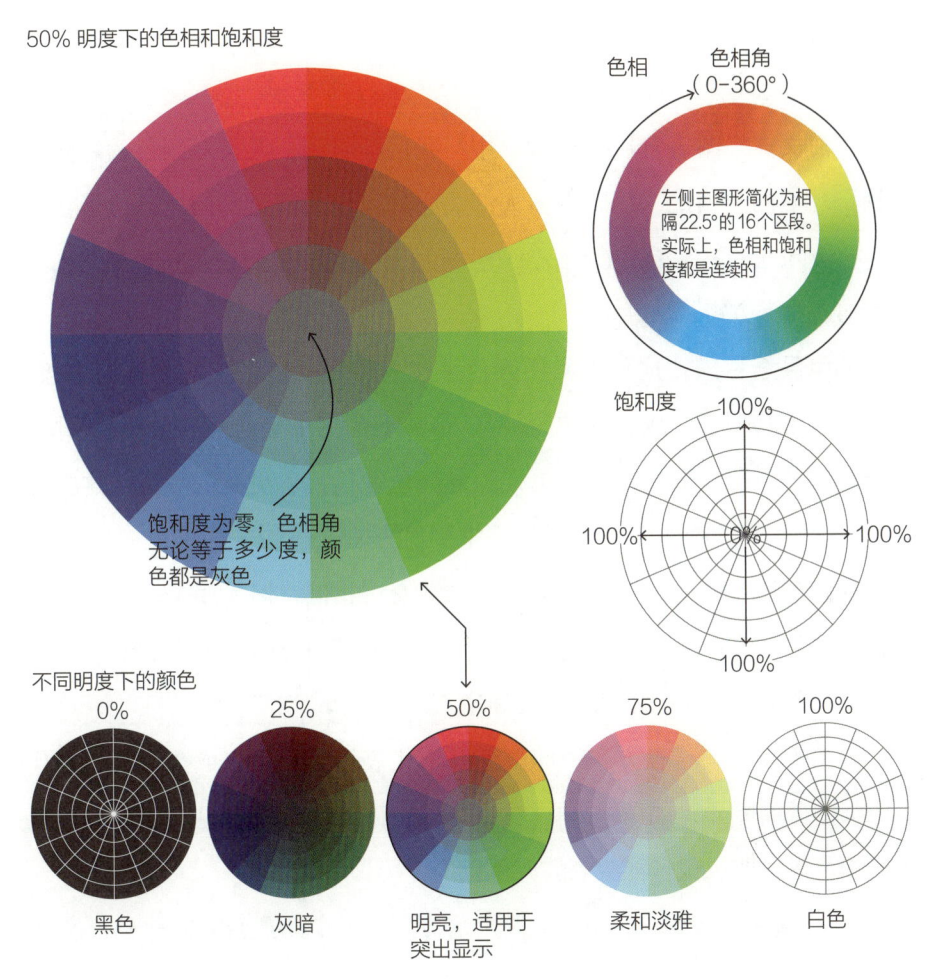

不同明度下的颜色

0%   25%   50%   75%   100%

黑色   灰暗   明亮，适用于突出显示   柔和淡雅   白色

图 16-3　RGB 模型下的 HSL（色相、饱和度、明度）表示法

非常重要的。

③最重要的或许是，不论色相角等于多少，我们都可以通过调整亮度，来确保一种颜色和另一种颜色之间形成视觉对比。这一点非常重要，因为它可以保证色盲读者也能观察到足够的对比度，以及即使使用黑白印刷机也能呈现出这种对比度。

图表的配色方案

在前文"好图表背后的科学"中,我们学习到,人类对颜色的感知是依赖于环境的。因此,尽管很多人都关心如何使用颜色的问题,但可惜的是,这个问题的答案要"视情况而论"。尽管如此,我们还是列举出了图表配色的三大类方案:

单色系渐变法:这种方案用颜色来代表数量(幅度)或者顺序等级。颜色在这里起到了"放大器的效果"。最典型的例子是前文"地理空间图"中介绍的分级统计图。图中,更强烈的颜色往往代表更高的数值。这类方案是通过调整相同或相似色相的明度来实现的。

双色系渐变法:这种方案与单色系渐变法相似,但使用了两个方向的色相。它用两个完全不同的色相代表数据值偏离中心值的方向。随着数据值偏离中心值,相应的颜色强度逐渐增强。

分类色系法:这种方案中的颜色并不代表等级、顺序或数值,而是代表数据的分类差异(如"苹果""梨子""香蕉"等)。它往往会用到"多色相"调色板(即包含多种颜色的调色板)。

如果读者希望深入了解这些配色方案,可以访问由制图专家辛西娅·布鲁尔(Cynthia Brewer)创建的 Colorbrewer 网站。这是一个交互式配色方案生成器,支持 RGB 和 CMYK 输出。

它提供的每种配色方案都附有指南,以说明是否适合色盲、是否适合印刷等等。我们能从这个网站学习到的一点是:亮度对比不足的多色相配色方案(图 16-4)不适合色盲读者。

第二部分 优化图表

使用单色系渐变法、双色系渐变法和分类色系法方案得到的四种颜色

正常色觉　　　　　　　红绿色盲的色觉缺陷模拟

单色系渐变法　＝　　　✓　　为色盲读者提供了足够的色相或明度对比

双色系渐变法　＝　　　✓

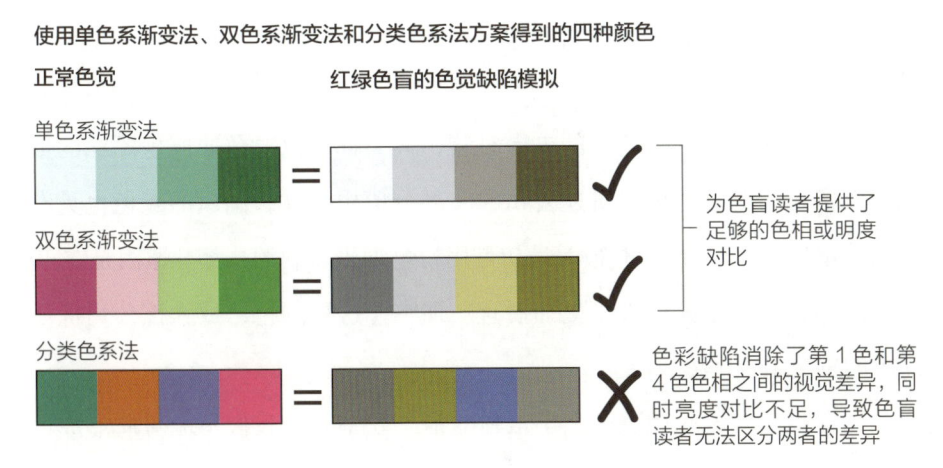

分类色系法　＝　　　✗　　色彩缺陷消除了第1色和第4色色相之间的视觉差异，同时亮度对比不足，导致色盲读者无法区分两者的差异

图 16-4　图表的配色方案

知识点

十六进制码

当使用像 Colorbrewer 这样的网站时，你可能遇到一串神秘的颜色信息：一个"#"后面跟了6个字母或数字的组合。如"#fff1e5"。

读者不必为此惊慌，这种代码叫作"十六进制码"，是一种以16为基数的编码系统。它用十六进制的数来表示颜色的 RGB 数值。前文提到，R、G、B 三色值在 0—255 之间，转化成十六进制，就是 00—FF 之间。所以，十六进制编码中的6个字符实际上是三对值，分别代表红绿蓝三色的等级。

好在，我们不需要研究十六进制和十进制的转换关系，就能理解十六进制颜色码。很多网站，包括 hslpicker.com，都能帮助你在 RGB 值、HSL 值和十六进制代码值之间进行转换。输入上面的十六进制代码"#fff1e5"，网站会自动将其转变为 RGB 值（255、241、229）和 HSL 值（28、100、95）。《金融时报》的读者应该不会对它所代表的粉褐色感到陌生。

色相的选取与文化背景相关

从最喜欢的球队到最新的 T 台时装，人类都可以对色彩产生深深的依恋。就像公司的颜色可以讲述公司的一部分历史一样，国旗的颜色也具有深刻的象征意义。《金融时报》最初是用粉色纸张印刷的，部分原因是在 19 世纪后期，未经漂白的纸张更加便宜。现在，这种颜色已成为该公司优质品牌的重要组成部分。

尽管我们对这些颜色产生了很强的情感联系，但我们不能对此形成过度依赖。

首先，人们对颜色的联想并不相同。在亚洲，人们可能会将红色与幸运联系在一起，但在其他文化中，红色可能意味着危险和死亡，或者仅仅让人联想到草莓。荷兰人会将橙色与王室联系在一起。而在英国，紫色才是王室的代表色。但在最近几十年，紫色开始成为英国某个政党的标志色。

有些颜色能让人产生相同的联想。例如，人们会将绿色与增长和可持续性联系在一起。因此，世界各地环保意识强的政党现在都以绿色命名。事实上，在《金融时报》，政党的标志色是我们经常运用的色彩联想之一，它有助于读者关注数据。

同样，在用图表对比曼联和曼城的数据时，我们绝大多数情况下会用两队的标志色红色和天蓝色分别代表着两支球队（我只会使用那些经得起时间考验的"主场球衣"色）。

但一些颜色联想也会强化不必要的，或不合时宜的刻板印象。女孩要穿粉色，男孩要穿蓝色，就是这样的例子。它远不是一些人所认为的深层文化习俗，而是 20 世纪才兴起的一种时尚，而且这种时尚也在衰退。在它兴起前，历史上曾经有过一种与之完全相反的色彩联想，即蓝色代表女孩，粉色代表男孩。这种联想也改变了儿童身穿白色服装和配饰的悠久传统。

第二部分
优化图表

图表制作者的难言之痛——企业标准色系统

谈到文化与颜色的联系，就要提许多图表制作者遇到的首要问题：他们不得不遵守公司的严格要求，只能使用企业标准色系统中的颜色。在配色方案中加入公司品牌颜色并没有什么错，但我建议，制作者应该仔细检查一下公司的标准色系统，看看它是否适用于单色系渐变法、双色系渐变法和分类色系法配色方案？是否便于进行高亮显示和低亮显示（即将某些元素置于前景，某些元素置于背景）？它对色盲读者是否友好？有没有可能企业在建立品牌概念时没有考虑到这些因素？

与其冒犯公司，特立独行，不如尝试与公司的设计和传媒团队进行沟通，解释你对颜色的功能需求，确定企业标准色系统之外的例外方案或者扩展方案。比如，你可以保持与公司标志色的色相角一致，通过调整明度和饱和度，添加不同的色调。

无论采取什么方法，你最好定义一系列可重复使用的调色板。这样你就不必在每次创建图表或地图时都面临相同的色彩设计问题。我们总会遇到需要区别对待的例外情况，对待这种问题，我们最好有一个可靠的依据。

格式塔（gestalt）理论

当我逐渐了解设计原则和数据可视化之间的关系时，我就越发感受到图表和格式塔设计理论之间的密切联系。

20世纪20年代出现在德国的格式塔心理学学派认为，人类会将个体元素视为整体的一部分。德语中的"Gestalt"可以译为"形式"或"形态"。但在数据可视化领域，我们可以将这一观点理解为总体的形式或形态大于其单个元素的总和。

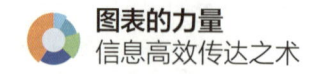

以下是格式塔学派的 6 个知觉组织原则，我们可以将它们与图表设计联系起来。

相似性原则

在下面的 10×10 网点中，我们的感知系统告诉我们，其中一列点与其他点完全不同（图 16-5）。这就是行为上的相似性原则，人们会认为具有相同视觉特征的物体比不相似的物体更有关联。

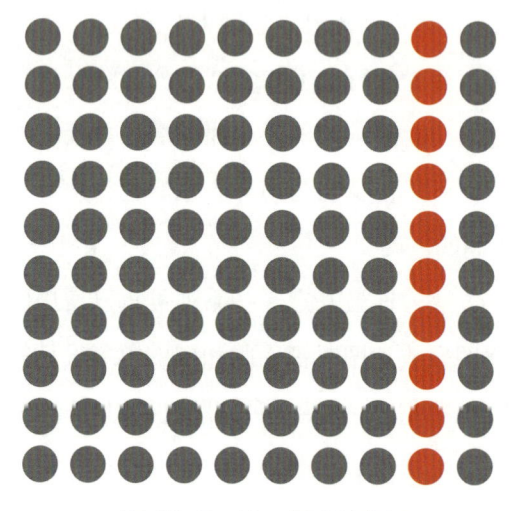

图 16-5　10×10 网点图

在"幅度图"那一章，我们介绍了奥图·纽拉特、格尔德·阿恩茨和玛丽·德迈斯特开发的同型图体系。这套体系刚好出现在格式塔学派兴起的时候。重复使用同型图体系的图标，能够令人们深刻理解行为相似性原理。

相近性原则

这是格式塔理论中最容易解释的原则：距离较近的事物看起来比距离

较远的事物更有关联。在图 16-6 中，我们可以识别出两个不同的群体。其中一个在底部呈三角形排列，关系非常密切，其他点的关系则不那么密切。

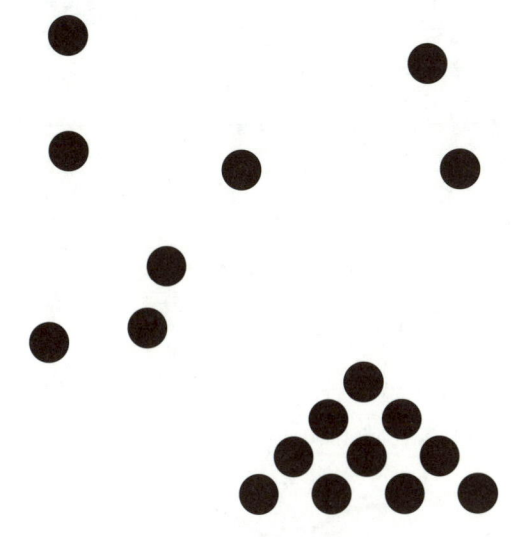

图 16-6　相近性原则图

相近性原则是数据可视化世界的基石。在对数据进行可视化时，我们通常用位置表达信息。下面这张散点图反映了英国哈凡特市各区域贫穷程度与脱欧支持率之间的关系。我们从中可以看出，该市贫穷的里帕克附近的区域簇比其他区域的点更加紧密（图 16-7）。

连续性原则

仔细看图 16-8，告诉我，你看到了几条线？严格地说，有 4 条线，但是，如果你只看到了两条，那就说明你遵循了连续性原则。这条原则表明，与边缘尖锐、不规则或中断的图形相比，人们更倾向于将边缘光滑的拐角看作是连续的。

一旦我们意识到读者会看到两条线，我们就能理解普莱费尔的折线图

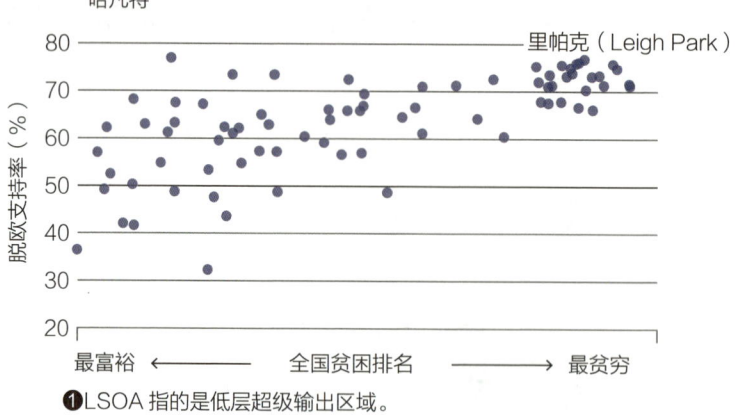

多重贫困指数（根据2019年各LSOA❶贫困排名）与脱欧支持率（%）的关系

哈凡特

图 16-7　英国哈凡特市（Havant）的脱欧支持率与贫困程度相关

❶LSOA 指的是低层超级输出区域。

资料来源：克里斯·汉拉第（Chris Hanretty），住房、地方社区和地方政府部。

图 16-8　连续性原则图

设计为何如此自然、优雅。系列线相交的点（即一个序列开始超过另一个的点）并没有令读者产生混淆，反而引起了读者的兴趣。另外，不同的颜色有助于强化我们对图表内容的理解（图 16-9）。

共同方向原则

这一原则指出，如果我们看到各个元素在一起运动，我们倾向于将它们视为一个统一的群体（图 16-10）。

这张脊柱图图 16-11 呈现了明显的分组效应。销售额的不断上升和收益的不断下降趋势之间，存在鲜明的对比，使得我们很容易就能拟定出一

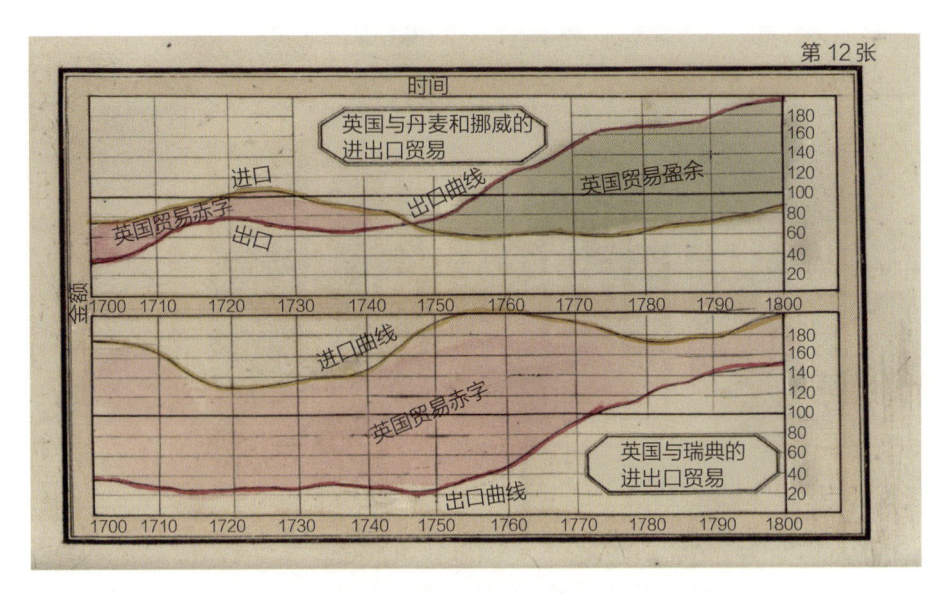

图 16-9　英国与丹麦和挪威以及瑞典的进出口贸易

资料来源：File:Playfair TimeSeries.png，节选自《英国对丹麦和挪威的进出口时间序列》，威廉·普莱费尔，《艺术指导》，5月17日。

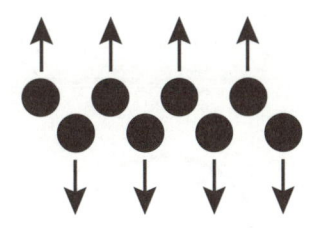

图 16-10　共同方向原则图

个描述性标题。

闭合性原则

人类喜欢完整的形态。当我们面对一个不完整的形状时，会倾向于把它想象成一个完整的。图 16-12 中不完整的圆看上去非常碍眼，而对大多

图表的力量
信息高效传达之术

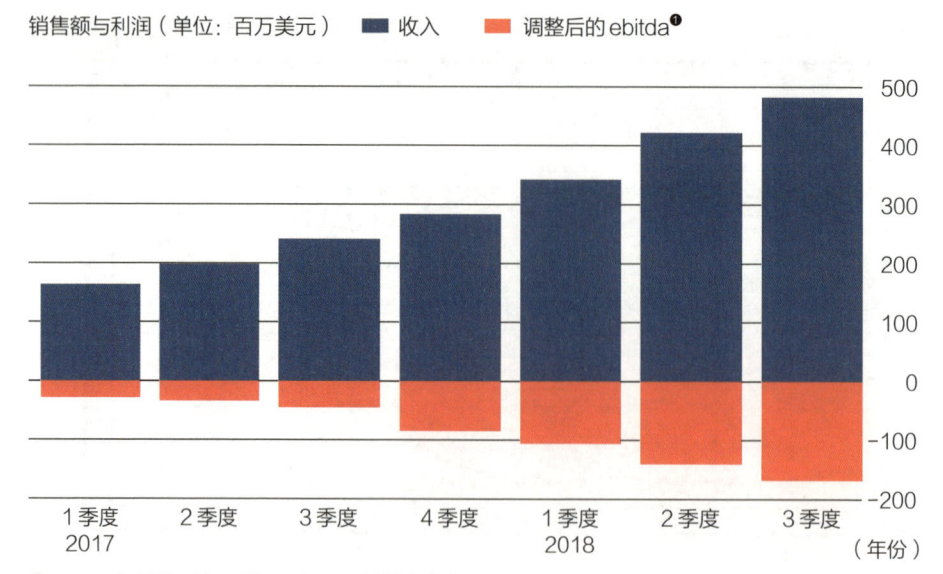

销售额与利润（单位：百万美元） ■ 收入　■ 调整后的ebitda❶

[图表：2017年1季度至2018年3季度的收入与调整后ebitda柱状图，收入从约170增长至约490，调整后ebitda从约-30下降至约-170]

1季度　2季度　3季度　4季度　1季度　2季度　3季度
2017　　　　　　　　　　2018　　　　　　（年份）

❶ebitda 指的是利息、税项、折旧及摊销前的收益，扣除了股票对薪酬的影响，以及股票发行咨询费用和平滑租金费用。

图 16-11　随着共享办公巨头 WeWork 的持续扩张，其损失也在不断扩大

资料来源：相关公司。

数人来说，它就是一个圆。

[图：一个几乎闭合但有缺口的圆]

图 16-12　闭合性原则图

在数据可视化领域，理解闭合性原则非常有用，因为我们可以借助这个原则，利用空白生成虚拟的表格线。这张英国国家统计局制作的表格没有用到表格线，但空白令行和列里的内容更加明显（图 16-13）。

国际收支平衡表
单位：百万英镑（经季节性调整后的数据）

		货物贸易			服务贸易			总贸易额	
	出口额	进口额	国际贸易差额	出口额	进口额	国际贸易差额	出口额	进口额	国际贸易差额
年度数据									
2015	280 395	406 009	-125 614	245 688	150 006	95 682	526 083	556 015	-29 932
2016	297 909	437 107	-139 198	271 202	165 031	106 171	569 111	602 138	-33 027
2017	337 940	478 418	-140 478	292 161	178 178	113 983	630 101	656 596	-26 495
2018	350 844	493 096	-142 252	312 481	198 527	113 954	663 325	691 623	-28 298
2019	371 955	510 169	-138 214	327 295	209 769	117 526	699 250	719 938	-20 688
2020	308 884	438 326	-129 442	296 458	164 157	132 301	605 342	602 483	2 859
2021	320 474	476 317	-155 843	298 493	171 411	127 082	618 967	647 728	-28 761
季度数据									
2017 1季度	83 015	117 974	-34 959	72 154	43 731	28 423	155 169	161 705	-6 536
2季度	85 152	120 441	-35 289	72 758	44 624	28 134	157 910	165 065	-7 155
3季度	84 196	120 703	-36 507	74 406	45 047	29 359	158 602	165 750	-7 148
4季度	85 577	119 300	-33 723	72 843	44 776	28 067	158 420	164 076	-5 656
2018 1季度	85 126	119 997	-34 871	76 551	47 968	28 583	161 677	167 965	-6 288
2季度	87 621	122 694	-35 073	76 367	48 788	27 579	163 988	171 482	-7 494
3季度	90 127	123 890	-33 763	77 520	49 155	28 365	167 647	173 045	-5 398
4季度	87 970	126 515	-38 545	82 043	52 616	29 427	170 013	179 131	-9 118
2019 1季度	90 549	142 102	-51 553	78 003	49 602	28 401	168 552	191 704	-23 152
2季度	86 879	123 822	-36 943	80 457	51 915	28 542	167 336	175 737	-8 401
3季度	93 455	125 206	-31 751	83 574	53 575	29 999	177 029	178 781	-1 752
4季度	101 072	119 039	-17 967	85 261	54 677	30 584	186 333	173 716	12 617
2020 1季度	82 353	113 924	-31 571	80 972	48 270	32 702	163 325	162 194	1 131
2季度	72 373	87 875	-15 502	69 821	38 012	31 809	142 194	125 887	16 307
3季度	73 562	107 318	-33 756	70 832	38 374	32 458	144 394	145 692	-1 298
4季度	80 596	129 209	-48 613	74 833	39 501	35 332	155 429	168 710	-13 281
2021 1季度	72 623	111 855	-39 232	73 383	39 901	33 482	146 006	151 756	-5 750
2季度	82 680	116 482	-33 802	75 335	42 219	33 116	158 015	158 701	-686
3季度	76 301	122 351	-46 050	74 998	44 737	30 261	151 299	167 088	-15 789
4季度	88 870	125 629	-36 759	74 777	44 554	30 223	163 647	170 183	-6 536
月度数据									
2018 1月	28 819	41 189	-12 370	25 113	15 619	9 494	53 932	56 808	-2 876
2018 2月	27 791	37 681	-9 890	25 638	16 048	9 590	53 429	53 729	-300
2018 3月	28 516	41 127	-12 611	25 800	16 301	9 499	54 316	57 428	-3 112
2018 4月	28 033	40 644	-12 611	25 670	16 370	9 300	53 703	57 014	-3 311
2018 5月	29 190	41 235	-12 045	25 433	16 290	9 143	54 623	57 525	-2 902
2018 6月	30 398	40 815	-10 417	25 264	16 128	9 136	55 662	56 943	-1 281
2018 7月	30 424	41 061	-10 637	25 312	16 053	9 259	55 736	57 114	-1 378
2018 8月	29 603	41 942	-12 339	25 716	16 265	9 451	55 319	58 207	-2 888
2018 9月	30 100	40 887	-10 787	26 492	16 837	9 655	56 592	57 724	-1 132
2018 10月	30 044	42 213	-12 169	27 278	17 470	9 808	57 322	59 683	-2 361
2018 11月	29 605	42 222	-12 617	27 595	17 740	9 855	57 200	59 962	-2 762
2018 12月	28 321	42 080	-13 759	27 170	17 406	9 764	55 491	59 486	-3 995
2019 1月	29 272	46 575	-17 303	26 378	16 781	9 597	55 650	63 356	-7 706
2019 2月	29 682	46 775	-17 093	25 797	16 358	9 439	55 479	63 133	-7 654
2019 3月	31 595	48 752	-17 157	25 828	16 463	9 365	57 423	65 215	-7 792
2019 4月	27 656	42 492	-14 836	26 304	16 919	9 385	53 960	59 411	-5 451
2019 5月	29 235	41 106	-11 871	26 873	17 383	9 490	56 108	58 489	-2 381
2019 6月	29 988	40 224	-10 236	27 280	17 613	9 667	57 268	57 837	-569
2019 7月	32 117	41 002	-8 885	27 558	17 693	9 865	59 675	58 695	980
2019 8月	30 659	41 610	-10 951	27 835	17 811	10 024	58 494	59 421	-927
2019 9月	30 679	42 594	-11 915	28 181	18 071	10 110	58 860	60 665	-1 805
2019 10月	32 131	43 277	-11 146	28 476	18 329	10 147	60 607	61 606	-999
2019 11月	33 339	38 035	-4 696	28 542	18 361	10 181	61 881	56 396	5 485
2019 12月	35 602	37 727	-2 125	28 243	17 987	10 256	63 845	55 714	8 131
2020 1月	30 074	38 290	-8 216	28 141	16 944	11 197	58 215	55 234	2 981
2020 2月	27 211	39 290	-12 079	27 129	16 533	10 596	54 340	55 823	-1 483
2020 3月	25 068	36 344	-11 276	25 702	14 793	10 909	50 770	51 137	-367
2020 4月	23 432	27 827	-4 395	23 550	13 064	10 486	46 982	40 891	6 091
2020 5月	24 293	27 470	-3 177	22 859	12 166	10 693	47 152	39 636	7 516
2020 6月	24 648	32 578	-7 930	23 412	12 782	10 630	48 060	45 360	2 700
2020 7月	24 177	34 760	-10 583	23 360	12 681	10 679	47 537	47 441	96
2020 8月	25 034	34 486	-9 452	23 402	12 830	10 572	48 436	47 316	1 120
2020 9月	24 351	38 072	-13 721	24 070	12 863	11 207	48 421	50 935	-2 514
2020 10月	25 953	40 229	-14 276	24 817	13 282	11 535	50 770	53 511	-2 741
2020 11月	27 032	42 939	-15 907	24 963	13 114	11 849	51 995	56 053	-4 058
2020 12月	27 611	46 041	-18 430	25 053	13 105	11 948	52 664	59 146	-6 482
2021 1月	21 337	36 616	-15 279	24 549	13 034	11 515	45 886	49 650	-3 764
2021 2月	24 535	37 873	-13 338	24 289	13 223	11 066	48 824	51 096	-2 272
2021 3月	26 751	37 366	-10 615	24 545	13 644	10 901	51 296	51 010	286
2021 4月	27 630	38 420	-10 790	24 490	13 676	10 814	52 120	52 096	24
2021 5月	28 710	38 282	-9 572	25 352	14 177	11 175	54 062	52 459	1 603
2021 6月	26 340	39 780	-13 440	25 493	14 366	11 127	51 833	54 146	-2 313
2021 7月	26 112	40 694	-14 582	24 881	14 965	9 916	50 993	55 659	-4 666
2021 8月	25 140	40 039	-14 899	25 025	14 991	10 034	50 165	55 030	-4 865
2021 9月	25 049	41 618	-16 569	25 092	14 781	10 311	50 141	56 399	-6 258
2021 10月	28 730	40 434	-11 704	24 931	14 840	10 091	53 661	55 274	-1 613
2021 11月	29 605	42 306	-12 701	24 992	14 877	10 115	54 597	57 183	-2 586
2021 12月	30 535	42 889	-12 354	24 854	14 837	10 017	55 389	57 726	-2 337

图 16-13　英国现行市场价格的货物贸易和服务贸易

主体与背景原则

图 16-14 是格式塔学派最著名的一个图像。它促使我们思考前景（即"主体"）与背景之间的关系。你从这张图像上看到的东西，取决于你认为背景是白色的（你会看到两个人脸的侧写），还是黑色的（你会看到一个花瓶）。

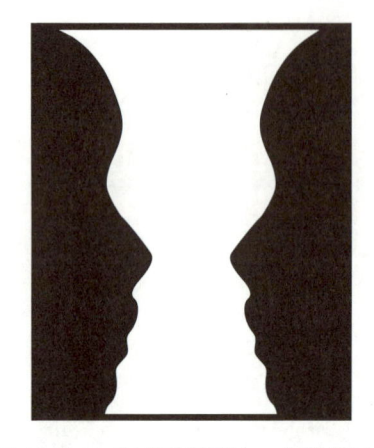

图 16-14　格式塔学派的一个著名图像

好的对比能使我们区分开前景与背景、内容与非内容。图 16-15 所示的人口金字塔可能不会让你看到一个花瓶，或两张相反的脸部侧写。我们无疑都能轻松判断出数据信息就在图表的前景，而且随时可以查看这些信息。

包容性设计

对善于读图和用图的人来说，图表是用来传达数据模式的一种神奇工具。而对于有视觉、运动或认知障碍的人来说，阅读图表可能是一项巨大的挑战，特别是当他们的需求在设计过程没有被考虑进去时。

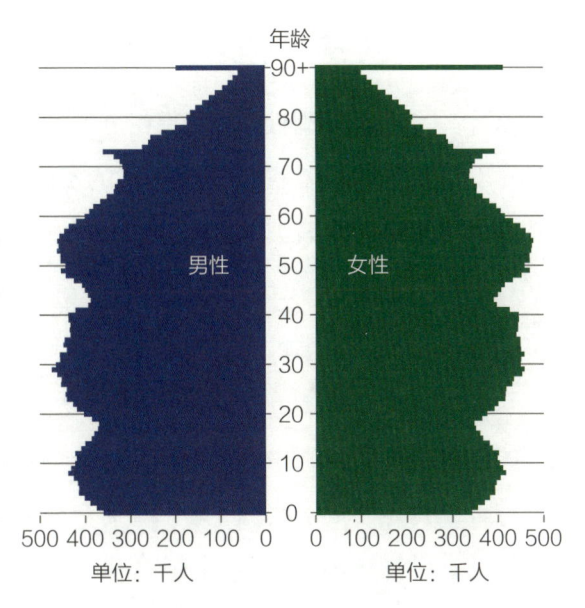

图 16-15 2020 年英国人口的年龄结构

资料来源：英国国家统计局。

为了保证数据可视化的包容性，我们需要确保读者能无障碍阅读图表的核心信息。

所有的无障碍性需求都不可能在同一个方向上得到满足。我们不能只迎合一部分读者的需求，而是要考虑不同读者的需求。例如，视觉展示可能对有认知障碍的人很有帮助，但对盲人就没什么用处了。

不管你使用什么软件来创建图表，以下 3 个步骤可以立即改善所有读者的图表阅读体验，同时又能扩大受众范围：

提高对比度；

确保图表文字清晰可辨；

为网上发布图表提供描述性文本。

> **无障碍性图表工具包**
>
> 直到不久前，能够提高图表无障碍性的资源还十分有限。但现在，这种情况开始有所改变。弗兰克·埃拉夫斯基（Frank Elavsky）是数据可视化无障碍问题专业机构 Fizz Studio 的一名研究员。他开发出的工具包 Chartability 能够通过一系列可测试问题，来识别"数据体验"中的潜在障碍。
>
> 这些障碍共分为 7 类，每一类都有助于我们理解包容性数据可视化设计的特定方面。比如"感知障碍"指的是用户无法通过感官轻松识别图表内容，而"操作障碍"指的是用户无法在交互式图形上使用控件。
>
> 用户可以通过网络免费获取 Chartability（https://chartability.fizz.studio）。对于理解制作图表所涉及的各类问题，Chartability 是一个非常值得推荐的基础工具。

提高对比度

前面我们提到，合理的亮度对比对色盲读者来说意义重大。实际上，合理的对比度对每个人都有好处。提高对比度不仅适用于图表数据所使用的颜色，还适用于整个图表。我们尤其要注意的是文字。

在万维网联盟（World Wide Web Consortium，互联网的主要标准化组织）发布的《网络内容无障碍指南》（WCAG）中，就有专门的颜色对比度要求（图 16-16）。我们可以测试自己配色方案的对比度，看看它是否通过了文本和图形元素的 WCAG 测试。

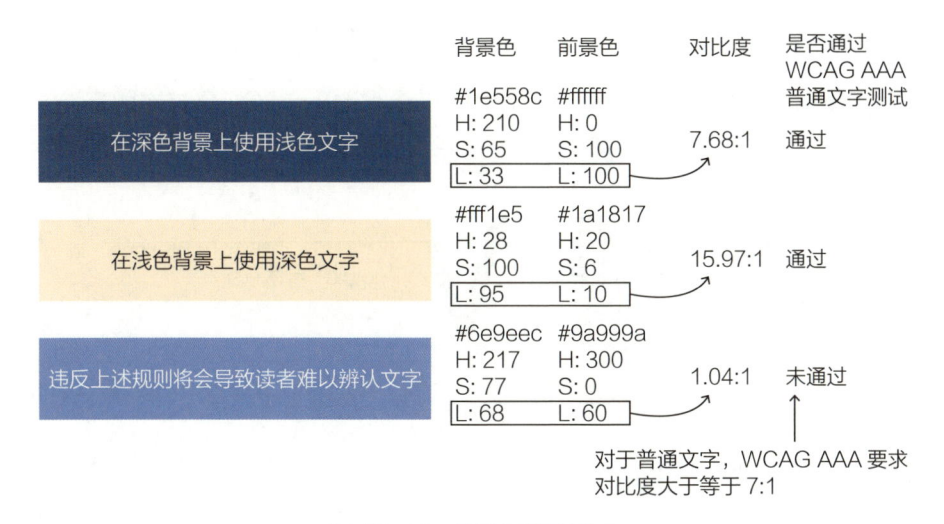

背景色	前景色	对比度	是否通过WCAG AAA 普通文字测试
#1e558c H: 210 S: 65 L: 33	#ffffff H: 0 S: 100 L: 100	7.68:1	通过
#fff1e5 H: 28 S: 100 L: 95	#1a1817 H: 20 S: 6 L: 10	15.97:1	通过
#6e9eec H: 217 S: 77 L: 68	#9a999a H: 300 S: 0 L: 60	1.04:1	未通过

对于普通文字，WCAG AAA 要求对比度大于等于 7:1

图 16-16　颜色对比度要求

确保图表文字清晰可辨

我们知道文本对于图表的重要性，所以确保文本的可读性是至关重要的。除了满足前面提到的对比度要求外，我们还应该保证文字足够大且易于辨认。

当然，文字元素应该设置成多大，这个问题取决于文字的作用（如标题肯定要比脚注大），以及显示设备（如投影仪、台式电脑或手机）。就可辨认性而言，最重要的是要考虑最小文字的大小。虽然这方面没有严格的规定，但人们的共识是，在电子屏幕上显示的文字至少要达到 16 像素。

更好的一个标准是，在网络环境下发布的文本，与其采用像素为单位，不如使用一个比例单位，比如"em"。它可以将文本自动调整为适合显示设备的大小（手机上 1em 的实际大小要比大型桌面显示器上的 1em 小）。

另一个考虑因素是字体的选择（图 16-17）。就像建立企业标准色系统一样，企业也有可能会建立企业标准字体，并制定相应的规定。不过，对于像轴标签这样的图表文字元素，我们要尽量避免使用复杂的衬线体，而应该使用更简洁的无衬线体，因为它更适合在较小或较低分辨率的屏幕上缩放。即使在纸质版上，文字可辨认性的差异也相当大。

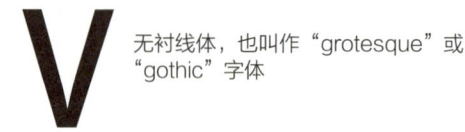

V ← 衬线体：文字较大笔画的末端有额外的细线或修饰线

V 无衬线体，也叫作"grotesque"或"gothic"字体

40 点 新罗马（Times New Roman）字体下的图表术语库

40 点 Graphik 字体下的图表术语库

14 点 新罗马字体下的图表术语库
14 点 Graphik 字体下的图表术语库

图 16-17 字体的选择

当然，易辨认性并不是我们选择字体的唯一目标。文字美观性和字符本身同样重要，因此我们需要在两者之间实现平衡。

最后一个重要原则是，在显示数字时，应使用"表格式对齐"方式（图 16-18）。这能确保每个数字占用相同的水平空间。当在表格中显示数字时，我们必须遵守这一原则。在图表的其他位置，如在轴标签中，这种做法也是非常可取的。

普通对齐
1,430,000
970,111   注意逗号分隔符没有对齐，因为这些数字的宽度并不一致
10,134
365

表格式对齐
1,430,000
970,111   所谓"表格式对齐"，指的是专门为表格设计的对齐方式。这种方式下，数字的宽度一致，更便于读者阅读和查看
10,134
365

图 16-18 普通对齐和表格式对齐对比

第二部分
优化图表

为网上发布的图表提供描述性文本

描述性文本是对在线出版物中图像的文字描述，目的是给那些看不到图像的人提供一个有意义的图像摘要。在这种情况下，视障用户可以使用屏幕阅读器软件，播放出描述性文本。

我们可以将描述性文本设置为隐藏模式，这样大多数用户就不会看到这些文字（如果碰巧把光标悬停在网页浏览器的图像上，读者也可能会看到这些文字）。尽管如此，这并不意味着这些文字不重要。对于一些读者来说，这将是他们获取图表信息的唯一方式。

但是我们应该使用什么方法来创建描述性文本呢？重温一下《金融时报》的图表标题和注释原则，我们就能创建出这样一个描述性文本基本模板：

描述性文本 = 这张有关（副标题）的（图表类型）表明（正标题）

我们来看下面的例子（图 16–19）。

英国电影和高端电视支出（单位：百万英镑）

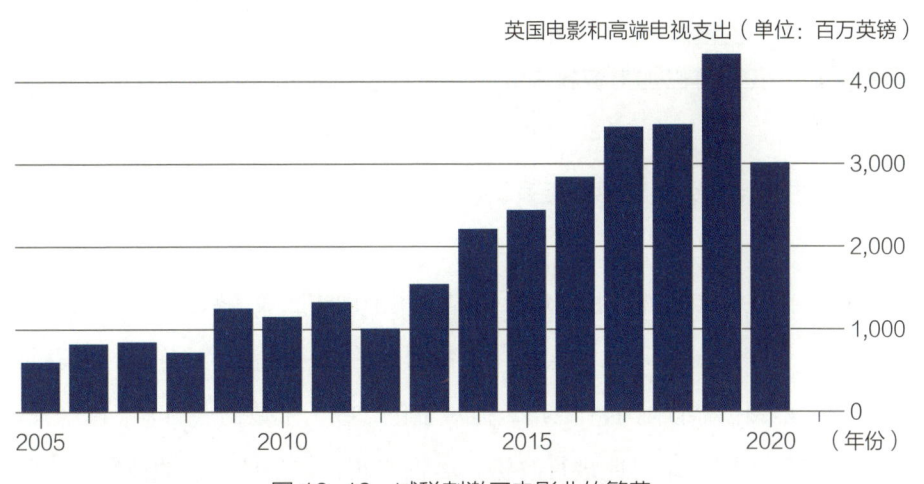

图 16–19　减税刺激了电影业的繁荣

2021 年的数据仅涵盖前三个季度
资料来源：英国电影学会（British Film Institute），节选自《减税促进了英国影视行业的繁荣》，阿利斯泰尔·格雷（Alistair Gray），《金融时报》，2021 年 12 月 13 日。

图表的力量
信息高效传达之术

图表的标题和副标题为叙述性标题，内容清晰明了，采用了《金融时报》"活力型标题"风格，辅助图表元数据包含对副标题中数据的描述。因此，相应的描述性文本可以简单地写成：

"这张有关英国电影和高端电视支出的柱状图（单位：百万英镑）表明，减税刺激了电影业的繁荣。"

我们可以通过进一步描述趋势，并从数据中摘取一些数字，来扩展这个简短的描述。

"自 2012 年以来，这方面的支出呈持续上升趋势。2021 年，仅前三季度的支出就高达 46.89 亿英镑，而九年前全年的支出约为 10 亿英镑。2020 年是这段时期唯一一个较前一年有所下降的年份。"

最后，我们可以加上资料来源：

"所用数据来自英国电影协会。"

除了描述性文本外，我们还可以提供用于创建图表的数据表❶。对于包含较小数据集的图表来说，这是一个特别好的解决方法。这样，读者就可以利用屏幕阅读器读取单个数值。但对于包含数千个数据点的散点图来说，屏幕阅读器可能很难对此进行解析。尽管如此，在条件允许的情况下，所

---

❶ 可惜的是，对于许多新闻机构来说，一些合同约定往往要求他们不得提供图表中使用的基础数据。——作者注

有读者可能都希望图表能够提供相应的链接,方便他们获取数据文件。

图片格式

如今,图表通常以电子图像的形式发布。但我们必须认识到,电子图像这个模糊的术语可以涵盖广泛的格式。了解这些格式之间的区别,对我们非常有用处。

最大的一个区别是栅格图像格式和矢量图格式之间的区别。栅格图像将信息编码在网格状的像素中(图 16-20)。像素是显示设备的最小可寻址单位,每个像素都记录了一条信息:它的颜色。常见的栅格图像格式包括:

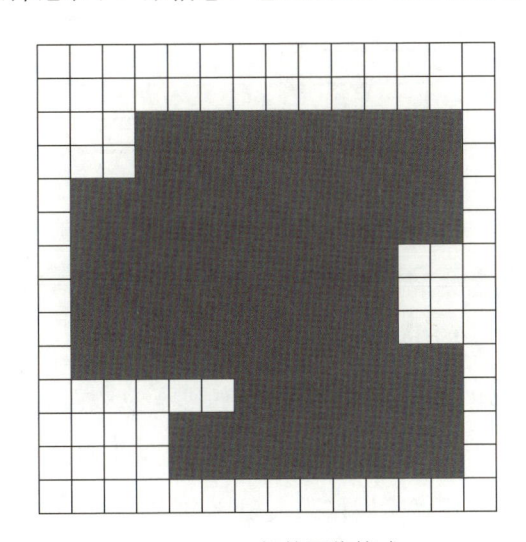

图 16-20　栅格图像格式

资料来源:《金融时报》。

① Windows 的位图格式(bitmap,后缀名为 .bmp);

②便携式网络图像格式(portable network graphics,后缀名为 .png);

③联合图像专家组格式(the joint photographic experts group,后缀名为 .jpeg 或者 .jpg);

④图形交换格式（graphics interchange format，后缀名为 .gif）。

相比之下，矢量格式则通过使用 x、y 的坐标值来记录图形元素的形状和位置，从而编码坐标系统上的信息。它的点之间的曲线甚至可以通过指定函数的方式来生成（图 16–21）。

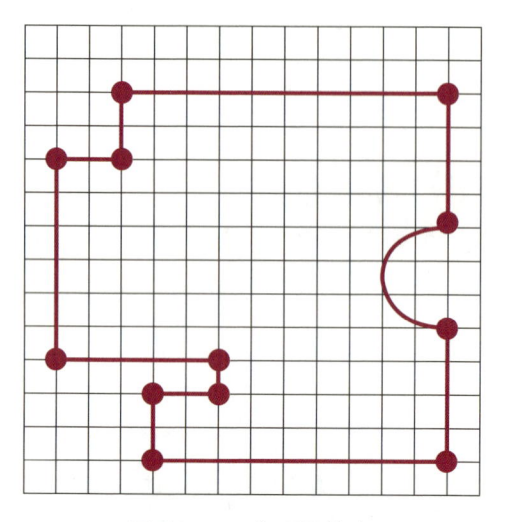

图 16-21　矢量图格式

目前，最常用的矢量文件格式是可伸缩矢量图（后缀名 .svg），它是由万维网联盟创建和开发的开放标准。

为什么栅格图像与矢量图的区别如此重要？从表面上看，两类格式的图像可能看起来非常相似，但放大之后的效果却有着明显的不同（图 16–22）。

栅格图像虽然采用像素网格来表现图像，但我们的肉眼却区分不出这些网格。我们之所以产生圆形的错觉，要感谢一种名为"反走样"的图像平滑技术。它会通过对显示设备中的像素颜色进行平均化处理，来模拟曲线。因此，放大后，图像会变得模糊，出现"像素化"问题。

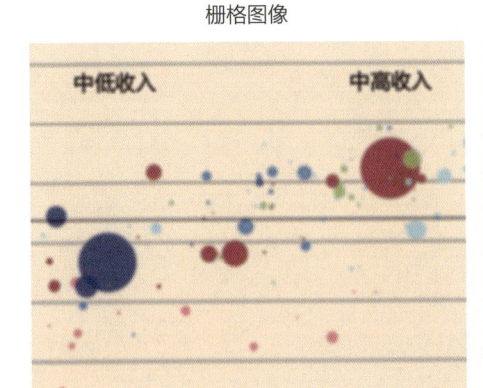

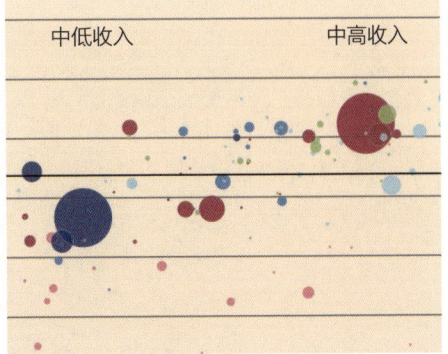

图 16-22 放大后的栅格图和矢量图

反过来看矢量图，由于采用了可变的坐标系统，因此矢量图可以自由伸缩变化，在任何比例下重绘图像。当然，在最后的显示阶段，矢量图仍然要显示在由像素点组成的计算机屏幕上。但由于矢量图的坐标系统在每个比例上都被重新绘制，因此，矢量图放大后的清晰度明显好过栅格图像。

尽管就这个例子而言，"矢量图更加准确"。这两类格式在今天的出版和网络发布领域都占有一席之地。

栅格格式通常显示速度快，大多数软件环境都能支持这类格式。不管是在社交媒体上发布图片，还是在将图片插入到文字处理文档，我们都可以选择栅格图像格式。在栅格图像格式这个类别下，每种格式都有各自的适用场合，一般的经验法则是：

①照片适合采用 jpeg 格式；

②图表和插图适合采用 png 格式；

③栅格动画适合采用 gif 格式。

矢量格式在高分辨率屏幕上能够提供最高的渲染质量。因为它的大小调整无损图像质量，因此非常适用于印刷出版环境。

第二部分
优化图表

17 案例研究：不确定性的可视化

图表看上去如此有说服力，如此引人关注，以至于我们可能会忘记思考自己对图表所呈现的实际数据，到底有多大的把握。这是一种错误的倾向。了解我们对数据的信赖程度，是培养图表素养的重要组成部分。

关键一点是，我们必须认识到数据从来都不是完美的。与人类一样，数据也有缺陷。这种缺陷有时微不足道，有时却至关紧要。下面是几个跟数据缺陷相关的概念。

①误差。误差有可能是系统性的，产生的原因是测量设备校准不正确，或者调查设计有偏差。以上原因可能会导致记录下的数据并不符合我们对设备或调查方法的设想。误差也有可能是随机性的，其产生的原因是一些不可预测的情况，如一阵风也会导致我们记录的数据产生波动。

②准确度和精确度。准确度指的是记录值与真实值的接近程度；精确度指的是记录值反映的细节程度。因此，虽然我们希望拥有高准确度、高精确度的数据，但有时也会获得准确但不精确，或者精确但不准确的数据。

③不确定性。有时候，逐个获取所有数据既不可能也不现实，因此统计学家会使用统计方法产生估计值，而不确定性与这种估计得出的结果密切相关。令我印象深刻的是，汉斯·罗斯林曾经将一种用于估计发展中国

家孕产妇死亡率的复杂方法总结为"聪明人做出猜测的方法"。

有时人们会问我,既然"不确定性"足以使它在图表术语库中占据一席之地,为什么它不是图表术语库中的一种关系呢?

在所有通过图表呈现的数据中,不确定性都是广泛存在的。因此,它更像是一个普遍概念,而不是一个子类别。数据的不确定性是不可避免的。图表制作者需要考虑的两个问题是:何时需要将其呈现出来,以及如何呈现它。

第一个问题的答案主要取决于图表的制作背景。比如,在学术论文中,我们往往必须通过图表反映误差和不确定性,因为这两个概念对研究的可重复性至关重要,而可重复性是公布科研成果的先决条件。

学术报告中用来显示不确定性的一种常用工具是误差条形图。它实际上就是一种常规的条形图或柱形图,其上会有一条线将误差的上限和下限连接起来。

它背后的想法很简单:更短的误差线表明相应矩形柱的值可信度更高(图17-1)。值得注意的是,如果图表上不同数值的误差线范围部分重叠,我们就很难得出什么有意义的结论。因为,尽管两个数值之间的差异非常明显,但这种差异有可能只是误差造成的。

这种误差可视化方法的一大缺点是,对于误差线的上限和下限并没有统一的约定。它们既可以代表标准偏差或标准误差,也可以代表置信区间,甚至可以代表最大值和最小值。因此,明确误差线的上下限代表什么非常重要,但很多图表做不到这一点。

在新闻领域,误差线并不常用。不过,当不确定性是故事的重要组成部分时,我们必须接受这种不确定性。

第二部分 优化图表

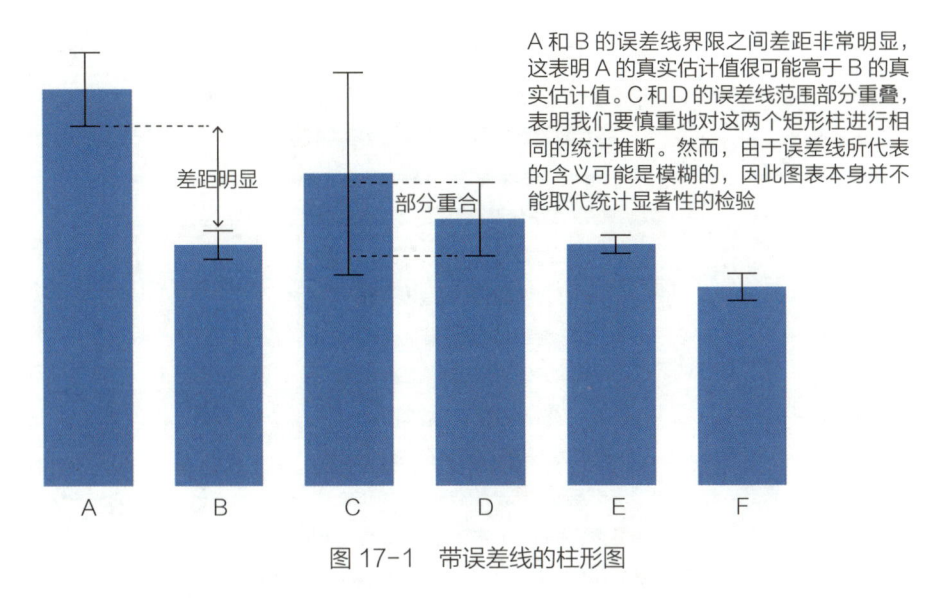

A 和 B 的误差线界限之间差距非常明显，这表明 A 的真实估计值很可能高于 B 的真实估计值。C 和 D 的误差线范围部分重叠，表明我们要慎重地对这两个矩形柱进行相同的统计推断。然而，由于误差线所代表的含义可能是模糊的，因此图表本身并不能取代统计显著性的检验

图 17-1　带误差线的柱形图

2020 年，英国政府公布的数据显示，脱欧后申请留在英国的欧盟国家公民数，超过了各国官方估计的居住在英国的欧盟国家公民数。

这个数字不仅超过了官方估计值，甚至在很多情况下，超过了官方公布的置信区间上限。这引起了人们对留英人口估计基本方法的置疑。

知识点

什么是置信区间？

置信区间是指对称地落在点估计（单个值）两侧一对值（即上限和下限）之间的区间。你可以把"置信水平"看作"概率"的另一种表述。而 95% 的置信水平上，意味着 100 次使用相同估计方法产生的总体估计量期望值，有 95 次落在了置信区间内。

为此，我首先使用 R 语言统计软件包创建了一个探索性图表（图 17-2）。对于每个国家，我计算出置信区间所代表的各国官方公布的留英人口百分比。

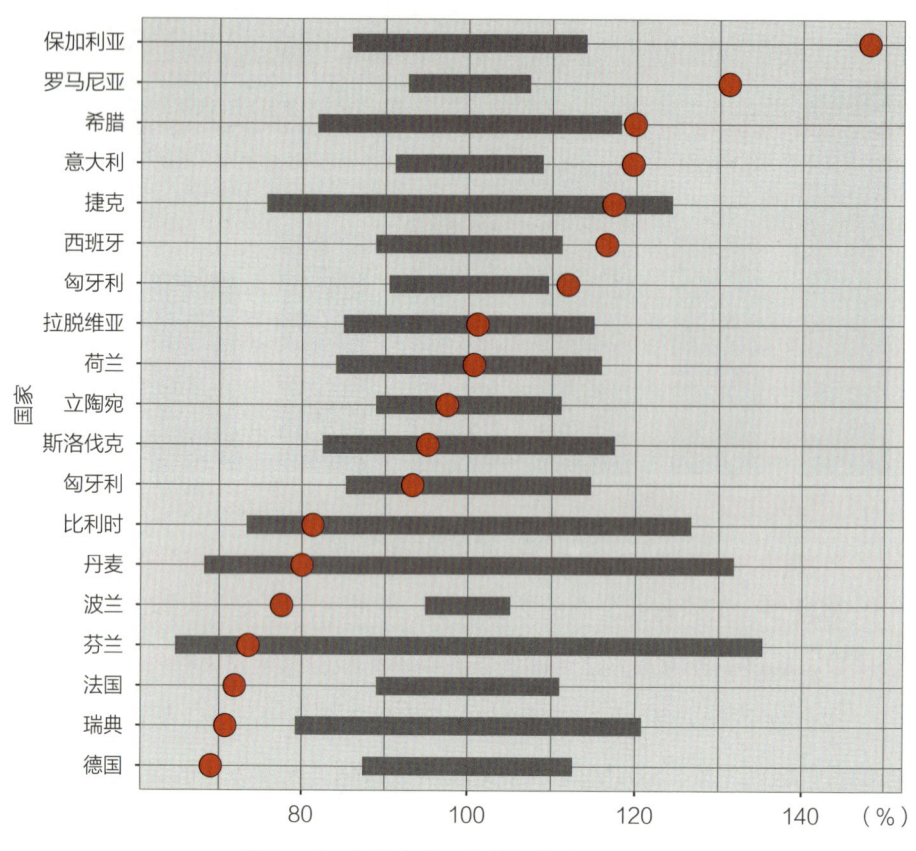

图 17-2　各国官方公布的留英人口百分比

资料来源：欧盟相关报告。

需要注意的是：

①置信区间总是对称的，它以 100%（代表官方数字）为中心，向两侧延伸相同的数量；

②置信区间大小不同，因为一些国家的估计范围比其他国家大。

把草图转化成最后的成品，需要用到一些关键的技巧。其中最值得注意的是，我对置信区间条进行了渐变处理（一位读者将其称作"不确定性的模糊化"处理）（图 17-3）。

一般来说，我认为渐变矩形条比误差线更能直观地反映不确定性。在不要求读者理解统计估计方法细微差别的情况下，我们能够通过它使读者感受到我们在呈现一种不确定的事物。

渐变矩形条也反映了"可信度的衰减"，即实际值离官方公布数据越远，官方估计的可信度越低。以捷克为例，申请留英的捷克公民数量，没有超过置信区间上限，但我们可以看到这两者相差不大。

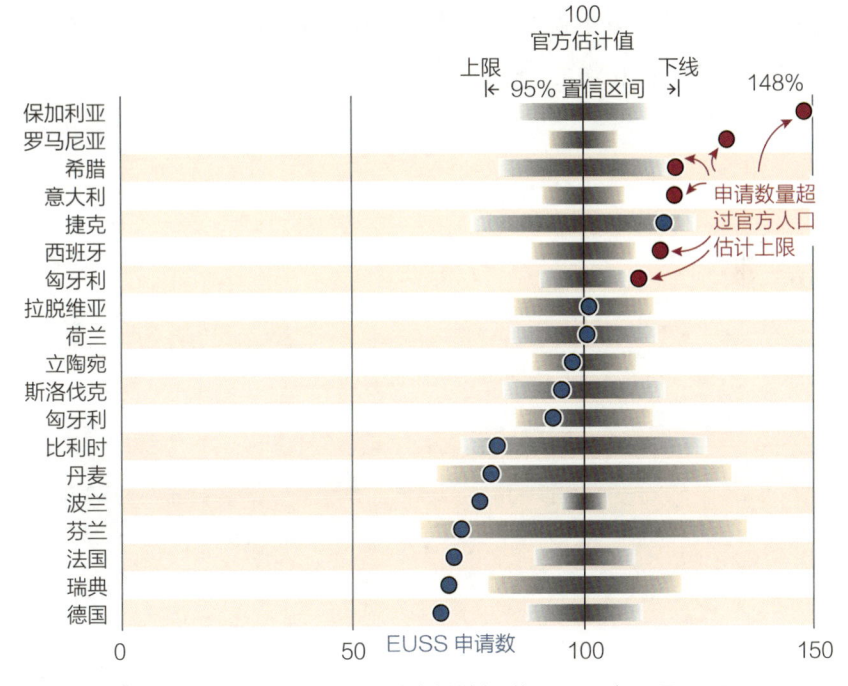

各国 EUSS 申请总数[1] 占官方估计留英人口的百分比[2]

[1] 自 2018 年 8 月 28 日开始测试该计划，截至 2020 年 5 月 31 日。
[2] 根据 2019 年 1 月至 2019 年 12 月间的官方估计。

图 17-3　英国的"欧盟人士定居计划"（EUSS）让人们对官方人口估计数据产生了怀疑

制图：艾伦·史密斯。

资料来源：《"欧盟人士定居计划"申请数超过官方统计》，安迪·邦兹（曼彻斯特），贝唐·斯塔顿（伦敦），2020 年 7 月 7 日。

这张图表还用到了其他图表设计技巧，如采用了活力型标题，使用了饱和度高、中等明度的颜色突出显示超过上限的国家，还使用了说明性注释等。我相信读者对此不会感到陌生，再次指出这些技巧的目的是希望深化读者对这些设计方法的理解。

经过了一番修改，我将原来的草图转变成了最后的成品。在这个过程中，我更换了制作软件（从 R 语言换成了 Adobe Illustrator），并征求了我的同事史蒂夫·伯纳德和约翰·伯恩 – 默多克的宝贵意见。向其他人交流制作意见是一种非常好的做法，这样我们就能够更自信地展示自己的图表，确保读者能看到我们希望呈现出的东西。

18 在职场中使用《金融时报》图表术语库

《金融时报》制作图表术语库的目的，是为了满足记者分析数据和创建图表的需求。但它的潜在用途远远超出了繁忙的新闻编辑室，这也是我们决定将其制作为 PDF 文件，供人们免费下载的原因。

你只有将图表术语库调整为适合自己职场环境的术语库，才能发挥它的真正潜力。要做到这一点，你可能需要有选择地使用图表术语库上的图表类型，以适应自己的读者群体，或者认真思考如何让它更适合自己的数据呈现策略。

软件工具

图表术语库只是一张简单的汇总图、一种非数字化的工具。这并不是过谦之词，而是经过深思熟虑后的评价。

多年的图表制作经历令我意识到，热衷于钻研数据可视化技巧的人容易受到最新软件工具的诱惑，却很少思考这些新奇的软件能否带来更好的结果。

以某一款软件为出发点，思考如何进行数据可视化，意味着我们要默

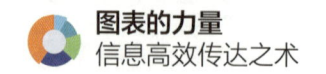

许它的优点和缺点。坦白地说，我不喜欢从"这款软件能为我们做什么"的角度，来构建企业的数据可视化策略。

而且，我认为，人们往往把图表制作当成一项独立完成的工作，而一张汇总图能够帮助我们交流设计想法。人们不需要掌握某一特定软件的技巧，就能在图表术语库基础上，重点讨论他们想要呈现的数据模式。

由于使用它的门槛很低，因此它刚出现在新闻编辑室里，就引起大家的极大兴趣。作为一种启发式工具，它是一个非常不错的起点。

但这里只存在一个小问题：尽管所有关于图表的讨论都非常有建设性，但最终我们还是要把图表制作出来。

《金融时报》新闻编辑室的图表制作工作

一开始的工作并不轻松。2015 年 9 月，当我来到《金融时报》编辑部时，我惊讶地发现，用于为网站和报纸创建和发布图表的默认软件，至少是 25 年前的版本。在软件领域，25 年相当于一段极为漫长的岁月。

此外，这款软件工具中的可视化选项非常保守。本书前面提到的、以内裤图片为背景的折线图、条形图和饼图，就是用它创建的。因此，我们需要迅速采取行动，切断与《金融时报》过去的"图表垃圾"之间的联系。当时，现成的软件解决方案令我们无法灵活地根据图表术语库生成图表。于是，我们转而选择开源数据可视化工具包"D3"。

D3 代表"数据驱动文档"（Data-Driven Documents），是由业界传奇人物麦克·博斯托克（Mike Bostock）开发出的一款软件包。它是一个程序设计库，需要用户使用 JavaScript（一种应用广泛的 web 编程语言）编写代码。D3 代码可以通过电子表格文件，生成高质量、完全自定义的动画式和交互式图形。

第二部分
优化图表

这种方法的主要优点是灵活性极高，它几乎可以制作出你想要的任何图表。

但在企业中，人们很难广泛推广这款软件包，因为它的入门门槛非常高，用户必须会编写代码才能使用它。而这正是我们新闻编辑室的一大弱项——只有一小部分图表制作者会编写代码。在高级开发人员汤姆·皮尔逊（Tom Pearson）的指导下，我和同事鲍勃·哈斯莱特、史蒂文·伯纳德合作，通过创建一个 D3 模板库解决了这个问题。人们只需要修改少许代码就能重复使用其中的模板。这些模板既适用于图表的网络版，也适合纸质版。它们紧密切合图表术语库汇总图，为我们提供了一种制作更多类型图表的重要手段，而且在制图速度和图表质量方面几乎没有任何负面影响。

> **知识点**
>
> **如何使用《金融时报》的代码**
>
> 读者可以在代码共享网站 GitHub 上找到原始 D3 图表术语库模板的工作版本。
>
> 库中的每个文件夹都代表不同的图表类型，并配有示例数据集。读者可以通过运行代码创建图表，只需对代码进行简单编辑，就可以更改图表内容（如数据、标题、注释）和设置（如打印尺寸）。

我们很快就有了一种基于图表术语库的新方法，来创建用于网络发布和纸质出版的图表。

新的 D3 库又向前迈出了一大步。只经过简单的培训，视觉和数据新闻团队的任何人现在都可以通过图表术语库创建图表。它大大提高了我们快速创建图表的能力。当英国财政大臣公布出预算表后，我们要在几个小时内制作出一百多份自定义图表。此时，这种快速制图能力就显得格外重要。

多年来，我们不断更新 D3 代码库，而它也在持续为《金融时报》的数据可视化工作发挥作用。

但事实上，并不是每个想利用图表术语库创建图表的人，都想通过编写和运算计算机代码的方式来创建图表。因此，这并不是一个值得推荐的起点。更何况，近五年来可视化技术发展迅速。

值得庆幸的是，数据可视化社区对图表术语库作出了积极的回应，并提供了许多备选方案，帮助用户创建图表术语库中的图表。首先要介绍的是 Microsoft Excel，它或许是最常用也最可靠的一个选择。

Microsoft Excel

"图表系列集"（图表术语库的灵感来源）的联合设计者——乔恩·施瓦比什，制作了一个可下载的 .zip 文件，其中包含 8 个 Excel 文件，每个文件都包含图表术语库中对应关系的图表。用户只需要支付一小笔费用（截至 2022 年 4 月为 10 美元），就可下载使用。这笔费用将直接用于支持施瓦比什的播客——PolicyViz。考虑到 Excel 电子表格软件的广泛应用，使用它生成图表术语库中的图表是一个非常不错的方法。

Tableau

我们会定期在《金融时报》的团队会议上，邀请嘉宾前来演讲。这是一种获取灵感的好方法，不仅适用于交流最新的学术研究、新闻案例研究，还适用于分享视觉艺术、技术开发方面的想法。多年来，我们在团队会议上举办了许多 TED 级别的演讲。

2018 年 7 月，受邀嘉宾安迪·克里贝尔（Andy Kriebel）向我们展示了使用 Tableau 开发的东西。Tableau 是一款非常流行的商业分析软件，而安迪则是这款软件用户社区的名人，同时也是"禅师名人堂"的成员之一。我们一直对他的研究工作很感兴趣。但在那天的演讲中，安迪展示的东西——图表术语库在 Tableau 环境下的完整应用，出乎了我们的意料。

他向我们解释说，他最初的目标是使用 Tableau 制作他以前从未尝试过的图表类型——包括小提琴图、桑基图和气泡时间线。

安迪慷慨地公开了他使用 Tableau 制作的图表术语库版本，希望让其他人以同样的方式学习这些图表的制作方法。读者可以通过 YouTube 观看安迪对这个项目的更多解释。如果你是一个 Tableau 用户，这个资源是你熟悉图表术语库的起点。此外，受安迪工作的启发，其他软件包的用户也使用其他软件包制作了自己版本的图表术语库。

Power BI

Power BI 是微软针对数据仪表盘用户开发的可视化和商业智能产品。杰森·托马斯（Jason Thomas，网名"SqlJason"）制作了适用于这款软件的图表术语库版本。

Qlik

前文曾经提到，全英房屋抵押贷款协会的理查德·斯皮加尔开发了适用于 Qlik 的图表术语库版本。Qlik 公司的帕特里克·诺德斯特姆（Patrick

Nordstrom）开发了另外一个不需要任何扩展的版本。

Vega

Vega 是一种用于创建、保存和共享交互式可视化设计的轻量级声明式编程语言。数据科学家普拉塔普·瓦尔丹（Pratap Vardhan）创建了一个包含 70 多个图表的图表术语库版本。跟很多人一样，普拉塔普也认为安迪·克里贝尔的 Tableau 版本启发了自己。

统计计算软件 R 语言

R 语言是一个用于统计分析和可视化的免费编程软件，在全球拥有庞大的用户社区。

英国大曼彻斯特特拉福德议会所属的一个团队——特拉福德数据实验室（Trafford Data Lab），基于《金融时报》图表术语库的结构，为流行的 R 语言数据可视化软件包 ggplot2，制作了一个图表配套插件。

Flourish

Flourish 是一种基于网络的工具，不懂编程的用户可以用它制作复杂的交互式图表。有一篇支持 Flourish 文章，向人们介绍了如何以图表术语库中的图表类型为起点，选择合适的图表。

这个世界上最不缺的就是图表制作软件，用户可以从数百种不同的软件包中选择适合自己的。本书的目的并不是帮助（或强迫）读者选择其中的一种。

第二部分
优化图表

当然，未来几年，各类软件将会持续升级和更新。我真诚地希望，图表术语库独立于内容创建工具的这种特性，能够保证它的实用性，使其成为具有持久价值的参考工具，帮助人们构建自己的数据可视化策略。

致　　谢

自从我入职《金融时报》以来，全球新闻部一直都不平静，但这并没有阻止新闻编辑室成为我源源不断的灵感源泉。

我要感谢我在视觉与数据新闻团队的出色同事，没有他们的帮助，我真的不可能完成这本书。在过去的7年里，我有幸与一群才华横溢的记者一起共事。你会在本书的许多图表下面发现他们的名字，但我认为有必要在此把他们的名字罗列出来。与他们的合作使我懂得，团队合作能够创造出更美好的图景。他们是：

史蒂文·伯纳德（Steven Bernard）、伊恩·博特（Ian Bott）、切尔西·布鲁斯－洛克哈特（Chelsea Bruce-Lockhart）、约翰·伯恩－默多克（John Burn-Murdoch）、克里斯·坎贝尔（Chris Campbell）、费德里卡·科科（Federica Cocco）、比利·埃伦伯格·香农（Billy Ehrenberg-Shannon）、莉兹·方斯（Liz Faunce）、基思·弗莱（Keith Fray）、马克斯·哈洛（Max Harlow）、鲍勃·哈斯利特（Bob Haslett）、克利夫·琼斯（Cleve Jones）、乔安娜·S·高（Joanna S. Kao）、艾玛·刘易斯（Emma Lewis）、保罗·麦卡勒姆（Paul McCallum）、帕特里克·马图林（Patrick Mathurin）、卡罗琳·内维特（Caroline Nevitt）、克里帕·潘乔利（Kripa Pancholi）、格雷厄姆·帕里什（Graham Parrish）、艾恩德拉·里尼斯兰（Ændra Rininsland）、马丁·斯塔比（Martin Stabe）、凯尔·蒂尔福德（Cale Tilford）、亚历克斯·维斯涅夫

斯卡（Aleks Wisniewska）、克里斯汀·张（Christine Zhang）。

一群一流的记者和机敏勤奋的编辑，为我们富有创作性的合作营造了舒适的环境。我们能够成功推进这个困难重重的数据可视化项目，在很大程度上也得益于《金融时报》编辑莱昂内尔·巴伯（Lionel Barber）和鲁拉·哈拉夫（Roula Khalaf）在此期间提供的支持。

我还要感谢培生集团的埃洛伊丝·库克（Eloise Cook），感谢她在我写作过程中所给予的鼓励和建议。

最后，我还要感谢我的妻子埃莉。在撰写本书的过程中，我经常需要在白天整理图表，晚上奋笔疾书，感谢我的妻子给我的鼓励和支持，感谢她的耐心和宽容。

艾伦·史密斯
2022年2月